The **Programmer's Brain**
프로그래머의 뇌

KB134697

THE PROGRAMMER'S BRAIN

Copyright ⓒ 2021 by Manning Publications.

프로그래머의 뇌

1쇄 발행 2022년 1월 12일
4쇄 발행 2023년 1월 31일

지은이 펠리너 헤르만스
옮긴이 차건회
펴낸이 장성두
펴낸곳 주식회사 제이펍

출판신고 2009년 11월 10일 제406-2009-000087호
주소 경기도 파주시 회동길 159 3층 / **전화** 070-8201-9010 / **팩스** 02-6280-0405
홈페이지 www.jpub.kr / **원고투고** submit@jpub.kr / **독자문의** help@jpub.kr / **교재문의** textbook@jpub.kr

소통기획부 김정준, 이상복, 송영화, 권유라, 송찬수, 박재인, 배인혜
소통지원부 민지환, 이승환, 김정미, 서세원 / **디자인부** 이민숙, 최병찬

진행 및 교정·교열 이상복 / **내지 디자인 및 편집** 이민숙
용지 신승지류유통 / **인쇄** 해외정판사 / **제본** 일진제책사

ISBN 979-11-91600-65-0 (93000)
값 24,000원

제이펍은 독자 여러분의 아이디어와 원고 투고를 기다리고 있습니다. 책으로 펴내고자 하는 아이디어나 원고가 있는
분께서는 책의 간단한 개요와 차례, 구성과 저(역)자 약력 등을 메일(submit@jpub.kr)로 보내주세요.

The Programmer's Brain
프로그래머의 뇌

펠리너 헤르만스 지음
차건회 옮김

제이펍

PART I 코드 더 잘 읽기

CHAPTER 1 코딩 중 겪는 혼란에 대한 이해 3

CHAPTER 2 신속한 코드 분석 14

PART III 좋은 코드 작성하기
CHAPTER 8 명명을 잘하는 방법 137

CHAPTER 9 나쁜 코드와 인지 부하를 방지하는 두 가지 프레임워크 159

이 책을 번역하는 동안 대학 시절 처음 프로그래밍을 공부하던 때가 자주 떠올랐다. 이공계 학과의 신입생들은 포트란을 필수로 수강해야 했는데, 중고등학교 시절부터 코딩을 어느 정도 하고 들어온 친구 몇 명을 제외한 나머지 대부분의 학생은 프로그래밍의 개념을 이해하는 데 큰 어려움을 겪었다. 역자 역시 포트란의 for 루프나 파스칼의 포인터를 이해하는 데 애를 먹었고 꽤 오랜 시간이 지나서야 겨우 이해할 수 있었다. 그때 역자의 기억으로는 꽤 많은 학생이 수포자가 아닌 코포자(코딩을 포기한 자)의 길로 들어섰다. 그 시절로 돌아가, 포트란을 배우던 학생들이 이 책을 읽었더라면 그렇게 많은 학생이 코딩을 포기하지는 않았을 것 같다.

우리가 무슨 일을 할 때 가장 중요한 것은 마음가짐이나 심리다. 처음 접하는 내용이기에 이해가 어려운 것은 당연하다. 이게 마치 자신의 머리가 나빠서 이해를 하지 못한다고 생각하고 스스로 위축되기 시작하면 프로그래밍을 배우는 과정은 더욱 험난할 것이고 중도에 포기할 가능성도 높다. 이 책은 그런 의미에서 이제 막 프로그래밍을 배우기 시작하는 사람들에게 꼭 필요한 책이다.

먼저 심리적 요인이다. 코딩을 처음 시작하는 많은 사람이 '나는 머리가 나쁘거나 코딩에 소질이 없는 것 같아. 나만 이걸 모르네' 같은 생각에 빠지곤 한다. 이에 대해 이 책은 이렇게 말한다. "네가 머리가 나쁘거나 소질이 없어서 모르는 게 아니고, 헷갈리고 혼란스러운 건 당연한 거야. 왜냐하면 우리 뇌가 이러이러하게 작동하기 때문이지." 불필요한 자책과 좌절 대신 코딩 공부를 계속할 수 있게 긍정적인 사고와 구체적인 방법까지 제시하므로 대학 1학년 혹은 코딩을 처음 시작하는 사람들에게 큰 도움이 될 것이다.

또한 대부분의 기술 서적과 달리 건조하고 딱딱하지 않게 코드를 읽는 법에 대한 연습을 제공한다. 저자가 강조하듯, 심지어 현직 개발자들조차 코드를 읽고 분석하는 법을 충분히 연습하지 않는다. 그런 부분을 연습할 수 있도록 연습 문제가 많이 실려 있는 것도 저자의 이런 문제의식 때문일 것이다.

또 한편으로 이 책은 역자처럼 오랜 기간 프로그래머로 일한 개발자들에게도 꼭 필요한 책이다. 특히 3부와 4부는 팀으로서 소프트웨어 개발을 할 때 유용한 방법론을 많이 소개하고 있다. 그러므로 개발자에게 당장 도움이 되는 내용을 원한다면 3부와 4부를 먼저 읽어도 무방하다.

시니어 프로그래머 역시 심리적 요인과 관련해서 이 책에서 얻을 게 있다. 역자는 이 책을 읽으면서 팀에 새로 들어온 팀원에 대해 가졌던 편견을 깰 수 있었다. 새 팀원이 왜 그렇게 내용을 빨리 터득하지 못하는지 이해가 안 되어 답답했는데, 책 내용 덕분에 그것이 어찌 보면 자연스러운 일이고 왜 그런지 이유를 이해할 수 있었던 것이다. 나아가 책의 후반부에서 제안하는 방법을 사용하여 새로운 팀원이 왔을 때 잘 적응할 수 있도록 프로세스를 개선하고 다시 정립할 수 있었다.

모쪼록 이 책을 통해 프로그래밍을 공부하는 사람이 자신이 겪는 어려움의 본질을 이해하고 이런 이해를 바탕으로 난관을 이겨내 프로그래밍 언어 학습을 완료할 수 있기를 바란다. 또한 한 팀으로서 어떻게 함께 성장하고 좋은 성과를 낼 수 있을지에 대한 실질적 도움을 얻게 되기를 역자로서 소망한다.

차건회

항상 프로그램을 빠르고 정확하게 만드는 동료를 옆에서 지켜보며 떠올린 아이디어가 하나 있었다. "만일 지금 이 순간 모니터로 빨려 들어갈 듯한 저 친구의 머릿속으로 들어가서 어떤 일이 일어나고 있는지 살펴볼 수 있으면 얼마나 좋을까? 내가 프로그램을 작성할 때 드는 느낌과 생각은 다른 개발자와 같을까 다를까?" 이렇게 비기능으로 대표되는 소프트웨어의 여러 가지 속성을 맞추면서 어떻게 기능적으로 요구 사항에 맞춰 개발을 하는지 다른 사람의 시각으로 바라보면 좋겠다는 생각이 주기적으로 떠오르곤 했는데, 이번에 출간된 《프로그래머의 뇌》에서 궁금증을 어느 정도 해소할 수 있어 무척 반가웠다. 물론 사람의 두뇌란 무척 복잡하므로 현대 과학으로도 설명하기 어려운 부분이 분명히 존재하지만, 지레 복잡함에 겁먹고 포기하기보다는 현재까지 알려진 여러 지식을 총동원해서 이해하려고 노력하는 자세가 무척 중요하다.

프로그램 작성 과정에서 우리는 인지적으로 걸리는 부하를 필연적으로 겪을 수밖에 없다. 이 책은 새로운 프로그래밍 언어와 라이브러리/프레임워크를 학습하거나, 처음부터 새롭게 코드를 작성하거나, 레거시 코드를 현대화하거나, 클린 코드를 위해 리팩터링을 하거나, 모놀리스를 마이크로서비스로 분해하는 등 각종 현실 상황에서 부딪힐 법한 문제점을 체계적으로 짚는다. 동시에 (바람직하게는) 이를 해소하거나, (해소까지는 못하더라도) 완화하는 방법에 대해 여러 가지 연구 결과를 바탕으로 정리했다.

이러한 점은 분명히 책의 매력 포인트이지만 이렇게 두뇌 구조만 설명하다 끝났다면 절반의 성공일 테고, 이론을 토대로 멋진 소프트웨어를 작성할 수 있어야 나머지 절반의 성공도 거둘 수 있을 것이다. 실제로 이 책은 문제 해결 방안과 수단으로서의 코드에 대해 설명한 다음에는 좋은 코드를 작성하기 위한 작명법, 코드 스멜을 감지하고 해소하는 방안, 문제 해결을 가속화하는 학습 방법까지 제시함으로써, 개발자들이 책에서 배운 내용을 즉시 현업에 적용할 수 있는 길을 열어준다. 그리고 팀 내에서 협업하는 방법, 대규모 시스템을 설계하고 개선하는 방법, 새로운 개발자에 대한 적응 지원을 효과적으로 하는 방법도 소개하므로 전반적인 개발 문화를 개선하는 과정에도 큰 도움이 될 것으로 기대한다. 처음부터 차근차근 순서대로 정독한 다음, 돌아와서 중간에 나오는 문제들을 다시 한번 차분하게 풀어보자. 어느 순간 개발자로서 자신에 대한 이해도가 깊어졌음을 깨닫게 될 것이다.

박재호, 유튜브 '채널 박재호'(https://www.youtube.com/c/박재호dev) 운영자

개발자 생활을 하다 보면 그런 날이 있다. 저녁을 먹고 밤이 깊도록 코딩을 하다가 불현듯 질문이 떠오르는. 나는 왜 늦은 시간까지 키보드를 두드리며 코딩하는 게 이렇게 좋을까. 그런데도 실수를 하고, 다른 사람의 코드를 이해하지 못해 머리를 쥐어뜯고, 알고리즘이 떠오르지 않아 힘겨워하는 것일까. 코딩을 하는 내 머릿속에서는 무슨 일이 일어나는 것일까. 나는 이런 질문에 대한 답이 책으로 나올 거라는 생각을 하지 못했다. 그런데 나왔다. 제목부터 그냥 직설적이다. 프로그래머의 뇌. 이 책을 읽는다 해서 갑자기 코딩 실력이 늘진 않을 것이다. 하지만 우리의 생각이 작동하는 방식에 대해서는 이해의 폭이 깊어질 것이다. 코딩을 하는 사람이면, 코딩하는 자신의 뇌에서 일어나는 일이 한 번이라도 궁금했던 사람이면 아주 흥미롭게 읽을 수 있는 책이다. 좋은 프로그래머가 되고 싶은 사람이면 이런 책은 읽어줘야 한다. 읽자.

임백준, 삼성리서치

우리는 개발 공부를 'Hello World'로 시작합니다. 그런데 프로그래밍을 하다 보면 코드를 작성해야 하는 일도 많지만, 오픈 소스나 동료의 코드를 읽어야 하는 일도 많습니다. 이런 경우 "어떻게 해야 코드를 더 잘 읽을 수 있을까?"라는 고민을 하곤 합니다. 저도 당시엔 방법을 몰라 그냥 코드를 많이 읽고 혼자 생각했는데, 그때 이 책을 읽었으면 더 효과적이었을 거란 생각이 듭니다.

이 책은 크게 네 파트로 나뉩니다. **1) 코드 더 잘 읽기, 2) 코드에 대해 생각하기, 3) 좋은 코드 작성하기, 4) 코딩에서의 협업.** 개발자라면 고민할 법한 부분이 모두 들어 있습니다. 예를 들면 신속하게 코드를 분석하는 방법, 프로그래밍 문법을 빠르게 배우는 방법, 복잡한 코드를 읽는 방법, 이름이 중요한 이유, 나쁜 코드를 방지하는 프레임워크(방법론), 복잡한 문제를 해결하는 방법, 새로운 개발자 팀원의 적응 지원 등의 주제를 다룹니다. 읽으면서 모두 공감되고 재미있었습니다.

이 책을 신입 개발자, 시니어 개발자 모두에게 추천하고 싶습니다. 우리가 개발하는 동안 뇌가 어떤 행위를 하는지 알 수 있었고, '클린 코드' 시리즈와 비슷하지만 다른 관점으로 생각할 수 있는 계기가 되었습니다. 이 책을 통해 메타인지, 즉 생각에 관한 생각에 대해 더 고민할 수 있었고, 앞으로 제 업무 방식을 개선할 때에도 적용할 수 있을 것 같습니다.

변성윤, 쏘카 데이터 그룹

베타리더 후기

 공민서

코드를 잘 읽는 법과 더 나은 코드를 생산하는 데에 관심이 있는 프로그래머들에게 권합니다. 코드를 읽으면서 '왜 필요한 부분이 캐치가 안 되지?' 혹은 '지금 우리 머릿속에선 대체 어떤 일이 일어나는 거지?' 이런 의문을 품곤 했을 겁니다. 이러한 궁금증을 해소해줄 내용이 담겨 있습니다. 코드를 읽을 때 어려움을 겪곤 하는데, 내 머리가 나쁜 게 아니라 원래 사람 뇌가 그렇게 되어 있다는 사실을 알게 되어 불안감도 줄일 수 있었습니다.

 양성모(현대오토에버)

프로그래머는 평생 새로운 것을 공부해야 하는 직업이라고들 하지만, 새로운 언어나 소스 코드에 익숙해지기까지는 거의 항상 혼란스럽고 힘든 시간을 거치곤 합니다. 이 책은 인지과학의 측면에서 프로그래머가 겪는 어려움과 이를 해소하기 위한 방법을 이야기합니다. 즉시 업무에 적용 가능한 기술보다는 간접적인 내용이 많지만, 전반적으로 이해하기 쉽고 매끄럽게 잘 번역되었다고 봅니다. 단순히 프로그래밍에 익숙해지는 기술만이 아니라, 프로그래머로서 가져야 할 마음가짐과 자세에 대해서도 생각해보는 기회가 되었습니다. 프로그래머가 자기 자신을 이해하고 더 나은 방향으로 성장하는 데 큰 도움이 될 책이라고 생각합니다.

이현수(유노믹)

이 책은 정말 명작입니다. 프로그래머의 머릿속에서 어떤 인지 작용과 사고 과정이 일어나는지에 대해, 제가 아는 짧은 말과 글로 표현할 수 없었던 내용을 대신 잘 설명해줍니다. 선배로서 가르치는 입장이든, 후배로서 배우는 입장이든 모든 수준의 프로그래머에게 추천합니다.

정태일(삼성SDS)

암기를 잘하고 문제를 잘 푸는 방법을 다루는 과학 서적처럼, 이 책은 뇌의 인지 과정을 자세하게 살펴봄으로써 코드를 더 잘 읽고 프로그래밍을 더 잘 익히게 해줍니다. 프로그래밍을 가르치거나 배우면서 잘 풀리지 않는 상황에 지치고 자신감을 잃었을 때, 혹은 코딩 실력을 향상하고 버그 없는 코드를 생산하고 싶을 때 어떻게 하면 되는지를 뇌과학 차원에서 차근차근 살펴보고 적용해보고 싶은 분들께 추천합니다.

 정현준(매드업)

이 책은 좋은 개발자가 되기 위해 알아야 할 점들, 특히 코드와 관련된 넓고 다양한 주제를 잘 보여줍니다. 초보자에게도 좋지만, 특히 어느 정도 경력이 있는 개발자에게 더 큰 도움이 될 책이라고 확신합니다.

 차준성(서울아산병원)

코드는 함께 읽어야 하는 문서로서 모두가 이해할 수 있게 작성되어야 합니다. 그런 점에서, 읽기 쉬운 코드를 작성하는 방법과 코드를 잘 읽는 방법에 대한 가이드가 많은 도움이 됐습니다. 코드를 읽을 때 내부적으로 어떻게 사고하는지 여러 연구 결과를 기반으로 설명하는 부분도 흥미로웠습니다. 책에 수록된 도표나 그림도 내용을 이해하는 데 도움이 되었습니다.

 황시연(소프트웨어 개발자)

프로그래밍 기술의 변화는 매년 빨라지고 있습니다. 변화하는 기술을 습득하려면 관련된 내용을 읽고 이해를 바탕으로 코드로 구현해야 하지만, 초급 개발자나 프로그래밍 경험이 없는 사람들은 프로그래밍 문법, 코드 분석, 문제 해결, 협업 등을 어디서부터 접근해야 할지 알기 어렵습니다. 이 책의 저자는 프로그래밍 및 프로그래머에 관한 논문 자료를 분석하여 효과적인 학습 방법을 알려줍니다. 프로그래밍 관련 논문이 이렇게 많을 줄은 몰랐습니다. 《클린 코드》보다 쪽수는 적지만, 내용은 더 깊이가 있고 설득력이 있습니다. 주니어부터 시니어 개발자까지 학습의 질을 높일 수 있습니다.

제이펍은 책에 대한 애정과 기술에 대한 열정이 뜨거운 베타리더의 도움으로
출간되는 모든 IT 전문서에 사전 검증을 시행하고 있습니다.

추천서문(존 스키트)

나는 인생의 많은 시간을 프로그래밍에 대해 생각하면서 지냈다. 이 책을 읽고 있는 여러분도 아마 그랬을 것이다. 하지만 생각하는 것 그 자체에 관해서는 그리 많은 시간을 들여 생각해보지 못했다. 우리의 사고 과정의 개념과 인간이 코드와 어떻게 상호작용하는가 중요하다고 여겼지만, 그 이상의 과학적 탐구는 하지 못했다. 세 가지 예를 들어보겠다.

나는 노다 타임Noda Time이라는 닷넷NET 프로젝트의 주 개발자다. 노다 타임은 닷넷에 내장되어 있는 날짜 및 시간 데이터 타입을 대체하는 기능을 제공한다. 내게 이 프로젝트는 API 디자인, 특히 명명법과 관련해 시간을 할애해 생각해볼 수 있는 좋은 기회였다. 메서드의 이름을 보면 기존 값을 변경하는 것처럼 보이지만 실제로는 새 값을 반환하는 등의 문제들을 겪으며, 버그가 있는 코드는 읽을 때 뭔가 이상한 게 느껴지도록 명명하려 노력했다. 예를 들어 노다 타임의 LocalDate 데이터 타입에는 AddDays가 아닌 PlusDays 메서드가 있다. (바라건대) 대부분의 C# 개발자는 다음 코드를 보면 잘못됐다는 생각이 들 것이다.

```
date.PlusDays(1);
```

반면 다음과 같은 코드는 이치에 맞는 것으로 보일 것이다.

```
tomorrow = today.PlusDays(1);
```

이것을 닷넷의 DateTime 데이터 타입의 AddDays 메서드와 비교해보라.

```
date.AddDays(1);
```

위 코드는 date를 수정하는 것처럼 보이며, 첫 코드만큼이나 올바르지 못한 코드지만 버그는 아니다.

그다음 예도 노다 타임에서 나온 것이지만, 구체적인 예는 아니다. 많은 라이브러리가 개발자로 하여금 생각을 많이 하지 않아도 되게끔 모든 힘든 일을 대신해주려 노력한다. 하지만 우리는 노다 타임의 사용자들이 날짜와 시간 관련 코드를 앞에 두고 많은 생각을 하기를 분명하게 원한다. 우리는 사용자가 실제로 달성하고자 하는 바를 모호함 없이 고려하길 원하고, 그다음 그것을 코드로 명확하게 표현할 수 있길 원한다.

마지막으로 자바와 C#에서 변수에 어떤 값이 저장되는지, 그리고 메서드에 인수를 전달할 때 어떤 일이 일어나는지에 대한 개념적인 예가 하나 있다. 나는 내 인생 대부분 동안 자바가 객체를 전달할 때 레퍼런스를 사용한다는 개념에 맞서려고 노력해왔던 것 같다. 계산을 해보면, 정말 그런 것 같다. 지난 25년간 다른 개발자들이 자신의 정신 모델을 세밀하게 교정하는 데 내가 도움을 준 셈이다.

프로그래머들이 어떻게 생각하느냐는 나에게 오랫동안 중요한 주제였지만, 과학적 근거가 없다면 추측과 어렵게 얻은 경험에 불과하다. 과학적 근거를 찾고자 노력해오던 차에 이 책을 통해 그것을 갖는 데 도움이 되었다.

2017년 오슬로에서 열린 NDCNorwegian Developer Conference에서 'Programming Is Writing Is Programming(프로그래밍은 글쓰기이고 글쓰기는 프로그래밍이다)'라는 프레젠테이션으로 펠리너 헤르만스를 처음 만났다. 트위터에 올린 내 반응이 모든 것을 말해준다. "이 모든 것을 이해하려면 시간이 많이 필요하다. 하지만… 와우." 나는 펠리너의 (물론 시간이 흐르면서 발전한) 이 프레젠테이션을 적어도 세 번은 보았고 매번 새로운 것을 얻었다. 마침내 내가 시도했던 것에 대한 인지적인 설명과 내 접근 방식을 바꾸도록 만든 놀라운 사실들이 있었다.

이 책을 읽는 내내 "아, 이제야 왜 그런지 알겠네!"라든가 "아, 그런 생각을 못 했네!" 같은 반응이 계속 나왔다. 플래시카드 사용 같은 즉각적이고 실용적인 제안들을 제외하면, 이 책이 미치는 영향은 좀 더 간접적이고 즉각 눈에 띄지는 않을 것이라고 생각한다. 예를 들어 그 영향은 코드에 빈 줄을 넣을 때 좀 더 숙고하게 된다든가, 새 팀원에게 주는 과제가 바뀐다든가, 혹은 과제를 주는 시기가 달라지든가 정도일 수도 있다. 스택 오버플로Stack Overflow에서 개념을 설명하는 방식의 변화일 수도 있다.

어떤 영향을 끼치든 간에, 펠리너는 작업 기억 공간에서 생각하고 처리한 후에 장기 기억으로 옮기는 아이디어에 대한 보물 상자를 제공했다. 생각에 대해 생각하는 것은 중독적이다!

존 스키트 Jon Skeet, 구글 스태프 개발자 관계 엔지니어

시작하며 _____

10년 전, 아이들에게 프로그램을 가르치기 시작했을 때 깨달은 것이 있다. 사람들은 어떤 일을 할 때, 특히 프로그래밍을 할 때 뇌를 어떤 방식으로 활용하는지 전혀 모른다는 점이었다. 대학에서 프로그래밍에 대해 많은 것을 배웠지만, 전산학 교육 과정에 있는 그 어떤 과목도 프로그래밍에 대해 생각하는 것을 생각할 수 있게끔 필자를 준비시켜주지는 못했다.

만약 여러분이 필자처럼 컴퓨터 관련 학과의 교육 과정을 밟았거나 독학으로 프로그래밍을 배웠다면, 두뇌의 인지 기능에 대해서는 배우지 못했을 것이다. 따라서 더 나은 방법으로 코드를 읽거나 작성하기 위해 두뇌를 향상하는 방법을 알지 못할 수도 있다. 필자는 확실히 그러지 못했지만, 아이들에게 프로그램을 가르치려면 두뇌의 인지 과정에 대해 더 깊이 있게 이해할 필요가 있다는 것을 깨달았다. 그 이후 필자는 우리가 어떻게 생각하고 어떻게 배우는지에 대해 더 많이 배우기 시작했다. 이 책은 필자가 책을 읽고, 사람들과 이야기를 나누고, 학습과 사고에 관한 강연과 콘퍼런스에 참석한 지난 몇 년 동안의 결과물이다.

뇌가 어떻게 작동하는지 이해하는 것은 물론 그 자체로도 흥미롭지만 프로그래밍에도 중요하다. 프로그래밍은 가장 까다로운 인지 활동 중 하나로 간주된다. 즉 문제를 추상적으로 해결하는 동시에 프로그램을 작성하는데, 이런 일은 대부분의 사람이 자연스럽게 가질 수 없는 수준의 주의력을 요구한다. 스페이스를 빼먹었는가? 오류. 배열의 시작 인덱스를 잘못 계산했나? 오류. 이미 존재하는 코드의 정확한 작동을 이해 못 했는가? 오류.

프로그래밍을 하는 동안 일어나는 실수는 수없이 잦다. 이 책에서 살펴보겠지만, 우리가 범하는 많은 오류는 인지적 문제에 뿌리를 두고 있다. 예를 들어 스페이스를 빼먹었다면, 프로그래밍 언어의 문법을 충분히 숙달하지 못했다는 것을 의미할 수 있다. 배열의 인덱스 위치를 잘못 계산했다면, 코드에 대한 가정이 잘못되었음을 나타낼 수 있다. 기존 코드를 잘못 이해하고 있다면, 코드를 읽는 방법에 대한 기술skill이 부족하기 때문일 수 있다.

이 책의 목적은 우선 두뇌가 코드를 처리하는 방식을 이해하도록 돕는 것이다. 전문 프로그래머들은 새로운 정보를 접할 때가 많기 때문에, 새로운 정보가 제시될 때 두뇌가 무엇을 하는지 이해하면 더 나은 프로그래머가 되는 데 도움을 얻을 것이다. 코드가 뇌에 어떤 영향을 미치는지 알게 된 후에는 코드 처리 기술을 향상하는 방법에 관해 이야기할 것이다.

감사의 글 ─────────────────────────────────────

사랑하는 주제에 관한 책을 완성한다는 것이 얼마나 큰 행운인지 깊이 깨달았다. 필자의 인생에는 알맞은 때에 알맞게 일어난 많은 일이 있는데, 그것이 없었더라면 인생이 많이 달라졌을 것이고 이 책은 쓰이지 못했을 것이다. 수십 차례의 크고 작은 만남으로 이 책과 필자의 경력이 존재할 수 있었다. 아주 중요한 몇 분의 이름을 언급하고 싶다.

먼저 마를리스 알데베럴트Marlies Aldewereld는 필자를 프로그래밍과 언어 학습의 길로 이끌어주었다. 마릴레인 스밋Marileen Smit은 이 책을 쓰기에 충분한 심리학을 내게 가르쳐주었다. 그렉 윌슨Greg Wilson은 프로그래밍 교육의 주제를 다시 주류로 만들었다. 페터르 나버Peter Nabbe와 롭 후거우드Rob Hoogerwoord는 훌륭한 선생님이 되는 방법에 대한 세계적인 사례를 정립했다. 슈테판 하넨베르크 Stefan Hanenberg의 조언으로 내 연구의 궤적이 만들어졌다. 카티아 모던트Katja Mordaunt는 최초의 코드 읽기 클럽을 시작했다. 간화선看話禪에 대한 루엘린 팔코Llewellyn Falco의 생각은 내게 광범위하게 배우고자 하는 마음을 불어넣었다. 리코 하위버르스Rico Huijbers는 어떤 폭풍에도 내겐 등불이다.

물론 이 사람들 외에 매닝 출판사에서 일하는 분들에게도 감사해야 마땅하다. 마랸 베이스Marjan Bace, 마이크 스티븐스Mike Stephens, 트리샤 루바Tricia Louvar, 버트 베이츠Bert Bates, 미하엘라 바티니치 Michaela Batinić, 베키 라인하르트Becky Reinhart, 멀리사 아이스Melissa Ice, 제니퍼 훌Jennifer Houle, 폴 웰스 Paul Wells, 제리 쿠치Jerry Kuch, 레이철 헤드Rachel Head, 세바스티앵 포르트보아Sébastien Portebois, 캔디스 길홀리Candace Gillhoolley, 크리스 카우프만Chris Kaufmann, 마트코 흐르바틴Matko Hrvatin, 이반 마르티노비치Ivan Martinović, 브란코 라틴치츠Branko Latincic, 안드레이 호프슈스테르Andrej Hofšuster는 이 책의 모호한 아이디어를, 읽을 수 있고 합리적인 것으로 만들어주었다.

다음의 모든 리뷰어께도 감사를 드린다. 제안 덕분에 이 책이 더 나은 책이 될 수 있었다. Adam Kaczmarek, Adriaan Beiertz, Alex Rios, Ariel Gamiño, Ben McNamara, Bill Mitchell, Billy O'

Callaghan, Bruno Sonnino, Charles Lam, Claudia Maderthaner, Clifford Thurber, Daniela Zapata Riesco, Emanuele Origgi, George Onofrei , George Thomas, Gilberto Taccari, Haim Raman, Jaume Lopez, Joseph Perenia, Kent Spillner, Kimberly Winston-Jackson, Manuel Gonzalez, Marcin Sęk, Mark Harris, Martin Knudsen, Mike Hewitson, Mike Taylor, Orlando Méndez Morales, Pedro Seromenho, Peter Morgan, Samantha Berk, Sebastian Felling, Sébastien Portebois, Simon Tschöke, Stefano Ongarello, Thomas Overby Hansen, Tim van Deurzen, Tuomo Kalliokoski, Unnikrishnan Kumar, Vasile Boris, Viktor Bek, Zachery Beyel, Zhijun Liu.

이 책에 대하여 _____

이 책은 뇌가 어떻게 작동하는지, 그리고 프로그래밍 기술과 습관을 어떻게 향상할 수 있는지 더 깊이 이해하고 싶은 모든 수준의 프로그래머들을 위한 책이다. 자바스크립트, 파이썬, 자바 등 다양한 언어로 된 코드 예를 담았지만, 생소한 언어의 소스 코드를 읽는 데 문제가 없다면 특정 프로그래밍 언어에 대한 깊은 지식은 필요하지 않다.

이 책을 최대한 활용하려면 개발팀이나 대형 소프트웨어 시스템에서 근무한 경험, 그리고 신규 팀원 적응 지원onboarding을 맡아본 경험이 있으면 좋다. 이런 유형의 상황이 자주 언급될 텐데, 상황을 자신의 경험과 연관시킬 수 있다면 책을 더 깊이 이해할 수 있을 것이다. 실제로 새로운 정보를 기존 지식과 경험에 연결할 수 있을 때 학습은 향상되며, 그것이 이 책이 다루는 내용이기도 하다.

이 책은 인지과학의 주제를 많이 다루긴 하지만 궁극적으로 프로그래머를 위한 책이다. 각종 연구 결과에서 나온 두뇌의 작용을 항상 프로그래밍과 프로그래밍 언어에 대한 맥락에서 살펴볼 것이다.

책의 구성

이 책은 13장으로 구성되어 있으며 4부로 나뉘어 있다. 각 장은 다른 장의 내용에 기반하기 때문에 순서대로 읽어야 한다. 각 장에는 내용을 더 깊이 이해할 수 있도록 돕기 위해 적용과 연습이 실려 있다. 어떤 경우에는 독자가 처한 상황에서 최적의 결과를 얻기 위해 연습을 해볼 수 있는 코드베이스를 찾아야 할 것이다.

지식이 적용되어야 하는 장소는 일상에서 연습을 할 때다. 이 책을 장기간에 걸쳐 읽되, 한 장에서 배운 내용을 자신의 프로그래밍에 연습해보고 적용한 후에 다음 장으로 넘어가면 좋을 것이다.

- 1장에서는 프로그래밍을 할 때 역할을 하는 세 가지 인지 과정과 각각의 인지 과정이 자신의 혼란 유형과 어떻게 연관되어 있는지 살펴본다.

- 2장에서는 코드를 빠르게 읽고 그 작동을 이해하는 방법에 대해 논의한다.

- 3장에서는 프로그래밍 문법과 개념을 더 잘, 그리고 더 쉽게 배우는 방법을 가르쳐준다.

- 4장을 통해 복잡한 코드를 읽는 데 도움을 얻을 수 있다.

- 5장은 낯선 코드에 대해 깊이 있게 이해하는 데 유용한 기술을 보여준다.

- 6장에서는 프로그래밍 문제를 더 잘 해결할 수 있는 기술을 다룬다.

- 7장은 코드와 사고에서 버그를 피하도록 돕는다.

- 8장에서는 명확한 변수 이름을 선택하는 방법에 대해 논의한다.

- 9장은 코드 스멜과 그 이면에 있는 인지적 원리에 초점을 맞춘다.

- 10장에서는 복잡한 문제를 해결하기 위한 더 발전된 기술에 대해 논의한다.

- 11장에서는 코딩하는 기술을 다루고 프로그래밍의 다양한 작업을 탐구한다.

- 12장에서는 대규모의 코드베이스를 개선하는 방법을 살펴본다.

- 13장은 새로 합류한 개발자들의 적응 지원 과정을 효과적으로 진행하는 데 도움이 될 내용을 다룬다.

표지에 대하여 _____

책 표지에 실린 그림은 〈Femme Sauvage du Canada(캐나다의 원주민 여성)〉이라는 제목이 붙어 있다. 이 삽화는 1788년 프랑스에서 출간된 《Costumes Civils actuels de tous les Peuples connus(알려진 모든 현대인의 민간 복식)》 화집에서 가져온 것으로, 자크 그라세 드 생소뵈르Jacques Grasset de Saint-Sauveur(1757~1810)가 여러 나라의 드레스 의상을 손으로 정교하게 그리고 채색했다. 생소뵈르의 풍부한 작품들은 불과 200년 전만 해도 세계 각 도시와 지역의 문화가 얼마나 다양했는지를 생생하게 보여준다. 지리적으로 떨어져 있으면서, 사람들은 다른 언어와 방언을 사용했다. 거리나 시골에서 어디에 살고 있으며, 무엇을 사고 파는지, 어떤 계층에 속하는지를 단지 옷차림만으로도 쉽게 확인할 수 있었다.

그 이후로 우리가 옷을 입는 방식은 변했고, 풍부했던 지역별 다양성은 희미해졌다. 지금은 마을, 지역, 나라는 고사하고, 서로 다른 대륙에 사는 사람들을 구분하는 것도 어렵다. 아마도 우리는 문화적 다양성 대신에 더 다양해진 개인적 삶, 또는 빠른 속도로 변해가는 기술적인 생활을 선택했던 것 같다.

비슷비슷한 책들이 가득한 요즘, 매닝Manning 출판사는 두 세기 전 여러 지역의 다채로운 생활상을 보여주는 자크 그라세 드 생소뵈르의 그림 중 하나를 표지에 실어 IT 업계의 독창성과 진취성을 기리고자 한다.

PART

I

코드 더 잘 읽기

코드 읽기는 프로그래밍 작업에서 핵심적인 일이지만 전업 개발자라도 코드를 읽는 법을 제대로 모를 수 있다. 코드 읽는 법을 배울 기회가 없기도 하지만, 연습하지도 않는다. 코드를 읽는 일은 종종 혼란스럽고 고된 일이다. 이 책의 앞부분에서는 코드를 읽는 것이 왜 어려운 일인지 설명하고 코드 파악을 잘하기 위해 무엇이 필요한지 이해할 수 있도록 돕고자 한다.

PART I

On reading code better

코딩 중 겪는
혼란에 대한 이해

이 장에서는 다음과 같은 내용을 다룬다.

- 코딩 중에 혼란이 발생하는 다양한 방식의 차이점 이해
- 코딩에서 작동하는 세 가지 인지 과정의 비교
- 세 가지 인지 과정들이 어떻게 서로 보완적으로 작동하는지에 대한 이해

프로그래밍을 하다 보면 늘 혼란confusion이 일어난다. 새로운 프로그래밍 언어나 개념 혹은 프레임 워크를 배울 때는 새로 접하는 아이디어 때문에 겁먹을 수 있다. 익숙하지 않은 코드나 자기 자신이 오래전에 작성한 코드를 다시 열어볼 때, 그 코드가 무슨 일을 하는지 혹은 왜 그런 방식으로 작성 했는지 이해가 안 될 수 있다. 또는 이전에 접해보지 못한 비즈니스 영역에서 일을 새로 시작할 때 새로운 용어나 특정 영역에서만 사용하는 전문용어 때문에 머리가 아플 수도 있다.

물론 잠시의 혼란스러움은 문제가 되지 않겠지만, 그것을 필요 이상으로 오래 가져가서는 안 된다. 이 장에서는 어떻게 그런 혼란을 인식하고 해석할 것인지를 다루려고 한다. 아마 지금까지 한 번도 생각해본 적이 없었겠지만 이러한 혼란은 세 가지 서로 다른 방식으로 일어난다. 복잡한 알고리즘 을 단계적으로 이해하려고 노력할 때 일어나는 혼란과 어떤 특정 영역에서 사용되는 개념을 잘 이 해하지 못해서 일어나는 혼란은 서로 다른 종류의 혼란이다.

이들 여러 가지 종류의 혼란은 서로 다른 유형의 인지 과정과 관련 있다. 이 장에서는 몇 가지 코드 예제를 통해 이러한 혼란에 대해 자세히 살펴보고 이 혼란이 우리의 인지 과정에서 어떻게 일어나는지를 설명하고자 한다.

이 장을 마치고 나면, 코드가 어떻게 다양한 혼란을 초래하고 각각의 경우에 인지 과정이 어떻게 다르게 일어나는지 이해할 수 있을 것이다. 세 가지 종류의 혼란과 이와 관련한 인지 과정을 이해하고 나서, 이후의 장들에서는 어떻게 그 인지 과정들을 개선할 수 있을지를 다룬다.

1.1 코드가 초래하는 세 가지 종류의 혼란

생소한 코드를 처음 접하면 누구나 어느 정도 혼란을 느끼기 마련이지만, 그렇다고 모든 코드가 다 같은 방식으로 혼란을 야기하는 것은 아니다. 이 혼란에 대해 세 가지 다른 종류의 예제 코드로 설명해보겠다. 다음 코드는 모두 주어진 숫자 N 혹은 n을 이진수로 바꾸는 일을 한다. 첫 번째 코드는 APL_A Programming Language이고,[1] 두 번째는 자바, 세 번째는 베이직이다.

이 세 가지 예제 코드를 몇 분간 자세히 살펴보기 바란다. 코드를 읽을 때 어떤 종류의 지식을 사용하고, 그 지식은 서로 어떻게 다른가? 지금 당장은 코드를 읽을 때 뇌에서 어떤 일이 일어나는지 표현하기 어렵겠지만, 서로 다르게 작동하는 것을 느낄 것이다. 이 장을 마치고 나면, 코드를 읽을 때 두뇌에서 일어나는 서로 다른 인지 과정을 논의하는 데 필요한 용어에 익숙해질 것이다.

예제 1.1은 APL로 된 코드이고 숫자 n을 이진수 표현으로 변경하는 코드다. 이 코드를 읽을 때 혼란은 T가 무엇인지 모르기 때문이다. 1960년대의 수학자가 아니라면 APL을 한 번도 사용해본 적이 없을 것이다. APL은 특별히 수학적인 계산을 위해 만들어진 언어이고 오늘날에는 거의 쓰이지 않는다.

예제 1.1 **APL에서의 이진수 표현**

```
2 2 2 2 T n
```

두 번째 예제 코드는 자바 언어로 숫자 n을 이진수 표현으로 변환하는 코드다. `toBinaryString()` 메서드가 내부에서 어떻게 동작하는지 모른다면 이 코드를 읽을 때 혼란이 있을 수 있다.

---

1   옮긴이 https://ko.wikipedia.org/wiki/APL_(프로그래밍_언어) 참고.

예제 1.2 **자바에서의 이진수 표현**

```java
public class BinaryCalculator {
    public static void mian(Integer n) {
        System.out.println(Integer.toBinaryString(n));
    }
}
```

세 번째 코드는 베이직 언어를 사용해서 숫자 N을 이진수 표현으로 변환하는 프로그램이다.[2] 이 코드는 실행되는 각각의 단계들을 모두 이해하지 못하면 혼란스럽다.

예제 1.3 **베이직에서의 이진수 표현**

```basic
1 LET N2 = ABS(INT(N))
2 LET B$ = ""
3 FOR N1 = N2 TO 0 STEP 0
4     LET N2 = INT(N1 / 2)
5     LET B$ = STR$(N1 - N2 * 2) + B$
6     LET N1 = N2
7 NEXT N1
8 PRINT B$
```

1.1.1 혼란의 첫 번째 유형: 지식의 부족

자 이제 세 가지 서로 다른 언어로 된 예제 코드를 읽을 때 어떤 일이 일어나는지 살펴보자. 먼저 APL 코드를 보고 숫자 n을 어떻게 이진수 표현으로 변경하는지 보겠다. 앞서 언급했지만 다시 한번 말하자면 이 코드가 혼란스러운 이유는 T가 의미하는 바를 모르기 때문이다.

예제 1.4 **APL에서의 이진수 표현**

```
2 2 2 2 2 T n
```

이 책을 읽는 독자 대부분은 아마 APL을 모를 테니 연산자 T의 의미도 모를 것이다. 즉 코드가 혼란스러운 이유는 T에 대한 **지식**knowledge이 없기 때문이다.

2 　옮긴이 　구체적으로는 애플소프트 베이직 코드로 보이며, 첫 번째 라인 위에 0 LET N = 7(7 대신 임의의 숫자를 넣어도 된다)을 추가하면 다음과 같은 사이트에서 온라인으로 실행하여 결과를 확인할 수 있다. https://www.calormen.com/jsbasic

1.1.2 혼란의 두 번째 유형: 정보의 부족

두 번째 예제 코드의 혼란은 조금 다른 이유 때문이다. 자바 언어의 전문가가 아니라 해도 프로그래밍 언어를 어느 정도 알고 있는 독자라면 이진수 표현으로 변환하는 부분을 찾을 수 있을 것이다. 하지만 toBinaryString() 메서드가 내부적으로 어떻게 작동하는지 모른다면 이 코드도 혼란스러울 수 있다.

예제 1.5 **자바에서의 이진수 표현**

```
public class BinaryCalculator {
    public static void mian(Integer n) {
        System.out.println(Integer.toBinaryString(n));
    }
}
```

이 프로그램이 어떤 일을 하는지 메서드 이름으로부터 유추할 수는 있겠지만, 이 메서드가 구체적으로 어떤 일을 수행하는지 이해하려면 메서드의 내부를 더 살펴봐야 한다. 따라서 여기서 혼란의 원인은 이 메서드에 대한 **정보**information가 부족하다는 점이다. toBinaryString() 메서드가 정확하게 어떻게 동작하는지에 대한 정보를 얻으려면 메서드의 내부 코드를 따로 살펴봐야 한다.

1.1.3 혼란의 세 번째 유형: 처리 능력의 부족

세 번째 예제 코드에서는 변수 이름이나 연산자를 통해 코드가 무슨 일을 하는지 유추할 수 있다. 하지만 코드를 따라가다 보면 머릿속에서 모든 과정을 처리하기가 어렵다. 이 코드는 각각의 단계가 실행되는 것을 한눈에 파악할 수 없기 때문에 혼란스럽다. 모든 단계를 이해하고자 한다면 그림 1.1과 같이 변수의 값을 기록해두기도 한다.

```
1  LET N2 = ABS(INT(N))              ~~~→ 7
2  LET B$ = ""
3  FOR N1 = N2 TO 0 STEP 0
4      LET N2 = INT(N1 / 2)          → 3
5      LET B$ = STR$(N1 - N2 * 2) + B$   → "|"
6      LET N1 = N2
7  NEXT N1
8  PRINT B$
```

그림 1.1 **베이직에서의 이진수 표현**

이러한 혼란은 **처리 능력**processing power이 부족하기 때문이다. 변수에 임시로 저장되는 값을 모두 다 기억하거나 각각의 경우 어떤 동작들이 수행되는지를 동시에 알기가 쉽지 않다. 이 프로그램이 무슨 일을 하는지 이해하려면 변수들이 중간에 어떤 값을 갖는지 종이에 따로 적거나 아니면 위 그림처럼 코드 옆에 적어놔야 한다.

코드가 이해하기 어렵고 혼란스러우면 불편하고 꺼림칙하기 마련인데 이러한 혼란을 초래하는 원인을 세 개의 예제 프로그램을 통해 살펴봤다. 첫째, 프로그래밍 언어나 알고리즘 혹은 업무 영역에 대한 지식이 없는 경우 혼란이 생길 수 있다. 둘째, 코드를 이해하기 위해 필요한 정보를 충분히 가지고 있지 못하는 경우에도 그렇다. 요즘은 코드가 다양한 라이브러리, 모듈, 패키지를 사용하기 때문에 코드를 잘 이해하기 위해서는 이들에 대한 정보를 얻기 위해 많이 찾아봐야 하고, 동시에 찾아보는 일을 하기 전에 무엇을 하고 있었는지도 기억해야 한다. 셋째, 코드가 너무 복잡해서 혼란이 생기는 경우인데, 이는 두뇌의 처리 용량이 부족하기 때문이다.

이제 앞에서 살펴본 세 가지 혼란과 관련된 인지 과정을 다뤄보자.

1.2 코딩에 영향을 주는 인지 과정

앞의 세 가지 예제 프로그램을 분석할 때 두뇌가 수행하는 세 가지 인지 과정을 좀 더 구체적으로 살펴보자. 앞서 대략 설명했듯이, 세 가지 서로 다른 종류의 혼란은 각각 서로 다른 종류의 인지 과정과 연관되고, 이 과정은 기억memory과 관련 있다. 이에 대해 좀 더 자세히 살펴보자.

지식이 없다는 것은 두뇌의 **장기 기억 공간**long-term memory, LTM에 해당 내용이 없다는 것을 뜻한다. 장기 기억 공간은 기억하는 내용을 반영구적으로 저장하는 곳이다. 반면에 지식이 아닌 어떤 정보가 부족할 때는 **단기 기억 공간**short-term memory, STM에 해당 내용이 없기 때문이다. 정보를 수집할 때 단기 기억 장소에 일시적으로 저장하지만, 다른 정보를 찾는 과정에서 이미 수집해놓은 정보 중 일부는 잊어버린다. 마지막으로, 많은 정보를 처리할 때는 **작업 기억 공간**working memory에 영향을 미치는데 우리는 사고할 때 이 영역을 사용한다.

요약하자면, 우리가 여러 종류의 혼란을 겪을 때 다음과 같은 서로 다른 종류의 인지 과정이 관련된다.

- 지식의 부족 = LTM의 문제
- 정보의 부족 = STM의 문제
- 처리 능력의 부족 = 작업 기억 공간의 문제

이들 세 가지 인지 과정은 코드를 분석할 때뿐만 아니라 코드를 작성하거나 시스템을 설계할 때 혹은 문서를 작성할 때와 같이 모든 종류의 인지 활동에 나타난다.

1.2.1 LTM과 프로그래밍

프로그래밍과 관련한 첫 번째 인지 과정은 LTM이다. 여기에 있는 기억은 아주 오랫동안 보관된다. 대부분 사람은 몇 년 전에 일어났거나 심지어 몇십 년 전에 일어난 일조차 기억한다. 우리가 어떤 일을 할 때든 LTM이 사용된다. 가령 신발 끈을 묶을 때 근육이 무엇을 해야 할지 자동으로 기억한다거나, 이진 검색을 하는 프로그램을 작성할 때 추상적인 알고리즘과 프로그래밍 언어의 문법을 기억하고 나아가 키보드로 입력하는 동작을 기억하는 일을 모두 LTM이 한다. 3장에서는 LTM이 기억을 하는 여러 가지 방식과 어떻게 LTM을 강화할 수 있는지 좀 더 자세히 다룰 것이다.

LTM은 프로그래밍과 관련해서 여러 가지 다른 종류의 정보를 저장한다. 예를 들어 어떤 기술technique을 성공적으로 적용한 순간, 자바 언어에서 키워드의 의미나 `maxint`의 값이 2147483647이라는 사실, 혹은 영어 단어의 의미 등이다.

LTM은 오랜 시간 동안 저장한다는 점에서 컴퓨터의 하드 드라이브와 비슷하다.

APL 프로그램: LTM

APL 예제 코드를 읽을 때는 LTM을 가장 많이 사용한다. 우리가 APL 키워드 T의 의미를 알고 있다면 코드를 읽을 때 그것을 LTM으로부터 인출retrieval[3]할 것이다.

APL 예제 코드를 통해 언어의 문법에 대한 지식도 중요하다는 사실을 알 수 있다. APL에서 T가 의미하는 바를 알지 못하면 그 코드를 이해하기 어렵다. 하지만 T가 어떤 수의 값을 다른 진법의 수로 변환해주는 **이항 부호화**dyadic encode 함수라는 것을 알면 코드 분석은 간단해진다. 말로 된 설명을 읽을 필요도 없고 각 단계별로 어떻게 동작하는지 이해하지 않아도 된다.

1.2.2 STM과 프로그래밍

두 번째 인지 과정은 STM과 관련 있다. STM은 들어오는 정보를 잠시 보관하기 위해 사용된다. 누군가와 통화 중에 전화번호를 알려줄 때 이 번호는 LTM에 저장되지 않고 STM에 우선 저장된다. STM은 크기에 제한이 있는데, 이 크기에 대한 추정치는 학자마다 다르지만 STM이 기억할 수 있는 항목의 최대치가 12개를 넘지 않는다는 점에는 대부분의 학자가 동의한다.

코드 분석을 예로 들자면, 코드에서 키워드, 변수명, 자료구조 등이 STM에 일시적으로 저장된다.

---

3 [옮긴이] 인출은 저장된 정보를 기억해내는 과정을 일컫는다. 이 책 3.4절에서 자세히 다룬다.

자바 프로그램: STM

자바 코드 예제를 읽을 때 일어나는 인지 과정은 주로 STM을 통해서다. 코드의 첫 번째 라인을 읽을 때 이 함수의 입력 변수 n이 정수라는 것을 알게 된다. 그 함수가 어떤 일을 하는지 이 시점에서는 아직 모르지만 n이 정수형 숫자라는 것만은 기억하면서 계속 코드를 읽어나가게 된다. STM은 n이 정수형 숫자라는 사실을 일정 기간 보관한다. 두 번째 라인에 이르렀을 때는 `toBinaryString()`이 반환하는 결과가 무엇인지 알게 된다. 이 함수가 어떤 일을 하는지 파악했더라도, 하루 혹은 심지어 한 시간이 지나기 전에 잊어버릴 수 있다. 이 함수가 하는 일을 이해하고 나면 STM은 그 내용을 기억에서 지워버린다.

예제 1.6 숫자 n을 이진수 표현으로 변환하는 자바 프로그램

```java
public class BinaryCalculator {
    public static void mian(Integer n) {
        System.out.println(Integer.toBinaryString(n));
    }
}
```

이 코드에서 오는 혼란은 `toBinaryString()` 메서드가 내부적으로 어떤 일을 수행하는지 알지 못하기 때문이다.

이 코드를 이해하는 데 STM이 주된 역할을 하지만 LTM 역시 어느 정도 역할이 있다. 사실 LTM은 우리가 행하는 모든 인지 과정에 관여하기 때문에 자바 예제 코드를 읽을 때는 STM뿐만 아니라 LTM 역시 사용된다.

이 책을 읽는 독자 대부분은 자바 언어에 익숙할 텐데, 이 코드가 어떤 일을 하는지 설명해보라고 하면 자바의 키워드 `public class`와 `public static void main`은 굳이 설명하지 않을 것이다. 심지어 예제 코드에서 `main`의 이름을 의도적으로 `mian`으로 바꿔놨지만 미처 알아채지 못한 독자들도 많을 것이다.

우리 두뇌는 함수명을 미리 가정하는데 여기서 두 가지 인지 과정이 동시에 일어난다. `mian`을 읽을 때 이것은 STM에 저장되지만, 이 함수명을 사용하는 대신 `main`이라고 하는, 과거의 경험으로 인해 이미 LTM에 저장되어 있는 이름을 사용한다. 이것은 그 두 가지 인지 과정이 서로 독립적으로 일어나는 것이 아니라는 것을 보여준다.

LTM이 기억을 영구적으로 저장하기 때문에 컴퓨터의 하드 드라이브와 같다면 STM은 값을 일시적으로 저장하는 캐시나 메인 메모리라고 할 수 있다.

1.2.3 작업 기억 공간과 프로그래밍

프로그래밍과 관련된 세 번째 인지 과정이 일어나는 곳은 작업 기억 공간이다. STM과 LTM은 거의 기억장치라고 할 수 있다. STM의 경우는 읽거나 들으면서 정보를 잠시 저장하는 곳이고, LTM은 오랜 시간 동안 저장하는 곳이다. 실제 사고 작용은 LTM이나 STM이 아닌 작업 기억 공간에서 일어난다. 생각, 아이디어, 해결책 같은 것들이 여기에서 만들어진다. LTM은 하드 드라이브, STM은 메인 메모리로 생각한다면, 작업 기억 공간은 두뇌의 프로세서라고 볼 수 있다.

베이직 프로그램: 작업 기억 공간

베이직 언어로 된 예제 프로그램을 읽을 때 LET이나 EXIT 같은 키워드의 의미를 기억해내기 위해서는 LTM을 사용하게 된다. 또한 STM도 사용되는데, B$가 빈 문자열로 시작된다는 것과 같은 정보가 여기에 저장된다.

하지만 베이직 코드를 읽을 때는 이보다 훨씬 더 많은 일이 일어난다. 우리 머리가 코드를 실행해보면서 무슨 일이 일어날지 이해하려 시도하기 때문이다. 이 과정을 **트레이싱**tracing(추적)이라고 부르는데, 머릿속에서 코드를 컴파일하고 실행하는 과정을 의미한다. 트레이스를 하거나 인지적으로 복잡한 작업을 할 때 사용되는 두뇌를 작업 기억 공간이라고 하며, 컴퓨터에서 계산을 수행하는 프로세서에 비교할 수 있다.

매우 복잡한 프로그램을 트레이스할 때는 변수의 값을 코드 내에 혹은 별도로 적어놓고 싶은 마음이 들 수도 있다. 이러한 현상은 작업 기억 공간이 꽉 차서 더 많은 정보를 처리할 수 없을 때 나타날 수 있다. 4장에서는 이러한 정보의 과부하 상태, 그리고 두뇌에서 이를 어떻게 예방할 수 있을지를 다룬다.

1.3 인지 과정들의 상호작용

앞 섹션에서 프로그래밍과 관련된 세 가지 중요한 인지 과정에 대해 자세히 살펴봤다. 요약하자면 LTM은 오랜 시간에 걸쳐 얻은 정보를 저장하는 장소고, STM은 방금 전에 읽거나 들은 정보를 일시적으로 저장하는 장소다. 작업 기억 공간은 정보를 처리하고 새로운 사고 작용을 형성하는 곳이다. 셋을 별도로 설명했지만 이들은 서로 밀접하게 연관되어 있다. 이에 대해 살펴보자.

1.3.1 인지 과정들이 어떻게 상호작용하는지에 대한 간단한 설명

그림 1.2에서 볼 수 있듯이, 우리가 사고할 때는 이 세 가지 인지 과정 모두 어느 정도 활성화된다. 이번 장 앞에서 나온 자바 코드(예제 1.2)를 읽었을 때 그 세 가지 인지 과정을 다 경험했을 것이다.

n이 정수형이라는 정보는 STM에 저장된다. 동시에 정수 그 자체에 대한 정보는 LTM에서 인출한다. 그리고 프로그램이 무엇을 하는지 파악하는 일은 작업 기억 공간에서 이루어진다.

지금까지는 코드를 분석할 때 일어나는 인지 과정에 대해 관심을 가지고 살펴봤지만, 사실 이 세 가지 과정은 프로그래밍과 관련한 다른 종류의 업무에서도 일어난다.

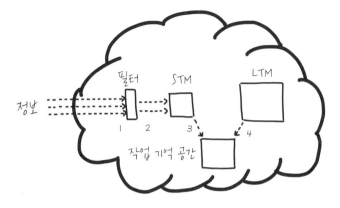

그림 1.2 이 책에서 다루는 세 인지 과정 (STM, LTM, 작업 기억 공간)의 개괄. 1번 화살표는 두뇌로 들어오는 정보를 표시한다. 2번 화살표는 STM으로 들어오는 정보를 표시한다. 3번 화살표는 STM에서 작업 기억 공간으로 이동하는 정보를 표시한다. 이때 화살표 4와 함께 LTM의 정보가 같이 들어와 합쳐지게 된다. 작업 기억 공간은 우리가 사고를 할 때 정보가 처리되는 장소다.

1.3.2 프로그래밍 업무와 관련한 인지 과정

고객으로부터 버그bug 리포트를 받는 상황을 고려해보자. 버그가 오프바이원 오류off-by-one error[4]에 기인한 것이라고 할 때 이 버그 리포트는 시각이나 청각 같은 지각을 통해 두뇌로 입력된다. 버그를 고치기 위해서는 몇 개월 전에 작성한 코드를 다시 읽어야 한다. 코드 분석을 할 때 읽는 내용은 STM에 저장되며, 동시에 몇 개월 전에 구현한 내용을 LTM에서 가져올 것이다. 가령 당시 액터 모델actor model을 사용했다면 그 사실은 LTM으로부터 가져온다. 과거의 경험으로 기억된 내용뿐만 아니라 오프바이원 오류의 해결법 같은 정보 역시 LTM에 저장되어 있다. 이 모든 정보, 즉 STM에 저장된 새로운 버그 리포트의 내용, 그리고 LTM에 저장된 유사한 버그의 해결법이나 개인적인 기억 두 가지가 다 작업 기억 공간으로 들어오게 되고, 그제서야 비로소 당면 문제에 대해 생각할 수 있게 된다.

> **연습 1.1** 프로그래밍에 연관된 세 가지 인지 과정을 연습해보기 위해 세 가지 프로그램이 준비되어 있다. 하지만 이번에는 이 코드가 무엇을 하는지에 대한 설명이 없다. 프로그램을 읽고 그 코드가 어떤 일을 하는지 파악해야 한다. 프로그램은 APL, 자바, 베이직의 순서로 작성되어 있고 이들 프로그램은 각각 다른 일을 수행한다. 따라서 먼저 읽은 코드의 내용이 뒤에 나오는 코드를 이해하는 데 전혀 도움이 되지 않는다.

---

4 [옮긴이] 경계 조건 판정과 관련된 논리 오류. 흔히 컴퓨터 프로그래밍에서 루프가 올바른 횟수보다 한 번 더, 또는 한 번 덜 실행되는 경우다. 프로그래머가 '작거나 같다'를 써야 할 곳에 '작다'를 쓰거나 많은 언어에서 배열 인덱스가 1이 아니라 0에서 시작한다는 점을 고려하지 못할 때 발생한다. https://en.wikipedia.org/wiki/Off-by-one_error 참고.

프로그램을 주의 깊게 읽고 무슨 일을 하는지 파악해보라. 그동안에 두뇌에서 어떤 메커니즘을 사용하는지 생각해보기 바란다. 다음 테이블에 있는 질문들을 사용해서 자가 진단을 해보자.

	코드 1	코드 2	코드 3
LTM에서 관련된 지식을 인출하는가?			
LTM에서 인출했다면, 어떤 정보를 가져왔는가?			
STM에 정보를 저장하는가?			
STM에 구체적으로 어떤 정보를 저장하는가?			
관련이 없어 보여 무시하고 넘어가는 정보는 없는가?			
코드의 특정 부분을 광범위하게 작업 기억 공간을 사용해서 분석하는가?			
코드의 어떤 부분이 작업 기억 공간에 과부하를 주는가?			
코드의 그 부분들이 작업 기억 공간을 어떻게 사용하는지 이해하는가?			

연습 코드 1 APL 프로그램

f • {ω≤1:ω ◇ (∇ ω-1)+∇ ω-2}

이 코드가 하는 일은 무엇인가? 어떤 인지 과정이 일어나는가?

연습 코드 2 자바 프로그램

```java
public class Luhn {
    public static void main(String[] args) {
        System.out.println(luhnTest("49927398716"));
    }

    public static boolean luhnTest(String number) {
        int s1 = 0, s2 = 0;
        String reverse = new StringBuffer(number).reverse().toString();
        for (int i = 0; i < reverse.length(); i++) {
            int digit = Character.digit(reverse.charAt(i), 10);
            if (i % 2 == 0) { //홀수 번째 숫자
                s1 += digit;
            } else { //0~4면 2 * digit을, 5~9면 2 * digit - 9를 더한다.
                s2 += 2 * digit;
                if (digit >= 5) {
                    s2 -= 9;
                }
            }
        }
        return (s1 + s2) % 10 == 0;
    }
}
```

이 코드가 하는 일은 무엇인가? 어떤 인지 과정이 일어나는가?

연습 코드 3 베이직 프로그램

```
100 INPUT PROMPT "String: ":TX$
120 LET RES$=""
130 FOR I=LEN(TX$) TO 1 STEP-1
140 LET RES$=RES$&TX$(I)
150 NEXT
160 PRINT RES$
```

이 코드가 하는 일은 무엇인가? 어떤 인지 과정이 일어나는가?

요약

- 코드를 읽을 때 혼란이 생기는 이유는 지식 부족, 쉽게 찾을 수 있는 정보의 부족, 두뇌의 처리 능력의 부족, 이렇게 세 가지다.
- 코드를 읽거나 작성할 때 세 가지 인지 과정이 일어난다.
- 첫 번째 과정은 LTM에서 정보를 인출하는 것으로, 키워드의 의미 같은 것들이 여기에 해당된다.
- 두 번째 과정은 메서드나 변수의 이름과 같이 코드를 읽는 과정에서 발생하는 정보를 STM에 일시적으로 저장한다.
- 마지막 과정은 작업 기억 공간에서 일어난다. 코드를 읽고 처리하는 일이 여기서 이루어지는데 예를 들면 '인덱스 값이 하나 작다'라고 판단하는 것이다.
- 코드를 읽는 동안 이 세 가지 인지 과정은 다 같이 일어나며 서로 보완적으로 작용한다. 예를 들어 STM이 n과 같은 변수명을 보게 되면 과거에 읽었던 그와 관련된 프로그램을 LTM으로부터 찾는다. 모호한 단어를 보면 작업 기억 공간이 활성화되어 문맥 속에서 적합한 의미를 찾으려고 한다.

2 CHAPTER

신속한 코드 분석

이 장에서는 다음과 같은 내용을 다룬다.

- 경험 많은 개발자조차 코드를 빨리 이해하는 것이 어려운 이유
- 두뇌가 정보들을 어떻게 인식 가능한 부분으로 나누는지에 대한 이해
- 단어와 코드 같은 정보를 분석할 때 LTM과 STM 사이의 상호작용
- 코드 분석 시 영상 기억 공간의 역할
- 코드 기억을 통한 코딩 수준의 자가 진단
- 읽기 쉬운 코드를 작성하는 법

1장에서는 코드를 분석하거나 작성할 때 일어나는 세 가지 인지 과정에 대해 살펴봤다. 거듭 요약하자면 첫 번째 작용은 LTM인데 기억과 사실을 저장하는 하드 드라이브로 생각할 수 있다. 두 번째는 STM인데 마치 컴퓨터의 메인 메모리와 같이 두뇌로 들어오는 정보를 짧은 기간 보관한다. 세 번째는 작업 기억 공간으로, 마치 컴퓨터의 프로세서와 같아서 LTM과 STM의 정보를 이용해서 사고 작용을 수행한다.

이 장에서는 코드를 읽는 것에 관해 집중적으로 살펴보려고 한다. 프로그래머가 일하는 시간 중 코드를 읽고 분석하는 일은 생각보다 많다. 연구에 의하면 프로그래머의 시간 중 거의 60%를 코드를

'작성'하는 게 아니라 '이해'하는 데 사용한다고 한다.[1] 따라서 정확도를 유지하면서 코드를 빨리 이해하도록 향상한다면 프로그래밍 기술이 크게 개선되는 셈이다.

코드를 읽을 때 정보가 처음 저장되는 곳이 STM이라는 사실을 1장에서 살펴봤다. 이번 장 도입부에서는 코드에 있는 많은 정보를 처리하는 것이 왜 어려운 일인지 설명한다. 코드를 빨리 읽을 때 두뇌에서 무슨 일이 일어나는지 알면 코드를 얼마나 잘 이해하고 있는지 스스로 확인해보기가 더 쉽다. 그다음 몇 가지 예제 코드를 빨리 읽는 것을 연습해보고, 이를 통해 코드 읽는 법을 향상하는 방법을 설명할 것이다. 이 장을 다 읽고 나면 코드 분석이 왜 어려운지, 그리고 어떻게 하면 코드를 더 빨리 읽을 수 있는지 이해하게 될 것이다. 또한 코드를 읽는 기술을 계속 향상하기 위해 사용할 수 있는 방법에 대해서도 알게 될 것이다.

2.1 코드를 신속하게 읽기

해럴드 아벨슨, 제럴드 제이 서스먼, 줄리 서스먼이 쓴 《컴퓨터 프로그램의 구조와 해석》(인사이트, 2016)에 다음과 같은 유명한 문장이 있다. "프로그램은 사람이 읽을 수 있도록 작성해야만 한다. 기계가 실행하는 것은 부차적인 일이다." 이 말이 사실임에도 현실적으로 프로그래머들은 코드를 읽는 법보다 작성하는 법을 훨씬 더 많이 연습한다.

이러한 현상이 일찍부터 시작된다. 프로그래밍을 처음 배울 때는 코드를 만들어내는 것에 관심을 많이 갖는다. 대학이나 직장, 혹은 부트캠프에서도 일단 프로그래밍을 배우고 나면 코드를 작성하는 것에 훨씬 더 많은 관심과 시간을 쏟는다. 문제를 어떻게 풀고 그것을 코드로 어떻게 구현하는지를 집중적으로 훈련한다. 코드를 읽는 연습은 거의 전무할 것이다. 이 장을 통해 코드를 읽는 기술을 향상하길 바란다.

코드를 읽는 목적은 다양하다. 예를 들어 기능을 추가하거나 버그를 발견하기 위해서 혹은 코드가 실행될 더 큰 시스템을 이해하기 위해서다. 이 모든 상황에서 한 가지 공통점은 코드를 읽을 때 우리는 그 코드에 존재하는 특정한 정보를 찾는다는 점이다. 찾는 정보의 예로는 새로운 기능을 추가할 적당한 부분, 마지막으로 수정한 코드 중 특정 버그가 있을 만한 곳, 특정 메서드가 어떻게 구현됐는지 등이 있다.

---

1   Xin Xia et al., "Measuring Program Comprehension: A Large-Scale Field Study with Professionals" (2017). https://ieeexplore.ieee.org/abstract/document/7997917.

관련 정보를 신속하게 찾는 능력을 향상하면 코드를 다시 찾아보는 횟수를 줄일 수 있다. 코드를 읽는 기술의 수준이 높아지면 추가 정보를 찾기 위해 코드 여기저기를 살피는 횟수 역시 줄어들게 된다. 좀 더 효과적인 프로그래머가 되면 코드를 찾는 데 허비할 시간에 버그를 고치거나 새로운 기능을 추가할 수 있다.

앞 장에서 우리는 두뇌가 활동하는 세 가지 서로 다른 영역을 이해하기 위해 세 가지 다른 프로그래밍 언어로 작성한 프로그램을 분석했다. STM이 하는 역할을 좀 더 깊이 있게 이해하기 위해 아래와 같이 삽입 정렬insertion sort 알고리즘을 구현한 자바 코드를 살펴보자. 시계나 스톱워치를 이용해서 3분 이상은 쓰지 않고 읽어보기 바란다. 3분이 지나면 종이나 손으로 코드를 가려야 한다.

이제 코드를 가린 채, 그 코드를 그대로 재현해보라.

예제 2.1 **삽입 정렬을 구현한 자바 프로그램**

```java
public class InsertionSort {
    public static void main(String[] args) {
        int[] array = {45, 12, 85, 32, 89, 39, 69, 44, 42, 1, 6, 8};
        int temp;
        for (int i = 1; i < array.length; i++) {
            for (int j = i; j > 0; j--) {
                if (array[j] < array[j - 1]) {
                    temp = array[j];
                    array[j] = array[j - 1];
                    array[j - 1] = temp;
                }
            }
        }
        for (int i = 0; i < array.length; i++) {
            System.out.println(array[i]);
        }
    }
}
```

2.1.1 두뇌에서 무슨 일이 일어나는가?

자바로 삽입 정렬 프로그램을 다시 작성하는 과정에서 STM과 LTM이 사용되었을 것이다. 그림 2.1은 이것을 보여준다.

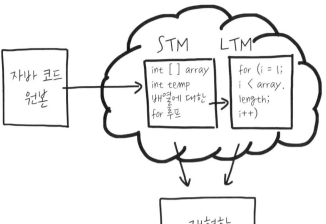

그림 2.1 **코드를 기억할 때 작동하는 인지 과정에 대한 설명. 변수명이나 변수의 값 등은 STM에 저장되고 for 루프를 작성할 때는 LTM에 저장된 지식을 사용한다.**

코드를 읽는 과정에서 어떤 정보들은 STM에 저장된다. LTM은 두 가지 방법으로 여기에 정보를 추가한다. 첫째, 자바 문법에 대한 지식은 LTM으로부터 가져온다. LTM은 배열에 대해 for 루프 문법, 즉 for (int i = 0; i < array.length; i++)를 기억한다. 배열에 있는 모든 원소를 프린트 하는 for (int i = 0; i < array.length; i++) { System.out.println(array[i]); } 문법까지 기억할 수도 있다.

두 번째로, 이 코드가 삽입 정렬을 구현한다는 사실을 알고 있다는 점이다. 이 사실을 알기 때문에 코드를 다시 작성할 때 기억이 나지 않는 부분이 있으면, 그 점을 이용해 기억나지 않는 부분을 작 성할 수 있다. 예를 들어 배열의 두 원소를 교환하는 코드를 기억하지 못하더라도, 삽입 정렬 알고 리즘을 이미 안다면 코드에 이런 부분이 있었을 것이라고 가정하고 두 값을 교환하는 코드를 작성 했을 것이다.

2.1.2 재현한 코드 다시 살펴보기

인지 과정에 대해 자세히 논의하기 위해, 기억에 의존해서 방금 다시 작성한 코드를 한 번 더 살펴 보기 바란다. 코드의 어느 부분이 STM에서 직접 가져온 것이고 어느 부분이 LTM으로부터 인출한 것인지 표시해보자. 그림 2.2가 한 예다.

```
public class InsertionSort {
  public static void main (String [] args) {
    int [] array = {45,12,…};
    int temp;
    for (int i = 1; i < array.length; i++) {
      for (int j = i; j > 0; j--) {
        if (array[j] < array [j - 1]) {
          // swap j with j - 1
          temp = array[j];
          array[j] = array[j - 1];
          array[j - 1] = temp;
        }
      }
    }
    //print array
    for (int i = 0; i < array.length; i++) {
      System.out.println(array[i]);
    }
  }
}
```

그림 2.2 숙련된 자바 프로그래머가 예제 2.1 코드를 기억에 의존해서 다시 작성한 예로, 어떤 인지 과정이 사용되었는지 표시되어 있다. 짙은 배경색 코드가 STM을 사용한 부분이고, 옅은 배경색은 LTM을 사용해 작성한 코드다. 주석문이 추가되어 원래 코드보다 길다.

물론 코드의 어떤 부분을 LTM으로부터 인출하는지는, 무엇을 기억하고 있느냐에 따라 사람마다 다르다. 자바 언어를 많이 사용해보지 않았다면 LTM에서 인출할 것이 별로 없기 때문에 위의 예와는 다를 것이다. 이 재현된 코드에는 원래의 코드에 없던 주석문이 추가되었다는 점에 주목하자. 소스 코드 기억력 실험을 수행해보니, 더 잘 기억하기 위해 재현 코드에 주석문을 추가하는 프로그래머들을 종종 볼 수 있었다. 예를 들어 '배열을 프린트한다'라고 처음에 적은 후에 그 부분은 나중에 코드로 작성하곤 하는 식이었다. 독자들도 그렇게 했는지 궁금하다.

물론 주석문은 이미 작성된 코드를 설명하기 위해 작성하지만 이 예처럼 작성할 코드를 기억하기 위한 보조 수단으로도 사용할 수 있다. 주석문을 좀 더 다양하게 사용하는 방법은 이후에 다룰 것이다.

자바 코드 기억하기 두 번째 실험

1장에서 코드를 읽을 때 LTM과 STM이 어떻게 상호작용하는지 설명했다. LTM에 저장된 정보를 이용하여 삽입 정렬 프로그램 일부를 재현하면서 이러한 상호작용을 더 깊이 경험했을 것이다.

코드를 읽고 이해할 때 우리가 얼마나 LTM을 광범위하게 사용하는지 더 이해하기 위해 또 다른 실험을 해보자. 앞에서 했던 것과 같은 방식으로 3분 동안 프로그램을 보고 나서 코드를 가린 채 절대 보지 말고 코드를 최대한 재현해보라.

예제 2.2는 기억력 실험을 위해 사용되는 코드다. 3분간 분석한 후에 최대한의 노력을 기울여 코드를 재현해보기 바란다.

```java
public void execute(int x[]) {
    int b = x.length;

    for (int v = b / 2 - 1; v >= 0; v--)
        func(x, b, v);

    // 원소를 하나씩 추출한다
    for (int l = b-1; l > 0; l--) {
        // 현재 값을 마지막으로 옮긴다
        int temp = x[0];
        x[0] = x[l];
        x[l] = temp;

        func(x, l, 0);
    }
}
```

2.1.3 두 번째 실험 다시 살펴보기

독자들이 자바 언어에 얼마나 능숙한지는 알 수 없지만, 이 두 번째 코드를 기억해서 재현하는 것이 훨씬 더 어려웠으리라고 장담할 수 있다. 여기에는 몇 가지 이유가 있는데 우선 코드가 무슨 일을 하는지 알지 못하기 때문에 기억이 나지 않는 부분을 LTM에 저장된 지식을 사용해서 추측할 수 없기 때문이다.

두 번째로, 이 코드는 의도적으로 for 루프의 변수명을 b나 l처럼 잘 쓰지 않는 '이상한' 이름을 사용했다. 생소한 변수명을 사용하면 패턴을 찾고 기억하는 것이 어려워진다. 루프 반복 변수로 사용한 l은 특히 숫자 1과 시각적으로 혼동이 된다.

2.1.4 생소한 코드를 읽는 것은 왜 어려운가?

앞의 코드를 기억해서 다시 작성하기는 쉽지 않았다. 왜 이 코드는 기억하기가 어려웠을까? 가장 결정적인 이유는 STM의 용량에 제한이 있기 때문이다.

코드에 있는 정보를 모두 다 STM에 저장하고 처리하는 것은 물리적으로 불가능하다. 1장에서 살펴봤듯이 STM은 읽거나 들은 정보를 짧은 시간만 저장한다. 여기서 짧은 시간이라는 것은 정말로 짧은 시간을 의미하는데 연구에 의하면 30초를 넘지 않는다. 30초 후에 그 정보는 LTM에 저장되거나 잊힌다. 전화상에서 누군가 불러주는 전화번호를 받아 적어야 하는데, 받아 적을 것이 없으면 그 번호를 기억하지 못하듯 말이다.

STM은 정보를 저장하는 시간뿐만 아니라 크기 또한 제약된다.

컴퓨터와 비슷하게, 우리 두뇌에서 LTM은 STM보다 기억 용량이 훨씬 더 크다. 하지만 컴퓨터의 메인 메모리는 몇 기가바이트라도 되지만 두뇌에서 STM의 용량은 불과 몇 개 정도밖에 되지 않는다. 저명한 20세기 인지과학자 조지 아미티지 밀러George Armitage Miller가 1956년에 발표한 유명한 논문 〈The Magical Number Seven, Plus or Minus Two: Some Limits on Our Capacity for Processing Information(마법의 수 7, 플러스 마이너스 2: 인간의 정보처리 용량 제한)〉에서 이를 잘 설명한다.

좀 더 최근의 연구에서는 STM의 용량이 2개에서 6개 사이로 심지어 더 적다고 추정한다. 이 용량은 거의 대부분의 사람에게 해당하고, 과학자들은 STM의 용량을 향상하는 방법을 아직 찾지 못했다. 기억 공간이 채 1바이트도 되지 않는 인간이 그 많은 일을 한다니 기적 아닐까?

이 작은 용량을 극복하기 위해 STM은 LTM과 협업하여, 읽거나 기억한 정보를 이해한다. 이어서 STM이 제한된 크기를 극복하기 위해 어떻게 LTM과 협업하는지 자세히 다루겠다.

2.2 기억의 크기 제한을 극복하기

앞에서 STM이 제한된 크기를 갖는다는 점을 살펴봤고 예제 코드를 기억해서 작성하는 연습을 통해 이를 직접 경험해봤다. 하지만 코드에서 6개는 넘게 문자를 기억했을 텐데, 그렇다면 최대 6개 정보만 저장할 수 있다는 사실과 모순이지 않은가?

STM이 최대 6개까지 기억할 수 있다는 것은 읽을 때만 해당되는 것이 아니고 다른 모든 인지 작업에도 해당한다. 인간은 그런 제한된 기억력으로 어떻게 다른 많은 일을 할 수 있는 것일까? 예를 들어 독자가 읽고 있는 지금 이 문장을 어떻게 읽을 수 있는 것일까?

밀러의 이론에 의하면 문자를 6개까지 읽고 나면 그 후부터는 앞에 읽었던 문자를 잊어버려야 한다. 하지만 우리는 당연히 6개 넘는 문자를 기억하고 처리할 수 있다. 이게 어떻게 가능할까? 생소한 코드를 파악하는 것이 어려운 일이라는 것을 이해하기 위해 중요한 실험을 하나 살펴보자. 이 실험에서는 체스를 사용하여 STM에 대해 많은 것을 배우게 될 것이다.

2.2.1 단위로 묶는 것의 위력

네덜란드 수학자 아드리안 더흐로트Adriaan de Groot는 **청크**chunk라는 개념을 처음 사용했다. 수학과 박사 과정에 있었던 더흐로트는 체스를 열렬하게 좋아했다. 그는 어떤 사람들은 평생 그저 그런 평범한 체스 선수인 반면, 어떤 사람들은 위대한 체스 선수가 되는 이유가 궁금했다. 더흐로트는 체스 실력에 대해 연구하기 위해 두 가지 서로 다른 실험을 했다.

그림 2.3에 묘사한 첫 번째 실험에서, 더흐로트는 체스판에 임의로 말을 배치시키고 나서 두 사람에게 그것을 몇 초간 보여준 후에 해당 위치에 놓여 있었던 말을 기억하게 시켰다. 이 실험은 사실 우리가 앞 장에서 본 소스 코드 실험과 비슷하다. 더흐로트는 체스 말의 위치를 기억하는 능력이 어떻게 다른지 관심이 있었다. 이 능력이 개별 실험 참여자마다 어떻게 다른지는 관심사가 아니었다. 대신 두 그룹의 사람들, 즉 평범한 체스 플레이어로 이루어진 그룹과 전문 선수인 체스 마스터로 이루어진 그룹으로 나눠 두 그룹이 어떻게 다른지를 살펴봤다. 두 그룹 사이를 비교한 결과 전문가 그룹이 비전문가 그룹에 비해 체스 말의 위치를 훨씬 더 잘 기억해냈다.

그림 2.3 더흐로트의 첫 번째 실험. 전문가와 평균적인 사람들의 두 그룹으로 나누고 체스 말의 위치를 복기하도록 했다. 이 실험에서 전문가 그룹이 더 잘 기억했다.

이 실험으로부터 더흐로트는 전문가 그룹이 다른 그룹에 비해 STM의 용량이 더 크기 때문에 더 잘 기억해냈다고 결론을 내렸다. 그는 또한 여기서 전문 선수들이 전문가가 되는 이유는 애초에 이 STM의 용량이 더 크기 때문이라는 가설도 세웠다. 즉 전문 선수들은 두뇌의 기억 공간에 더 많은 체스 말들을 저장할 수 있고 바로 이 점 때문에 그들이 체스를 더 잘 둔다는 것이다.

하지만 더흐로트는 자신이 내린 결론을 확신하지 못했기 때문에 또 다른 실험을 추가로 수행했다. 이 실험에서는 첫 번째 실험과 같이 두 개의 그룹으로 나누고 체스판에 말을 놓고 잠시 보여준 후에 복기하도록 했다. 두 번째 실험이 첫 번째 실험과 다른 점은 체스판에 놓인 말의 위치였다. 첫 번째 실험에서는 체스판의 말의 위치가 실제 체스 게임에서 일어날 수 있는 위치에 있었지만, 두 번째 실험에서는 말들이 실제 체스 게임에서는 일어날 수 없는 위치에 무작위로 놓였다. 단지 조금만 임의로 바꾼 것이 아니라 위치를 완전히 무작위로 변경했다. 그리고 나서 두 그룹의 결과를 비교했는데, 두 그룹 모두 제대로 기억하지 못했다.

더흐로트는 두 실험 결과로부터 두 그룹의 피실험자들이 말의 위치를 어떻게 기억하는지 정확하게 파악하고자 했다. 평범한 플레이어 그룹은 두 실험에서 모두 말의 위치를 하나씩 기억해냈다. 예를 들어 "A7에 룩, B5에 폰, C8에 킹"과 같이 말하면서 말의 원래 위치를 복기했다.

반면 전문가 그룹은 첫 번째 실험에서 다른 전략을 보였다. 이 그룹의 전문 체스 선수들은 LTM에 저장되어 있는 지식을 많이 활용했다. 예를 들면 "시실리언 오프닝_{Sicilian opening}[2]이고, 거기서 나이트 하나는 2칸 왼쪽" 같은 식이었다. 이런 방식으로 말의 위치를 기억하는 것은 시실리언 오프닝에서 어떤 말이 사용되는지에 대한 지식이 LTM에 있어야만 가능하다. 전문가 그룹이 하는 방식으로 말의 위치를 기억하는 것은 작업 기억 공간에서 4개 정도의 항목만 필요하다(시실리언 오프닝, 나이트, 2, 왼쪽). STM의 용량은 2개에서 6개 사이로 추정되기 때문에 4개 항목은 STM에 저장되는 게 가능하다.

어떤 전문 플레이어는 말의 초기 위치를 자신의 과거 경험과 연결시키거나 자신이 보거나 읽었던 내용과 연결시키기도 했다. 예를 들어 "3월 어느 비 오는 토요일에 베치와 시합했던 게임인데 캐슬링만 왼쪽이군" 식으로 기억하는 것이다. 이런 기억은 LTM에 저장된다. 이전의 기억을 살려 말의 위치를 기억하면 STM은 더 적게 필요하다.

반면 평범한 그룹은 각 말의 위치를 모두 기억하려고 노력했는데 이렇게 하면 STM이 금방 소진돼버릴 것이다. 평범한 그룹은 전문가 그룹처럼 정보를 논리적인 방식으로 묶을 수가 없었다. 첫 번째 실험에서 평범한 그룹이 전문가 그룹보다 잘 기억하지 못한 사실은 이것으로 설명할 수 있다. STM이 꽉 차서 새로운 위치를 더 이상 저장할 수 없었던 것이다.

더흐로트는 몇 개의 그룹으로 묶은 정보를 청크_{chunk}라고 불렀다. 예를 들어 '시실리언 오프닝'은 하나의 청크이므로 STM의 기억 공간 하나만을 차지한다. 두 번째 실험에서 두 그룹이 비슷한 수준으로 기억한 것 역시 청크 이론으로 설명할 수 있다. 무작위로 섞인 위치에 대해서는, 전문 선수들도 LTM에 저장되어 있는 지식을 활용해서 개별 말을 더 큰 그룹으로 묶을 수가 없었다.

> 연습 2.1 더흐로트의 실험이 설득력이 있었는가? 청킹을 직접 실험해보면 그 이론을 좀 더 잘 이해할 수 있다. 다음 보이는 문장을 5초간 본 후에 기억해보자.

---

2 [옮긴이] 체스에서 오프닝(opening)은 처음에 두는 수를 의미하고, 시실리언 디펜스는 백이 1.e4로 시작하는 경우 흑이 c5에 대응하는 오프닝을 가리킨다. https://ko.wikipedia.org/wiki/시실리언_디펜스 참고.

이3 아(<ㅇ 니ㅋ)

얼마나 잘 기억했는가?

연습 2.2 이번에는 다음 문장을 역시 5초간 본 후에 어떤 문장이었는지 기억해보자.

abk mrtpi gbar

이 문장은 앞 예제보다 쉬웠을 텐데 이미 알고 있는 문자로 되어 있기 때문이다. 믿기 어렵겠지만 두 문장은 같은 길이를 갖는다. 단어는 3개, 문자는 12개인데 중복되지 않은 문자는 9개로 동일하다.

연습 2.3 한 번 더 연습해보자. 이번에도 역시 3개의 단어와 9개의 서로 다른 문자로 이루어진 문장이다. 5초간 이 문장을 본 후에 어떤 문장이었는지 기억해보자.

cat loves cake

이번 문장은 앞의 두 문장보다 훨씬 더 쉽지 않았는가? 이 문장은 매우 쉽게 기억했을 텐데, 여러 개의 문자를 한 단위로 묶어서 'cat', 'loves', 'cake'로 기억했기 때문이다. 기억할 항목이 3개면 STM의 최대 용량에 훨씬 못 미치기 때문에 이 문장은 쉽게 기억했던 반면, 앞의 두 예제에서는 기억해야 할 항목이 STM의 한도를 넘어섰다.

코드에서의 청킹

특정한 주제에 대해 두뇌가 더 많은 정보를 저장하고 있다면 입력된 정보들을 효율적으로 청크로 묶는 것이 수월해진다는 사실을 살펴봤다. 전문 체스 선수들은 LTM에 체스의 다양한 말의 위치에 대한 정보를 저장하고 있기 때문에 체스판에 대해 더 잘 기억할 수 있다. 앞의 연습 문제에서 문자와 단어를 기억하려 했을 때 생소한 문자로 된 문장보다 우리가 이미 아는 단어로 된 문장이 훨씬 쉬웠음을 기억할 것이다. 단어의 의미를 LTM으로부터 인출하기 때문에 기억하기 쉬운 것이다.

LTM에 지식이 많으면 기억을 쉽게 한다는 사실은 프로그래밍에도 해당한다. 이 장 나머지 부분에서는 프로그래밍과 청킹에 대한 연구 결과를 살펴볼 것이다. 그러고 나서 코드를 청크로 나누는 방법을 논의하고 청크로 나누기 쉬운 코드를 작성하는 방법에 대해서도 살펴보겠다.

2.2.2 전문가는 초보자보다 코드를 더 잘 기억한다

더흐로트의 연구는 인지과학에 방대한 영향을 미쳤다. 그의 실험은 컴퓨터 과학자들이 이와 비슷한 결과를 프로그래밍에서도 얻을 수 있을지에 대한 연구를 시작하게 된 동기가 됐다.

예를 들어, 벨 연구소의 연구원이었던 캐서린 매키던Katherine Mckeithen은 1981년에 프로그래머를 대상으로 더흐로트의 실험을 진행했다.[3] 매키던과 동료들은 53명의 초급, 중급, 고급 프로그래머에게 30줄짜리 알골ALGOL 프로그램을 보여줬다. 더흐로트의 첫 번째 실험에서 참여자들에게 실제로 가능한 체스 말 위치를 보여주고 이를 기억하라고 한 것처럼 어떤 프로그램은 실제 프로그램 코드였다. 반면 어떤 프로그램은 코드 줄을 무작위로 섞어놨는데, 이는 더흐로트의 두 번째 실험에서 말을 무작위로 놓았던 것과 유사하다. 실험에 참여한 프로그래머들은 알골 프로그램을 2분 동안 파악한 후에 기억만으로 최대한 그 코드를 재현해야 했다.

매키던의 실험 결과는 더흐로트와 비슷하다. 섞지 않은 코드에 대해서는 숙련된 프로그래머가 중급자보다, 중급자는 초보자보다 더 잘 기억했다. 섞어놓은 코드에 대해서는 이 세 그룹의 프로그래머가 별 차이가 없었는데, 실험 결과는 그림 2.4에서 볼 수 있다.

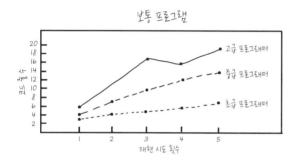

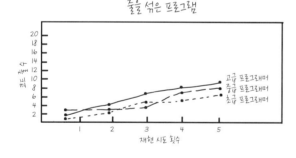

그림 2.4 매키던과 동료들의 실험에서 초급, 중급, 고급 프로그래머들이 기억한 줄 수. 위 그림은 일반적인 코드에 대해서 참여자들이 얼마나 많은 줄을 기억했는지 보여주며, 고급 프로그래머가 더 뛰어난 것을 알 수 있다. 아래 그림은 무작위로 섞은 프로그램에 대한 결과로, 세 종류의 프로그래머가 별 차이가 없다.

이 실험의 가장 중요한 결과는 초보 프로그래머들이 숙련된 프로그래머보다 훨씬 적은 줄을 처리한다는 점이다. 새로운 팀원을 교육할 때나 새로운 프로그래밍 언어를 배울 때 이 점을 기억해야 한다. 심지어 다른 프로그래밍 언어를 잘 아는 뛰어난 프로그래머조차, LTM에 아직 저장되지 않은 익숙하지 않은 키워드, 구조, 도메인 개념을 기억하는 데 어려움을 겪는다.

---

3   Katherine B. McKeithen et al., "Knowledge Organization and Skill Differences in Computer Programmers" (1981), https://www.researchgate.net/publication/222462455.

2.3 읽는 것보다 보는 것이 더 많다

STM을 자세히 다루기 전에 먼저 정보가 두뇌로 들어오면 어떤 일이 일어나는지 살펴보자. 정보는 STM에 도달하기 전에 **감각 기억 공간**sensory memory이라는 영역을 통과한다.

감각 기억 공간은, 컴퓨터에 비유하면 마우스나 키보드 같은 입력장치와 통신하는 입출력 버퍼I/O buffer라고 볼 수 있다. 주변장치로부터 전송된 정보는 입출력 버퍼에 잠시 저장되는데, 감각 기억 공간에서도 같은 일이 일어난다. 시각이나 청각 정보 혹은 촉각에 의한 정보가 여기에 잠시 저장된다. 감각 기억 공간에는 시각, 청각, 미각, 후각, 촉각에 대해 각자의 임시 저장 공간이 있다. 이들 감각이 다 프로그래밍과 관련 있는 것은 아니기에 이 장에서는 **영상 기억 공간**iconic memory이라는 시각 관련 기억 공간에 대해서만 다룬다.

2.3.1 영상 기억 공간

정보가 감각기관을 통해 들어오면 STM으로 전달되기 전에 감각 기억 공간에 저장된다. 코드를 읽을 때에는 우리 눈을 통해 정보가 들어오는데 이 정보는 영상 기억 공간에 잠시 저장된다.

영상 기억 공간이 무엇인지 이해하기 위해, 새해 전야에 폭죽을 손에 쥐고 있는 상황을 생각해보자. 폭죽을 빨리 흔들면 공기 중에 글씨를 만들 수 있다. 그것이 어떻게 가능한지 생각해본 적은 없겠지만, 불빛으로 만들어진 패턴을 볼 수 있는 것이 바로 영상 기억 공간 덕분이다. 영상 기억 공간은 직전에 본 이미지가 만들어낸 시각적 자극을 잠시 저장할 수 있다. 또 다른 예는 지금 이 문장을 읽은 후에 눈을 감아보는 것이다. 눈을 감은 후에도 여전히 페이지의 모양을 볼 수 있을 텐데, 이것 역시 영상 기억 공간 때문에 일어나는 것이다.

이 영상 기억 공간이 코드를 읽을 때 어떻게 사용되는지 살펴보기 전에 먼저 이 영상 기억 공간이 무엇인지 지금까지 밝혀진 내용을 살펴보자. 미국의 인지심리학자 조지 스펄링George Sperling은 영상 기억 연구 분야 선구자로 1960년대에 감각 기억에 대해 연구했다. 그의 가장 유명한 연구의 내용은 이렇다.[4] 3×3 혹은 3×4 격자로 된 글자를 실험 참여자에게 보여준다. 이 격자는 그림 2.5와 같은데, 시력 검사지와 비슷하나 글자가 다 같은 크기라는 점이 다르다.

그림 2.5 스펄링의 실험에서 참여자들에게 보여준 글자 격자의 예

---

4   George Sperling, "The Information Available in Brief Visual Presentation" (1960), https://www.researchgate.net/publication/36143888.

실험 참여자들에게 이미지를 1/20초(0.05초 혹은 50밀리세컨드) 동안 보여준 후에 첫 번째 행 혹은 좌측 열처럼 무작위로 선택한 줄에 어떤 글자들이 있는지 물어봤다.

50밀리세컨드에 격자에 있는 글자를 모두 다 읽는 것은 불가능하다. 눈의 반응 시간은 200밀리세컨드(1/5초) 안팎이기 때문이다. 이것도 빠르긴 하지만 글자를 다 읽기에는 충분하지 않다. 하지만 이 실험의 참여자들은 약 75% 확률로 무작위로 선정한 열이나 행의 모든 글자를 기억했다. 무작위로 선정된 줄의 75%를 기억할 수 있었다는 사실은 그리드에 있는 9개 혹은 12개의 글자 모두 혹은 여러 개를 저장했다는 것을 의미하고, 이는 STM의 용량보다 많다.

이 실험 참여자들의 기억력이 뛰어난 것은 아니었다. 참여자들에게 격자에 있는 모든 글자를 다 기억해보라고 했을 때는 특정 줄의 문자가 무엇이었는지 물어봤을 때보다 기억을 잘하지 못했다. 대체로 반 정도 기억할 수 있었다. 이 사실은 STM에 대해 우리가 이미 알고 있는 한 가지 사실, 즉 STM은 최대 6개까지 기억할 수 있다는 것과 부합한다. 실험을 수행했을 때 스펄링도 이 사실을 알고 있었다. 실험 참여자들이 한 줄에 있는 세 개 혹은 네 개의 글자는 잘 기억했다는 사실은 글자 격자 전체가 어딘가에 저장되고, 이 장소는 용량 제한을 갖는 STM과는 다른 곳임을 의미한다. 시각을 통해 들어온 정보가 저장되는 곳을 스펄링은 영상 기억 공간이라고 불렀다. 그의 실험에서 볼 수 있듯이 영상 기억 공간에 저장되어 있는 모든 정보가 STM에서 처리될 수 있는 것은 아니다.

영상 정보와 코드

우리가 무언가 읽을 때 먼저 영상 기억 공간에 저장한다는 것을 배웠다. 하지만 영상 기억 공간에 저장된 모든 정보를 STM이 처리할 수 있는 것은 아니기 때문에, 코드를 읽을 때는 처리할 수 있는 정보를 선택해야 한다. 하지만 이런 선택이 의식적으로 이루어지는 것은 아니다. 코드의 어떤 자세한 부분을 놓치고 지나가는 일이 있는데 이것은 종종 무의식적으로 일어난다. 이것이 의미하는 바는 코드에 대해 STM이 처리할 수 있는 것보다 더 많은 정보를 저장하는 것이 이론적으로는 가능하다는 것이다.

지금까지 다룬 내용을 활용해서, 코드를 잠시 보고 나서 그것을 기억하도록 해보자. 이러한 '코드 한눈에 보기' 같은 연습을 통해 코드에 대한 초기 이미지를 얻을 수 있다.

> 연습 2.4 깃허브에 공개되어 있는 규모가 작고 간단한 저장소repository나 본인이 작성한 코드 중 이미 익숙한 부분을 골라보자. 코드의 양이나 언어는 중요치 않지만 가능하면 반 페이지 정도 분량이 좋고 프린트해서 보길 권장한다.
>
> 그 코드를 몇 초간 본 후에 눈에 띄지 않게 치운 다음 질문들에 답해보라.

- 코드의 구조는 어떻게 되어 있는가?
    - 깊이 중첩된 구조인가 아니면 중첩이 없는 평탄한 구조인가?
    - 눈에 띄는 라인은 있는가?
- 코드에서 들여쓰기는 어떻게 되어 있는가?
    - 코드에 간격은 있는가?
    - 코드에 큰 뭉치처럼 보이는 것은 있는가?

2.3.2 기억하는 대상이 중요한 것이 아니고 기억하는 방식이 중요하다

코드를 읽고 나서 재현할 때, 기억에 의지해 작성한 코드를 자세히 살펴보면 우리가 무엇을 이해하고 있는지 혹은 무엇을 잘못 이해하고 있는지를 스스로 진단할 수 있다. 하지만 '무엇'을 기억해냈느냐뿐만 아니라 코드를 어떤 '순서'로 기억했는지를 파악하는 것도 자가 진단에 유용하다.

더흐로트의 연구를 알골 언어에 적용했던 연구팀은 다른 실험도 수행했고, 이 실험 결과를 통해 청킹에 대한 통찰을 얻을 수 있다.[5] 이 실험에서 초급, 중급, 고급 프로그래머들은 IF, TRUE, END 같은 총 21개의 알골 언어 키워드를 기억하도록 교육받았다.

이 실험에서 사용된 키워드들이 그림 2.6에 있다. 독자들도 한번 이 키워드들을 외워보기 바란다.

STRING CASE OR NULL ELSE STEP DO

FOR WHILE TRUE IS REAL THEN OF

그림 2.6 매키던 연구팀이 사용했던 21개의 알골 언어 키워드. 초급, 중급, 고급 프로그래머들에게 이 21개의 키워드를 교육했다.

FALSE BITS LONG AND SHORT IF END

실험 참가자들이 21개의 키워드를 틀리지 않고 잘 외우게 됐을 때 모든 키워드를 적어보라고 했다. 독자들도 이 키워드를 다 외웠다면 지금 한번 적어보기 바란다. 독자가 적은 것과 실험 참가자들의 결과를 비교해볼 수 있을 것이다.

---

5   이 실험의 결과도 캐서린 매키던의 같은 논문에 실려 있다.

매키던과 그의 연구팀은 실험 참가자들이 키워드를 작성하는 순서에 주목했는데 이것을 통해 피 실험자들이 키워드 간에 만들어내는 연관성에 대해 깊이 이해할 수 있었다. 연구 결과를 보면, 초급 프로그래머들은 숙련된 프로그래머들과는 다른 방식으로 알골 키워드를 그룹 지었다. 예를 들어 기억하는 데 도움이 되도록 "TRUE IS REAL THEN FALSE" 같은 문장을 만들어 사용했다. 하지만 숙련된 프로그래머들은 키워드를 그룹 지을 때 이미 가지고 있는 지식을 사용했는데, 예를 들면 TRUE와 FALSE를 같이 묶고, IF, THEN, ELSE를 같이 묶었다. 이 실험을 통해 전문가와 초보자가 코드에 대해 생각하는 방식이 다르다는 것을 다시 한번 확인할 수 있었다.

청크로 묶을 수 있는 코드를 작성하는 방법

앞서 해봤던 기억-청크 연습을 몇 번 해보면 코드를 어떻게 여러 그룹으로 묶을 수 있는지 알 수 있을 것이다. 체스 플레이어를 대상으로 한 더흐로트의 실험을 통해, 일상적이고 예상 가능한 상황(잘 알려진 오프닝처럼)은 청크로 묶는 것을 쉽게 한다는 것을 알게 되었다. 따라서 만일 우리의 목표가 기억하기 쉬운 체스 판을 생성하는 것이라면 잘 알려진 오프닝을 사용하면 된다. 하지만 프로그래밍 코드의 경우는 어떻게 해야 읽기 쉬운 코드를 작성할 수 있을까? 그룹으로 나누기 쉬운(따라서 두뇌에서 처리하기 쉬운) 코드를 작성하는 방법에 대한 연구가 있었다.

디자인 패턴의 사용

그룹으로 묶기 쉬운 코드를 작성하려면 디자인 패턴을 사용하면 된다. 이 방안은 독일의 카를스루에 공과대학교의 컴퓨터 과학 교수인 발터 티히(Walter Tichy)가 제안한 것이다. 티히는 코드의 청킹에 관해 연구하다가 우연히 이 내용을 발견했는데, 코드와 두뇌의 기억에 관한 것이 아닌 디자인 패턴을 연구하던 중이었다. 그는 디자인 패턴을 사용하는 것이 코드를 유지 보수(새로운 기능을 추가하거나 버그를 수정하는 일)하는 데 도움이 되는지에 관심이 있었다.

티히는 몇 명의 학생에게 디자인 패턴을 알려주고 나서 이것이 코드를 이해하는 데 도움이 되는지를 실험했다.[6] 그는 학생을 두 그룹으로 나눴는데 한 그룹에는 코드와 함께 디자인 패턴에 대한 문서도 제공했고 다른 그룹에는 코드만 제공했다. 티히의 연구 결과에 의하면, 디자인 패턴이 사용된 코드를 유지 보수할 때 프로그래머가 해당 패턴을 알고 있는 것이 더 도움이 되었다.

그는 학생이 아닌 현직 개발자를 대상으로 비슷한 실험을 했다.[7] 실험 참여자들에게는 코드 수정 작업을 먼저 하게 한 후에 디자인 패턴 교육을 듣게 했다. 교육 이수 후 참여자들은 코드 수정 작업을

---

6   Lutz Prechelt et al., "Two Controlled Experiments Assessing the Usefulness of Design Pattern Information During Program Maintenance" (1998), https://www.researchgate.net/publication/2616277.

7   Marek Vokáč et al., "A Controlled Experiment Comparing the Maintainability of Programs Designed with and without Design Patterns—A Replication in a Real Programming Environment" (2004), https://www.researchgate.net/publication/225216446.

한 번 더 했는데 코드는 디자인 패턴으로 구현된 것도 있었고 그렇지 않은 것도 있었다. 그림 2.7에 실험 결과가 나와 있다. 교육 후에 수정한 코드는 이전에 수정한 코드와는 다른 코드였기 때문에 실험 참여자들에게는 생소한 코드였다. 실험에는 두 가지 서로 다른 코드베이스를 사용했는데 교육 전에 코드베이스 A를 수정했다면 교육 후에는 코드베이스 B를 수정했다(혹은 그 반대).

그림 2.7은 티히의 연구 결과를 상자 수염 그림으로 보여준다.[8] 디자인 패턴에 대한 교육을 받은 후에 코드를 수정할 때는 패턴을 사용하는 코드에 대해서는 수정 시간이 줄어든 반면, 패턴을 사용하지 않은 코드에 대해서는 차이가 없었다. 디자인 패턴에 대한 지식을 갖게 되면 청킹 능력이 향상되고 코드를 더 빠르게 수정할 수 있게 된다는 점을 이 연구를 통해 알 수 있다. 또한 디자인 패턴에 따라 차이가 있다는 것도 그래프로부터 알 수 있는데 데커레이터decorator 패턴보다 옵서버observer 패턴을 수정할 때 시간 단축이 더 컸다.

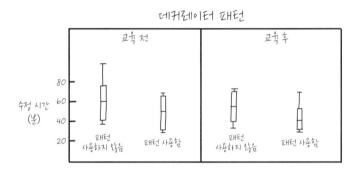

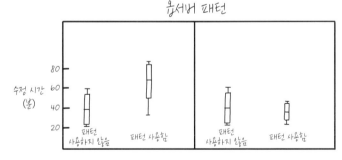

그림 2.7 발터 티히가 현직 개발자를 대상으로 디자인 패턴에 대해 수행한 실험의 결과. '패턴 사용하지 않음'은 실험 참여자들이 디자인 패턴 없이 작성된 원래 코드를 수정한 시간, '패턴 사용함'은 해당 디자인 패턴이 사용된 코드를 수정한 시간을 보여준다. '교육 전'은 디자인 패턴에 대한 교육을 하기 전이고 '교육 후'는 디자인 패턴에 대한 교육을 한 이후를 보여준다. 이 그래프는 교육이 이루어진 후에는 디자인 패턴으로 작성된 코드에 대한 유지 보수 시간이 그렇지 않은 코드보다 훨씬 더 적게 든다는 것을 보여준다.

주석문 쓰기

주석문을 써야 할까, 아니면 '코드 자체가 이미 문서'이기 때문에 주석문을 쓰지 않아도 될까? 이 질문은 개발자들 사이에서도 종종 논쟁을 유발한다. 이에 대한 연구도 이루어졌으며 몇 가지 흥미로운 시사점도 발견된 바 있다.

---

8   박스는 데이터의 반을 나타내며, 위에 있는 라인은 상위 25%의 중간값을 나타내고 아래 라인은 하위 25%의 중간값을 나타낸다. 박스 안의 라인은 중간값을 나타내고, 수염은 최솟값과 최댓값을 보여준다.

연구 결과에 의하면 코드가 주석문을 포함하고 있으면 개발자들이 코드를 읽는 시간이 더 많이 들어간다고 한다. 주석문은 코드를 읽는 시간을 늘리기 때문에 바람직하지 않은 것이라고 생각할지도 모르겠지만, 사실 이는 개발자들이 코드를 읽을 때 주석문 역시 읽는다는 것을 시사한다.[9] 이것은 최소한, 주석문을 작성하는 것이 전혀 의미 없는 일은 아니라는 것을 보여준다. 하와이 대학교의 연구원 마사 엘리자베스 크로스비Martha Elizabeth Crosby는 개발자들이 어떻게 코드를 읽으며 주석문은 어떤 역할을 하는지에 대해 연구했다. 이 책 4부에서는 새로운 팀원을 교육시키는 것에 관해 자세히 다룰 텐데, 크로스비의 연구에 따르면 코드에 주석문이 있으면 새로운 팀원이 코드를 쉽게 이해할 수 있다.

주석문은 초급 개발자가 코드를 이해하는 데도 도움이 되지만, 개발자가 코드를 청킹하는 방식에도 영향을 미친다. 취인 판Quyin Fan의 2010년 메릴랜드 대학교 박사 학위 논문에 의하면, 개발자들은 코드를 읽을 때 주석문에 굉장히 많이 의존한다.[10] 특히 '이 함수는 주어진 이진 트리를 중위 순회 in-order하며 프린트한다' 같은 고수준 주석문은 코드를 청크 단위로 쪼개는 데 도움이 된다. 반면 i++; 다음에 'i를 1만큼 증가' 같은 저수준 주석문을 넣는 것은 오히려 청킹 작업에 부담이 된다.

표식 남기기

코드를 청크로 쉽게 쪼개는 데 도움이 되는 마지막 사항은 코드에 어떤 **표식**beacon을 남기는 것이다. 표식은 개발자가 코드를 읽을 때 그 코드가 무엇을 하는지 이해하는 데 도움이 된다. 표식은 코드에서 한 라인이 될 수도 있고 한 라인의 일부가 될 수도 있는데, 코드를 읽다가 속으로 '아, 이거구나'라는 생각이 들면 그게 바로 표식이다.

표식은 일반적으로 코드 내에서 사용하는 특정 자료구조, 알고리즘 혹은 접근 방식 등을 보여주는 라인을 뜻한다. 예제 2.3은 이진 트리를 순회하는 파이썬 코드인데 이 코드를 예로 해서 표식에 관해 살펴보자.

예제 2.3 트리 중위 순회 파이썬 코드

```python
# 트리에서 한 노드를 나타내는 클래스

class Node:
    def __init__(self, key):
        self.left = None
        self.right = None
```

9   Martha E. Crosby et al., "How Do We Read Algorithms? A Case Study" (1990), https://ieeexplore.ieee.org/document/48797.

10 Quyin Fan, "The Effects of Beacons, Comments, and Tasks on Program Comprehension Process in Software Maintenance" (2010), https://eric.ed.gov/?id=ED522761.

```
            self.val = key

    # 중위 순회 함수

    def print_in_order(root):
        if root:

            # 왼쪽 자식에 대한 첫 번째 재귀 호출
            print_in_order(root.left)

            # 노드 데이터 출력
            print(root.val)

            # 오른쪽 자식에 대한 재귀 호출
            print_in_order(root.right)

    print("트리의 내용은 다음과 같다.")
    print_in_order(tree)
```

이 파이썬 코드는 다음과 같은 몇 가지 표식을 가지고 있어 개발자가 코드를 읽을 때 이진 트리가 자료구조로 사용된다는 사실을 이 표식으로부터 유추할 수 있다.

- 주석문에 단어 '트리'를 사용
- root와 tree라는 변수명
- left와 right라는 필드명
- 트리에 관한 문자열 값("트리의 내용은 다음과 같다.")

표식은 코드를 읽고 이해하는 과정에서 소스 코드에 대해 개발자가 갖는 가정이 맞거나 틀린 것을 확인해주는 역할을 수행하기 때문에 매우 중요하다. 앞의 파이썬 예제 코드를 읽을 때 처음에는 코드가 무슨 일을 하는지 알지 못할 수도 있다. 첫 번째 주석문과 Node 클래스를 보게 되면 이 코드가 트리에 관한 것임을 알게 된다. 필드명 left와 right를 통해 트리 중에서도 범위를 더 좁혀서 이진 트리에 대한 것임을 알게 된다.

표식에는 **단순 표식**simple beacon과 **복합 표식**compound beacon 두 가지 종류가 있다.

단순 표식은 의미 있는 변수명같이 코드의 문법을 통해 의미가 자명한 표식이다. 앞의 파이썬 코드에서 root와 tree가 단순 표식에 해당한다. 어떤 코드에서는 +, >, && 같은 연산자나 if, else 같은 구조문도 그 자체로 코드의 기능에 대해 코드를 읽는 개발자에게 알려주기 때문에 단순 표식이라고 볼 수 있다.

복합 표식은 단순 표식으로 이루어진 좀 더 큰 단위의 코드로, 단순 표식들이 모여 함께 실행하는 기능에 대해 알려준다. 앞의 코드에서 `self.left`와 `self.right`는 둘이 합쳐 하나의 복합 표식을 형성한다. 각각 개별적으로는 별로 의미가 없으나 같이 보면 의미가 있다. 코드의 요소들 또한 복합 표식의 기능을 갖는다. `for` 루프는 변수 선언, 초기화, 값의 변화, 경계 조건을 포함하기 때문에 복합 표식이다.

표식은 여러 형태가 될 수 있다. 변수명이나 클래스명, 메서드명 같은 식별자 역시 표식이 될 수 있다는 것을 살펴봤다. 이에 더해 값을 교환한다든지 빈 리스트로 초기화하는 언어 고유의 구성 요소 역시 표식이 될 수 있다.

표식은 청크와 관련이 있지만 대부분의 연구자는 그 둘을 다른 개념으로 보고 있다. 표식은 보통 청크보다는 좀 더 작은 코드의 일부분으로 받아들여진다. 앞에서 주석문의 사용에 대해 설명할 때 언급한 크로스비는 표식에 대해서도 연구했는데, 숙련된 개발자는 코드를 읽고 이해할 때 표식을 많이 이용하지만 초급 개발자는 그렇지 않다는 것을 발견했다.[11] 다음 연습은 유용한 표식을 찾는 데 도움이 될 것이다.

> **연습 2.5** 코드에서 사용된 적절한 표식을 찾으려면 연습이 필요하다. 이 연습 문제를 통해 코드에서 표식을 사용하는 것을 훈련해보자.
>
> **1단계: 코드 선정**
>
> 잘 알지 못하는 코드베이스를 선택하되 자신이 잘 아는 언어로 된 코드를 선정하기 바란다. 가능하다면 지인이 그 코드베이스를 자세히 알고 있으면 좋다. 그럼 자신이 이해한 것이 맞는지 그 사람을 통해 확인을 받을 수 있다. 이제 선정한 코드베이스에서 메서드나 함수 하나를 선택한다.
>
> **2단계: 코드 파악**
>
> 1단계에서 선택한 메서드나 함수를 파악하고 코드가 하는 일을 요약해보라.
>
> **3단계: 사용하는 표식의 적극적 확인**
>
> 읽는 도중 '아, 그렇구나'라는 생각이 들면서 그 코드의 의미를 좀 더 이해하게 되면 잠시 멈추고 왜 그렇게 생각했는지를 적어보라. 주석문, 변수명, 메서드명, 임시 저장값 등 어느 것이든 표식이 될 수 있다.

---

11 Martha E. Crosby et al., "The Roles Beacons Play in Comprehension for Novice and Expert Programmers" (2002), https://www. researchgate.net/publication/228592285.

4단계: 회고

코드를 충분히 이해하고 표식을 나열했으면 이제 다음 질문들에 대해 답해보자.

- 어떤 표식을 찾았는가?
- 찾은 표식들은 코드의 요소인가, 아니면 사람의 언어로 된 정보인가?
- 그 표식들은 무엇에 관해 알려주고 있는가?
- 그 표식들은 코드의 도메인에 대한 지식을 나타내는가?
- 그 표식들은 코드의 기능에 대한 지식을 나타내는가?

5단계: 코드에 다시 적용 (생략 가능)

항상 그런 것은 아니지만, 어떨 때는 선택한 표식이 개선 가능하거나 확장될 수 있다. 혹은 코드에는 없지만 표식이 더 필요할 수도 있다. 이때가 바로 코드를 좀 더 풍성하게 만들 수 있는 좋은 기회로, 표식을 새로 추가하거나 기존의 표식을 수정함으로써 그렇게 할 수 있다. 이 연습 전에는 선택한 코드베이스를 잘 알지 못했지만 이제는 그 코드를 모르는 다른 누군가가 코드를 이해하려고 할 때 어떤 도움이 필요할지 알고 있을 것이다.

6단계: 다른 사람과 비교 (생략 가능)

팀 동료나 친구 중에 표식 활용을 더 잘하고 싶은 사람이 있다면 연습을 함께해도 된다. 찾은 표식이 어떻게 다른지 확인해보는 것도 흥미로울 것이다. 초급 개발자와 숙련된 개발자 사이에는 큰 차이가 있기 때문에 이 연습을 통해 자신의 프로그래밍 실력이 어느 정도 수준인지 확인해볼 수 있을 것이다.

2.3.3 청킹 연습

이 장에서 소개한 연구에 의하면 경험이 많은 사람은 체스 말이나 단어 혹은 코드에 대해 좀 더 많은 것을 기억한다. 경험이 쌓이면서 프로그래밍에 대한 지식이 자연스럽게 늘어나긴 하지만, 코드 청킹을 의도적으로 연습하는 방법이 몇 가지 있다.

이 책의 많은 부분에서 **의도적 연습**deliberate practice[12]이라는 문구를 보게 될 것이다. 의도적 연습은 어떤 기술을 향상하기 위해 조금씩 연습하는 것을 의미한다. 팔의 근육을 늘리기 위해 하는 푸시업은 의도적 연습이다. 음계(스케일) 연습 또한 음악가에게는 의도적 연습이다. 단어의 스펠링을 연습하는 것도 처음 책을 읽는 아이에게는 의도적 연습이다. 프로그래밍에서는 여러 가지 이유로 의도적 연습이 흔치는 않다. 많은 사람이 코드를 많이 작성해보는 것으로 프로그래밍을 학습한다. 그렇

---

12 [옮긴이] 《1만 시간의 재발견》(비즈니스북스, 2016)에서 이 개념을 자세히 다룬다(해당 책에서는 '의식적인 연습'이라고 옮겼다).

게 해도 되지만 효과적인 방법은 아닐 수도 있다. 청킹을 의도적으로 연습하기 위해서는 적극적으로 코드를 기억해내는 것을 훈련하면 아주 좋다.

연습 2.6 이 연습 문제에서는 코드를 읽는 기억력을 테스트해볼 텐데, 본인이 잘 알고 있는 개념은 무엇이고 그렇지 않은 것은 무엇인지를 깨닫는 데 도움이 될 것이다. 앞에서 설명한 실험에서 알 수 있듯이, 익숙한 개념은 기억하기에 쉽다는 가정을 전제한다. 이미 알고 있는 것은 기억하기 쉽기 때문에, 이 연습은 코드에 대한 자신의 지식이 어느 정도인지 확인하는 목적으로 사용할 수 있다.

1단계: 코드 선정

어느 정도 익숙해져 있는 코드베이스를 하나 골라보자. 정기적으로 작업하지만 주로 작업하지는 않는 코드베이스면 좋다. 본인이 오래전에 작성한 코드라도 상관없다. 코드베이스에 사용된 언어에 대한 지식이 어느 정도만 있으면 된다. 그 코드가 하는 일에 대해서도 역시 어느 정도만 알고 있으면 되고 자세히 알 필요는 없다. 체스 플레이어와 유사한 상황을 만들려고 하는 것이다. 그들은 체스 보드와 말에 대해서는 알지만 말이 어떻게 놓여 있는지는 알지 못한다.

선택한 코드베이스에서 메서드나 함수 혹은 밀접하게 연결되어 있는 코드를 일부 고른다. 이때 최대 50라인을 넘지 않도록 해야 하는데 이것은 종이 반 장 정도의 분량이다.

2단계: 코드 파악

최대 2분을 넘지 않도록 타이머를 설정하고 코드를 파악해보라. 시간이 다 되면 코드는 보지 않는다.

3단계: 코드 재현

종이 위에 혹은 IDE에서 새로운 파일을 열고 기억을 되살려 그 코드를 다시 작성해보자.

4단계: 회고

모든 코드를 최대한 작성한 후에 원래 코드와 비교해보고 다음 질문들에 답해보라.

- 어느 부분을 쉽게 기억했는가?
- 부분적으로 기억한 코드가 있는가?
- 전체를 다 기억하지 못한 코드가 있는가?
- 기억하지 못한 라인들이 있다면 그 이유가 무엇일까?
- 기억하지 못한 라인에 본인이 익숙하지 않은 프로그래밍 개념이 들어 있지는 않은가?
- 기억하지 못한 라인에 본인이 익숙하지 않은 도메인 지식이 있지는 않은가?

5단계: 다른 사람과 비교 (생략 가능)

청킹 능력을 키우기 원하는 주변 동료가 있다면 이 연습을 같이해도 좋다. 재현한 코드를 비교해보는 것은 매우 흥미로운 일이 될 것이다. 초급 개발자와 숙련 개발자 사이에는 큰 차이가 있기 때문에 다른 사람과 비교해서 자신의 프로그래밍 수준이 어느 정도인지 가늠해보는 데에도 유용하다.

요약

- STM은 두 개에서 여섯 개 사이의 항목을 저장할 수 있는 용량을 갖는다.
- 정보를 기억할 때 STM은 크기에 대한 제약을 극복하기 위해 LTM과 협업한다.
- 새로운 정보를 읽을 때 우리 두뇌는 그 정보를 청크라는 몇 개의 묶음으로 나눈다.
- LTM에 지식이 부족하면 코드를 읽을 때 하위 수준의 정보들 이를테면 문자나 키워드 같은 것에 의존해야 한다. 이럴 때 STM의 공간이 빠르게 소진된다.
- LTM이 코드와 관련 있는 지식을 충분히 가지고 있다면 코드의 하위 수준의 요소들을 STM에 저장하는 대신 '자바에서의 for 루프' 혹은 '파이썬으로 된 선택 정렬 알고리즘' 같은 식으로 추상 개념을 기억하기 때문에 STM의 공간을 절약한다.
- 코드를 읽을 때 그 내용은 우선 영상 기억 공간에 저장된다. 그 후 코드 중 아주 적은 일부만이 STM으로 보내진다.
- 코드를 기억해내는 일은 프로그래밍에 대한 지식이 어느 정도인지 가늠해볼 수 있는 자가 진단 도구로 사용될 수 있다. 이미 알고 있는 것을 기억하는 것은 쉽기 때문에 기억해낸 코드는 자기가 이미 잘 알고 있는 디자인 패턴, 프로그래밍 구성 요소, 도메인 지식 등을 드러내준다.
- 코드는 우리 두뇌에서 처리하기 쉽게 만드는 특징들 가령 디자인 패턴, 주석문, 명확한 표식 같은 것들을 가질 수 있다.

3

프로그래밍 문법
빠르게 배우기

. . . .

이 장에서는 다음과 같은 내용을 다룬다.

- 프로그래밍 언어 문법에 대한 폭넓은 지식이 중요한 이유의 고찰
- 프로그래밍 언어 문법을 기억하기 위한 방법의 선택
- 문법을 잊어버리지 않기 위해 할 수 있는 방법
- 문법과 개념을 언제 공부하면 가장 큰 효과를 볼 수 있는지에 대한 유추
- 문법과 프로그래밍에 대한 개념이 어떻게 LTM에 저장되는지에 대한 이해
- 프로그래밍 개념을 좀 더 잘 기억할 수 있기 위한 정교화 연습

. . . .

이번 장에서는 사람들이 기억하는 법을 어떻게 배우는지 집중적으로 살펴보려고 한다. 이 장을 통해 왜 어떤 지식은 계속 기억하지만, 어떤 지식은 잊어버리는지 이해할 수 있을 것이다. 예를 들어 자바에서 System.out.print()는 출력 메서드라는 것을 과거 어느 시기에 배웠을 것이다. 하지만 자바의 모든 메서드를 기억하지는 못한다. 특정한 메서드에 대해서는 어떤 일을 수행하는지 찾아보곤 했을 것이다. 예를 들어 DateTime 값에 하루를 더하려고 한다면 addDays(), addTimespan(), plusDays() 중에 어떤 것을 사용해야 할까? 대개는 그 메서드에 대한 정보를 더 찾아볼 것이다.

프로그래밍 문법에 대한 지식을 갖는 것에 대해 대수롭지 않게 생각할 수도 있다. 모르면 결국 온라인에서 찾아보면 되니 말이다. 하지만 이전 장에서 살펴봤듯이, 코드를 효율적으로 이해하는 정도는 이미 알고 있는 지식에 의해 영향을 받는다. 따라서 프로그래밍 언어의 문법, 개념과 자료구조를 외우면 코드를 더 빨리 파악하는 데 도움이 된다.

이 장에서는 프로그래밍의 개념을 더 잘, 그리고 더 쉽게 외우기 위해 유용하게 사용할 수 있는 네 가지 중요한 방법을 소개한다. 이것은 프로그래밍 개념에 대한 장기 기억을 강화하고 그 결과 코드를 청크로 나누고 읽는 것을 더 잘할 수 있게 해줄 것이다. CSS의 `Flexbox` 문법이나 맷플롯립 matplotlib의 `boxplot()` 메서드에서 매개변수의 순서, 혹은 자바스크립트의 익명 함수의 문법을 기억하는 데 어려움을 겪은 적이 있다면 이 장은 바로 그런 사람들을 위한 장이다.

3.1 문법을 기억하기 위한 팁

코드를 한 줄씩 기억하는 것은 어려운 것임을 이전 장에서 살펴봤다. 코드를 작성할 때 사용할 문법을 기억하는 일 역시 힘든 일이다. 예를 들어 다음과 같은 상황에서 코드를 기억해서 작성할 수 있겠는가?

- `hello.txt` 파일을 읽어 들이고 명령창에 모든 라인을 프린트한다
- 날짜를 **day-month-year** 순서로 된 포맷으로 만들기
- **s** 또는 **season**으로 시작하는 단어와 일치하는 정규식

전문적인 프로그래머라고 해도 위 세 가지를 코드로 작성해야 한다면 문법을 찾아봐야 할 것이다. 이 장에서는 올바른 문법을 기억하기가 왜 어려운지에 대해서 살펴보고 어떻게 하면 잘 기억할 수 있을지에 대해서도 살펴볼 것이다. 하지만 그 전에 우선 코드를 기억하는 것이 왜 중요한지에 대해서 좀 더 심도 있게 논의하겠다.

많은 소프트웨어 개발자는 프로그래밍 언어의 문법을 모르더라도 인터넷에서 검색하면 되고, 따라서 문법에 대한 지식이 그리 중요한 것은 아니라고 생각한다. 모르는 것이 있을 경우, 검색이 그리 좋은 해결책이 되지 못하는 이유는 두 가지가 있다. 그 첫 번째 이유는 2장에서 다뤘듯, 관련 내용을 미리 알고 있는 것이 코드를 효율적으로 읽고 이해하는 데 상당한 영향을 미치기 때문이다. 개념, 자료구조, 문법을 더 많이 알수록 두뇌는 더 많은 코드를 쉽게 분리하고 기억하고 처리할 수 있다.

3.1.1 업무 중단이 미치는 나쁜 영향

두 번째 이유는 두뇌가 작업을 하다 업무 중단interruption을 받게 되면, 우리가 생각한 것보다 훨씬 더 좋지 못한 결과를 초래하기 때문이다. 정보를 검색하기 위해 브라우저를 열면 이메일을 확인해보고 싶을 수도 있고 뉴스를 읽고 싶은 마음이 들 수도 있는데 이런 일들은 현재 하고 있는 작업과는 무관하다. 관련 정보를 검색하더라도 프로그래밍에 관련한 웹사이트에서 어떤 주제에 대해 너무 자세히 논의하는 내용에 빠지게 되면 자칫 원래 목적을 잃어버릴 수도 있다.

노스캐롤라이나 주립 대학교의 크리스 파닌Chris Parnin 교수는 업무 도중 중단이 되면 프로그래머에게 어떤 일들이 일어나는지에 대해 연구했다.[1] 파닌은 85명의 프로그래머에 대해 1만 회의 프로그래밍 세션을 기록했다. 그는 개발자들이 이메일이나 동료들 때문에 얼마나 자주 업무를 중단하는지 확인했고(이런 일은 정말 자주 발생했다!) 그 후에 무슨 일이 일어나는지도 관찰했다. 파닌은 업무가 중단되는 것이 생산성에 악영향을 미친다고 결론 내렸는데 이것은 당연하다. 그의 연구에 의하면 코딩을 작성하는 도중 중단이 되면 다시 그 업무로 돌아가는 데 약 15분 정도 걸렸다. 메서드 수정 작업 도중 중단이 되고 나서 1분 이내에 하던 일을 다시 시작하는 경우는 10% 정도밖에 되지 않았다.

프로그래머들이 코드 작성을 하다 업무가 중단되면 그동안 코드에 대한 중요한 정보를 잊어버린다는 것을 파닌의 연구를 통해 알 수 있다. 검색을 하고 나서 코드로 다시 돌아오면 "내가 아까 뭘 하고 있었지?"라고 자문할 때가 있다. 파닌의 연구에서도 프로그래머들은 종종 원래 작업했던 내용을 잊어버리는 바람에 그것을 기억하기 위해 의도적으로 노력해야 했다. 예를 들면 원래 하던 작업을 계속하기 전에 작업 내용을 기억하기 위해 코드베이스의 여기저기를 찾아다녀야 했다.

문법을 기억하는 것이 왜 중요한지 이해했으므로 이제 문법을 빠르게 배우는 방법에 대해 알아보자.

3.2 플래시카드 사용해 문법 배우기

프로그래밍 언어 문법을 포함해서 무엇이든 신속하게 학습할 수 있는 좋은 방법 중 하나가 플래시카드flashcard를 사용하는 것이다. 플래시카드는 종이 카드나 포스트잇으로 간단히 만들 수 있다. 앞면에는 암기하거나 학습하려고 하는 내용에 대한 프롬프트, 즉 그것을 지칭하는 단어나 질문이 있고 뒷면에는 그에 대한 내용이나 답이 있다.

플래시카드를 프로그래밍에 활용할 때는 앞면에 개념을 적어놓고 뒷면에 해당하는 코드를 적는다. 파이썬의 리스트 컴프리헨션list comprehension에 대한 플래시카드라면 아래와 같이 만들 수 있다.

1. 기본 문법 ⟷ numbers = [x for x in numbers]
2. 필터 ⟷ odd_numbers = [x for x in numbers if x % 2 = 1]
3. 계산 ⟷ [x*x for x in numbers]
4. 필터와 계산 ⟷ squares = [x*x for x in numbers if x > 25]

---

[1] Chris Parnin et al., "Resumption Strategies for Interrupted Programming Tasks" (2011), https://www.researchgate.net/publication/216667099.

플래시카드는 프롬프트가 있는 면을 읽고 나서 해당하는 문법을 기억하는 방식이다. 문법을 다른 종이에 적거나 에디터에서 입력한 다음 카드를 뒤집어 맞았는지 확인한다.

플래시카드는 보통 외국어를 배울 때 많이 사용하는데, 프로그래밍 문법을 배울 때도 역시 유용하게 사용할 수 있다. 하지만 플래시카드를 이용해서 프랑스어 같은 외국어를 배우는 것은 귀찮은 일일 수도 있다. 플래시카드에 적어야 할 단어가 너무 많기 때문이다. 프로그래밍 언어는 C++ 같은 복잡한 언어라도 인간의 언어보다 규모가 훨씬 더 작다. 따라서 프로그래밍 언어의 기본적인 문법을 외우는 것은 인간 언어와 비교했을 때 상대적으로 적은 노력이 들어간다.

> **연습 3.1** 프로그래밍 개념 중에서 기억하는 데 어려움을 겪고 있는 개념이 있다면 가장 어려운 10가지에 대해 생각해보라.
>
> 그 10가지 기억하기 어려운 개념에 대해 플래시카드를 만들고 사용해보자. 팀이나 그룹으로 여러 명과 함께 시도하는 것도 좋다. 어떤 개념들은 다른 사람들도 동일하게 기억하기 어려워한다는 사실을 알게 될 것이다.

3.2.1 언제 플래시카드를 사용해야 하는가

프로그래밍 언어의 문법을 배우기 위해 플래시카드를 자주 사용해서 연습하는 것은 현명한 방법이다. 세레고Cerego, 안키Anki, 퀴즈렛Quizlet 같은 앱을 사용해서 디지털 플래시카드를 만드는 것도 좋은 방법이다. 이런 앱의 장점은 연습을 해야 할 시간을 알려준다는 점이다. 종이로 만든 플래시카드건 앱이건 꾸준히 사용하면 몇 주 뒤에는 문법에 대한 이해가 유의미하게 늘어나 있을 것이다. 이렇게 함으로써 검색하는 시간을 절약하고, 주의를 흐트러뜨리지 않으며, 코드를 더 잘 청킹할 수 있다.

3.2.2 플래시카드의 확장

플래시카드를 작성하기 좋은 때가 있다. 우선 새로운 프로그래밍 언어나 프레임워크 혹은 라이브러리를 배울 때 새로운 개념을 접하면 그 내용을 가지고 플래시카드를 만들 수 있다. 예를 들어 파이썬의 리스트 컴프리헨션에 대한 문법을 이제 막 배우기 시작했다면 지체하지 말고 그것에 대한 플래시카드를 만들기 바란다.

플래시카드를 새로 만들기에 좋은 또 다른 때는 어떤 개념을 검색할 때다. 검색을 한다는 것은 그 내용에 대해 아직 모른다는 뜻이기 때문이다. 카드의 한쪽 면에 개념에 대한 단어나 문구를 쓰고 반대쪽에는 검색해서 찾은 코드를 적어놓는다.

물론 어떤 내용을 플래시카드로 만들지는 스스로 판단할 수 있어야 한다. 요즘 사용되는 프로그래밍 언어, 라이브러리, API는 양이 엄청나게 많기 때문에 그 모든 문법을 다 암기할 필요는 없다. 별로 중요하지 않거나 거의 사용되지 않는 문법은 검색해도 전혀 문제가 되지 않는다.

3.2.3 플래시카드 개수 줄이기

플래시카드를 규칙적으로 사용하다 보면 카드에 있는 내용을 잘 안다고 생각할 때가 온다. 이럴 때는 플래시카드를 줄이고 싶을 수도 있다. 플래시카드로 작성한 개념을 얼마나 잘 이해하고 있는지 확인하려면 그림 3.1과 같이 각 카드에 정답 및 오답 횟수를 기록하기도 한다.

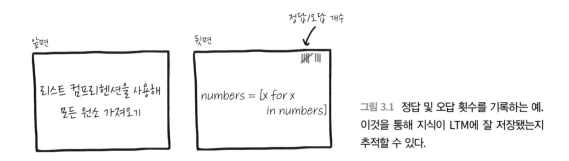

그림 3.1 정답 및 오답 횟수를 기록하는 예. 이것을 통해 지식이 LTM에 잘 저장됐는지 추적할 수 있다.

카드의 내용을 몇 번 연속으로 잘 맞히면 그 카드는 빼놓아도 된다. 물론 나중에 기억이 나지 않는다면 그 카드를 다시 사용할 수 있다. 플래시카드 앱을 사용한다면 이미 잘 알게 된 카드는 보통 앱에서 보이지 않게 해줄 것이다.

3.3 어떻게 하면 잊어버리지 않을 수 있을까?

플래시카드를 사용해서 프로그래밍 문법을 빨리 학습하고 쉽게 암기할 방법에 대해 앞 섹션에서 다뤘다. 하지만 얼마나 오랫동안 연습해야 할까? 가령 어느 정도 기간을 연습해야 자바 8의 문법 전체를 암기할 수 있을까? 완전히 외울 때까지 얼마나 자주 반복해야 하는지에 대해 이 섹션에서 다뤄보자.

어떻게 하면 잊어버리지 않을까에 대해 논의하기 전에 사람들이 어떻게 그리고 왜 잊어버리는지를 살펴볼 필요가 있다. STM은 기억 용량에 한계가 있다는 것을 이미 배웠는데, STM은 한꺼번에 많은 정보를 저장할 수 없을뿐더러 저장된 정보도 오랫동안 유지하지 않는다. LTM도 제한이 있긴 하지만 STM과는 좀 다르다.

추가로 연습하지 않고서는 내용을 오랫동안 기억할 수 없다는 것이 LTM의 가장 큰 문제점이다. 무엇인가 읽고 듣고 보고 난 후 STM에 저장된 정보는 LTM으로 옮겨진다. 하지만 LTM에 영원히 저장되는 것은 아니다. 그런 점에서 인간의 LTM은 정보가 상대적으로 안전하고 오랫동안 저장되는 컴퓨터 하드 드라이브와는 큰 차이가 있다.

LTM에 저장된 정보가 없어지는 것은 STM처럼 수 초 이내에 이루어지는 것은 아니지만 생각하는 것보다 훨씬 더 짧다. 시간에 따른 망각의 정도를 그림 3.2에서 볼 수 있는데, 한 시간 이내에 우리가 알고 있는 것의 반 정도를 잊어버린다. 이틀 후에는 배운 것의 25%만 남는다. 하지만 그림 3.2의 의미가 이것이 전부는 아니다. 정보를 아예 다시 학습하지 않아도 사람이 얼마나 많이 기억하는지도 보여준다.

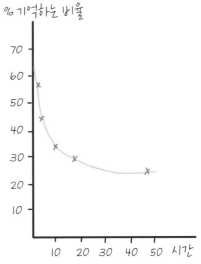

그림 3.2 새로운 내용을 접한 후 어느 정도까지 기억하는지를 보여주는 그래프. 2일이 지나면 원래 지식의 25% 정도가 LTM에 남는다.

3.3.1 기억을 잃어버리는 이유

어떤 것에 대한 기억은 왜 그리 빨리 잊히는지 이해하려면 LTM이 어떻게 작동하는지 자세히 살펴봐야 한다. LTM에서 기억이 어떻게 동작하는지부터 시작해보겠다.

두뇌가 기억을 저장할 때는 컴퓨터가 디스크에 0과 1로 데이터를 저장하는 것처럼 하지는 않지만, 저장하는 방법을 일컫는 **부호화**encoding라는 용어는 동일하게 사용한다. 인지과학자들이 부호화라는 용어를 사용할 때는, 그 의미가 반드시 '두뇌가 생각한 것을 기억 공간에 저장하는 중 일어나는 변환 작용'을 의미하는 것은 아니고(이 과정이 어떻게 이루어지는지는 아직도 별로 밝혀지지 않았다) 대신 기억이 뉴런에 의해 형성될 때 두뇌에서 일어나는 변화를 의미한다.

계층구조 대 네트워크

LTM을 하드 드라이브와 비교했지만 두뇌에서 기억이 저장되는 방식은 컴퓨터의 파일이 하드 드라이브에서 폴더나 하위 폴더의 계층구조로 저장되는 방식과는 다르다. 그림 3.3에서 볼 수 있듯이, 두뇌의 기억은 네트워크 구조로 되어 있다. 즉 하나의 사실은 다른 많은 사실과 연결되어 있다. 서로 다른 사실과 기억이 연결되어 있다는 점을 잘 알고 있어야 하다. 이제 우리가 논의하려는 주제, 즉 사람들이 정보를 잊어버리는 이유를 이해하기 위해 중요하기 때문이다.

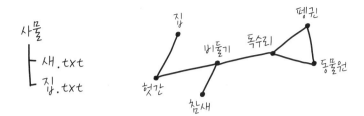

그림 3.3 **데이터가 구성되는 두 가지 방법. 왼쪽은 계층구조로 된 파일 시스템이고 오른쪽은 네트워크로 구성된 기억이다.**

망각 곡선

독일의 철학자이자 심리학자인 헤르만 에빙하우스Hermann Ebbinghaus는 1870년대에 마음의 능력에 대해 연구했다. 당시에는 인간의 정신적 능력을 측정한다는 것이 비교적 생소한 생각이었다.

에빙하우스는 자신의 기억을 테스트함으로써 인간이 갖는 기억의 한계에 대해 이해해보려고 했다. 그는 할 수 있는 만큼 최대한으로 기억을 테스트했다. 하지만 기억이 서로 연관성과 관계성을 가지고 저장되기 때문에 아는 단어나 개념을 기억하려고 하는 것은 진정한 테스트가 될 수 없다는 것을 깨달았다. 예를 들어 파이썬의 리스트 컴프리헨션 문법을 기억하려고 할 때 for 루프 문법을 알고 있다면 이것의 도움을 받게 되는 것이다.

좀 더 객관적인 평가를 위해 에빙하우스는 wix, maf, kel, jos와 같이 짧고 의미 없는 단어를 만들어냈다. 그리고 나서 자신을 대상으로 여러 가지 실험을 수행했다. 수 년간 그는 이 의미 없는 단어들을 소리 내 읽으면서 연습을 했는데, 이때 속도 조절을 위해 메트로놈까지 사용했다. 그리고 모든 단어를 다 기억하기 위해서 어느 정도의 연습이 필요한지 추적했다.

10년이 지난 1880년에 에빙하우스는 1분에 150개를 암송했다. 그동안 1000시간 정도 연습을 한 결과이다. 간격을 다르게 해서 테스트한 후에 그는 자신이 어느 정도 기간을 기억하는지에 대해 추정할 수 있었다. 이 연구 결과는 1885년 출간한 《Über das Gedächtnis(기억력)》에 잘 요약되어 있다. 이 책에는 그림 3.4와 같은 망각에 대한 공식이 있는데, 망각 곡선이라는 개념은 이것을 바탕으로 만들어졌다.

$$b = 100 \times \frac{1.84}{(log_{10}t)^{1.25} + 1.84}$$

그림 3.4 **기억이 얼마나 오래 지속되는지 추정하기 위한 에빙하우스의 공식**

네덜란드 암스테르담 대학교의 야프 뮈러Jaap Murre 교수는 최근 연구에서 에빙하우스의 공식이 대체로 맞는다는 것을 확인했다.[2]

---

2   Jaap Murre, "Replication and Analysis of Ebbinghaus' Forgetting Curve" (2015), https://journals.plos.org/plosone/article?id=10.1371/journal.pone.0120644.

3.3.2 간격을 두고 반복하기

이제 우리는 사람들이 얼마나 빨리 잊어버리는지에 대해 알게 되었다. 하지만 이 사실이 맷플롯립의
`boxplot()` 함수나 파이썬의 리스트 컴프리헨션 문법을 잊어버리지 않는 데 무슨 도움이 될 수 있을
까? 의미 없는 단어를 외우는 에빙하우스의 실험은 어느 정도 시간이 지나면 잊어버리는지 알려줄 뿐
만 아니라 '어떻게 하면 잊어버리지 않을 수 있을지'에 대해서도 시사점을 던져준다. 그는 12개의 의미
없는 단어를 첫 번째 날에 68회 반복하고 그다음 날은 7회 반복함으로 총 75회 반복했을 때 단어를
모두 잘 외울 수 있었다. 그리고 같은 단어를 3일에 걸쳐 총 38회 반복했을 때 역시 모두 잘 외웠다.

어린아이들을 대상으로 한 덧셈 같은 간단한 산수부터 고등학생을 대상으로 한 생물학 지식에
이르기까지 망각 곡선에 대한 연구가 폭넓게 이루어져왔다. 오하이오 웨슬리언 대학교의 해리 바릭
Harry Bahrick이 수행한 연구는 반복 학습 시 간격을 어느 정도 둘 때 가장 효과가 큰지에 대해 좀 더
많은 것을 밝혀주었다.[3] 그 역시 자기 자신이 피실험자로 참여했는데 자신뿐만 아니라 과학자이면서
이 주제에 관심이 있었던 자신의 아내와 장성한 두 명의 자녀도 함께 실험에 참여했다.

그들은 모두 외국어 단어 300개를 학습하는 것을 목표로 삼았다. 아내와 딸들은 프랑스어 단어를
학습했고 바릭 자신은 독일어를 연습했다. 그들은 단어를 50개씩 6개 그룹으로 나누고 각 그룹에
대해 서로 다른 간격을 두었다. 각 그룹을 13회 혹은 26회 반복했고, 이때 간격은 2주, 4주, 8주로
뒀다. 그리고 나서 1년, 2년, 3년, 5년이 지난 후 얼마나 기억하는지 확인해봤다.

학습 기간이 끝난 후 1년이 지나서 바릭 가족은 가장 긴 간격인 8주의 간격을 두고 26회 반복한 경
우 가장 많은 단어를 기억한다는 것을 알게 됐다. 잊지 않고 계속 외우는 단어의 비율은 76%였다.
2주 간격으로 외웠던 그룹은 1년 후 기억한 단어의 비율이 56%였다. 그 후 시간이 지날수록 기억하
는 단어의 비율이 줄긴 했지만 가장 긴 간격을 두고 반복했던 그룹의 단어가 기억하는 비율이 여전
히 더 높았다.

요약하자면, 오랫동안 학습한 만큼 더 오래 기억한다. 이것은 더 많은 시간을 학습해야 한다는 것을
의미하는 게 아니라 더 오랜 간격을 두고 학습해야 한다는 것을 의미한다. 플래시카드를 한 달에 한
번 다시 학습하면 오랫동안 기억하는 데 충분하고, 이 정도는 충분히 할 수 있을 것이다. 이것은 정규
교육기관에서 한 학기 동안 혹은 부트캠프에서 3달 동안 배운 모든 지식을 머릿속에 집어넣어야 하는
경우와 극명하게 대비된다. 그렇게 학습한 지식은 그 이후로도 계속 반복해야만 잊어버리지 않는다.

---

3   Harry Bahrick et al., "Maintenance of Foreign Language Vocabulary and the Spacing Effect" (1993), https://www.gwern.net/docs/
    spacedrepetition/1993-bahrick.pdf.

TIP　이 섹션에서 알게 된 가장 중요한 내용은 잊어버리지 않기 위한 최선의 방안은 정기적으로 꾸준히 연습해야 한다는 사실이다. 반복할 때마다 기억은 강화된다. 긴 간격을 두고 반복하고 나면 LTM에 영구적으로 남아 있게 될 것이다. 대학에서 배운 내용을 너무 많이 잊어버려 의아한 적이 있었다면 바로 이것 때문이다. 배운 지식을 계속 반복해서 다시 일깨우지 않으면 기억을 잃어버릴 것이다.

3.4 문법을 더 오랫동안 기억하기

프로그래밍 언어의 문법을 외우는 것이 중요한 이유는, 그것이 코드를 청킹할 때 유용하고 검색 시간도 줄여주기 때문이라는 것을 살펴봤다. 얼마나 자주 연습을 해야 하는지에 대해서도 다뤘다. 플래시카드를 하루에 다 외우려고 하기보다 긴 기간에 걸쳐 학습해야 한다. 이제부터는 외우는 연습을 어떻게 해야 하는지에 대해서 논의해보겠다. 기억을 강화하는 두 가지 테크닉에 대해서 다룰 텐데 적극적으로 무언가를 일부러 기억해보려고 애쓰는 인출retrieval 연습과 기존 기억에 새로운 지식을 적극적으로 연결시키는 정교화elaboration다.

앞에서 플래시카드를 설명할 때, 단순히 플래시카드의 양면을 읽기만 하는 것이 아니라고 했다. 프롬프트, 즉 문법을 기억해낼 수 있도록 요청하는 질문이나 단어 혹은 문법 같은 것이 있는 면을 본 다음에 답을 생각해내야 한다.

연구에 의하면 무언가를 능동적으로 기억하려고 하는 것이 기억을 강화하는 것으로 알려져 있기 때문이다. 답을 완전히 알지 못해도 그것을 기억하기 위해 더 많은 노력을 기울이면 쉽게 기억할 수 있다. 이제부터 이 부분에 대해 좀 더 자세히 살펴보고 프로그래밍 학습에 어떻게 적용할 수 있을지 알아보겠다.

3.4.1 정보를 기억하는 두 가지 형태

기억을 하려고 애쓰는 것이 어떻게 기억을 강화하는지 자세히 알아보기 전에 먼저 문제 자체를 좀 더 자세히 들여다보자. 기억은 뇌에 저장되거나 혹은 저장되지 않는다고 이분법적으로 생각할지 모르겠다. 캘리포니아 대학교의 심리학과 교수인 로버트 비요크Robert Bjork와 엘리자베스 비요크Elizabeth Bjork는 LTM으로부터 기억을 가져오는 두 가지 서로 다른 기제, 즉 저장storage 강도와 인출retrieval 강도를 구분했다.

저장 강도

저장 강도는 무언가를 LTM에 얼마나 잘 저장하고 있는가를 나타낸다. 어떤 것을 더 많이 학습할수록 그 내용을 잊어버리는 것이 거의 불가능해질 때까지 기억은 점점 더 강해진다. 4 곱하기 3이

12임을 잊어버리는 것을 상상할 수 있는가? 하지만 우리 뇌에 저장되어 있는 모든 정보가 곱셈의 경우처럼 쉽게 접근할 수 있는 것은 아니다.

인출 강도

인출 강도는 무언가를 얼마나 쉽게 기억할 수 있는지를 나타낸다. 잘 알고 있다고 확신하고 있던 무엇인가를 예를 들면 이름, 노래, 전화번호, 자바스크립트 `filter()` 함수의 문법을 잘 알고 있다고 생각했는데 막상 잘 기억이 나지 않는 경험을 가지고 있을 것이다. 답이 입에서 맴돌기만 하고 기억이 나지 않았던 경험 말이다. 이것은 그 정보에 대해 저장 강도는 높지만 인출 강도는 낮다는 것을 의미한다(마침내 기억해냈을 때는 어떻게 그것을 기억하지 못했는지 믿어지지 않는다).

저장 강도는 감소하지 않고 늘어나는 반면 인출 강도는 시간이 흐를수록 약해지는 것으로 알려져 있다. 기억은 결코 소실되지 않는다는 최근의 연구 결과도 있다.[4] 어떤 정보를 반복해서 학습할 때 그 내용의 저장 강도는 강화된다. 자기가 이미 알고 있다고 생각하는 내용을 기억하려고 노력하면 추가 학습 없이도 인출 강도가 강화된다.

3.4.2 단지 보기만 해서는 안 된다

프로그래밍 언어의 특정 문법을 기억하려고 할 때 문제는 종종 저장 강도가 아닌 인출 강도에 있다. 예를 들어 다음 C++ 예제 코드에서 리스트를 역순으로 순회하는 코드는 어떤 것일까?

예제 3.1 C++에서 리스트를 순회하는 6가지 방법

```
1. rit = s.rbegin(); rit != s.rend(); rit++
2. rit = s.revbegin(); rit != s.end(); rit++
3. rit = s.beginr(); rit != s.endr(); rit++
4. rit = s.beginr(); rit != s.end(); rit++
5. rit = s.rbegin(); rit != s.end(); rit++
6. rit = s.revbeginr(); rit != s.revend(); rit++
```

이들은 모두 비슷해 보이고, 심지어 숙련된 C++ 프로그래머조차도 이런 코드를 여러 번 봤을 텐데도 올바른 코드를 기억하기가 쉽지 않다. 어느 코드가 정답인지 듣고 나면 이미 그 답을 알고 있었던 것처럼 느낄 것이다. "당연히 `rit = s.rbegin(); rit != s.rend(); rit++` 이게 답이지!"라고 말이다.

---

4   Jeffrey D. Johnson et al., "Recollection, Familiarity, and Cortical Reinstatement: A Multivoxel Pattern Analysis," *Neuron* 63, no. 5 (2009).

따라서 여기서 문제는 지식이 우리의 LTM에 얼마나 잘 저장되어 있는지, 즉 저장 강도에 대한 것이 아니라 그것을 얼마나 잘 발견하느냐, 즉 인출 강도의 문제다. 심지어 이전에 여러 번 봤던 코드라고 해도 단지 보기만 하는 것으로는 나중에 그 코드를 기억할 수 없다는 것을 앞의 예제를 통해 알 수 있다. LTM 어딘가에 정보가 저장되어 있지만 그것을 필요로 할 때는 정작 가져오지 못하는 것이다.

3.4.3 정보를 외우는 것은 기억을 강화한다

앞의 예제를 통해 LTM에 정보를 저장하는 것만으로는 충분하지 않다는 것을 알 수 있었다. 저장된 정보를 쉽게 인출할 수 있어야 한다. 우리 삶의 많은 것이 그렇듯이 인출을 더 쉽게 하기 위해서는 많이 연습해야 한다. 프로그래밍 언어의 문법을 기억하는 연습을 해본 적이 없기 때문에 그것이 정작 필요할 때 기억해내는 것이 어렵다. 무언가를 능동적이고 의도적으로 기억해내려는 노력이 기억을 강화한다는 사실은 고대 아리스토텔레스 시대까지 거슬러 올라가 알려져 있던 기술이다.

학교 교사였던 필립 보스워드 발라드Philip Boswood Ballard는 인출을 연습하는 것에 관한 연구를 수행해 1913년에 〈Obliviscence and Reminiscence(망각과 회상)〉이라는 논문을 발표했다. 발라드는 〈The Wreck of the Hesperus(헤스페로스의 난파)〉라는 시 16행을 학생들이 외우도록 했다. 자신의 딸을 죽음에 이르도록 한 허영심 많은 어느 선장에 대한 이야기를 노래한 시다. 학생들이 시를 얼마나 잘 외우는지 테스트하는 과정에서 그는 흥미로운 사실을 관찰했다. 학생들에게 시 시험을 치르는 것에 대해 말하지 않고 이틀 후에 학생들에게 시를 다시 암송하게 했다. 학생들은 시험이 또 있다는 것을 몰랐기 때문에 이후에 더 공부를 하지는 않은 상태였다. 두 번째 테스트에서 학생들은 첫 번째 테스트와 비교했을 때 평균적으로 10%를 더 기억했다. 또다시 이틀이 지난 후에 시를 암송시키자 더 많이 기억했다. 결과에 대해 의문점을 가진 채 발라드는 그런 실험을 여러 번 수행했지만 그때마다 결과는 비슷했다. 학습을 추가로 하지 않고 정보를 기억하려고 능동적으로 노력하는 것만으로도 배운 것을 많이 기억할 수 있다는 것을 이 실험을 통해 알 수 있다.

망각 곡선과 인출 강도의 효과에 대해 살펴봤기 때문에 매번 필요할 때마다 문법을 찾아보기만 하는 것이 왜 좋은 방법이 아닌지 분명해졌을 것이다. 너무 쉽게 정보를 찾고 또 그것이 너무 일상적으로 이뤄지다 보니 우리 두뇌는 문법을 기억할 필요가 없다고 느낀다. 따라서 프로그래밍 문법에 대한 인출 강도가 강화되지 않고 계속 약한 상태로 남아 있게 된다.

문법을 기억하지 않는다는 사실은 악순환을 만들어낸다. 기억하지 않기 때문에 그것을 찾아보는 것이다. 기억하려고 애쓰기보다는 찾아보는 것만 계속하기 때문에 이러한 프로그래밍 개념에 대한 인출 강도가 발전하지 않는 것이고 이 인출 강도가 약하기 때문에 외우는 대신 찾아보는 악순환이 이어진다.

따라서 다음번에 구글에서 프로그래밍 문법에 대해 검색하려고 할 때, 검색 이전에 먼저 그것을 능동적이고 의도적으로 기억하려고 시도해보기 바란다. 당장 기억이 나지 않더라도 이런 기억하려는 노력은 기억을 강화하고 다음번에 기억해내는 데 도움이 될 것이다. 이렇게 해도 기억이 나질 않는다면 플래시카드를 사용해서 적극적으로 연습해보기 바란다.

3.4.4 능동적 사고를 통한 기억력 강화

앞 섹션에서는 정보를 능동적으로 기억하려고 노력할 때 그 정보가 우리 두뇌에서 더 잘 기억된다는 것을 배웠다. 또한 정보를 외울 때는 어느 정도의 간격과 기간을 두고 연습할 때 최상의 결과를 얻는다는 점도 살펴봤다. 기억을 강화하는 두 번째 방법이 있는데 그것은 정보에 대해 능동적으로 생각하고 그것을 반추해보는 것이다. 정보에 대해 생각하는 과정을 **정교화**elaboration라고 부른다. 정교화 작업은 복잡한 프로그래밍 개념을 학습할 때 특별히 효과가 좋다.

정교화에 대해, 그리고 정교화를 사용해 새로운 프로그래밍 개념을 효과적으로 학습할 수 있는 방법에 대해 자세히 살펴보기 전에 우선 두뇌에서 저장이 어떤 식으로 이루어지는지 살펴보는 것이 필요하다.

스키마타

우리 두뇌에서 기억은 다른 기억과 사실에 연결되는 연관된 네트워크의 형태라는 것을 살펴봤다. 사고나 생각이 서로 관련되어 조직된 방식을 **스키마**schema 혹은 **스키마타**schemata라고 부른다.[5]

새로운 정보를 학습할 때 정보는 LTM에 저장하기 전에 먼저 스키마의 형태로 만들어진다. 이미 존재하는 스키마에 잘 맞는 정보일수록 더 쉽게 기억할 수 있다. 예를 들어 숫자 5, 12, 91, 54, 102 중에서 세 개의 숫자를 기억하면 원하는 멋진 상품을 준다고 해보자. 이 숫자들은 기억하기가 쉽지 않은데 서로 연결해주는 고리가 없기 때문이다. 이 숫자 목록은 '원하는 멋진 상품을 받기 위해 기억해야 할 숫자들'과 같은 이름의 새로운 스키마에 저장될 것이다.

반면 1, 3, 15, 127, 63, 31에 대해서 기억하라고 하면 외우기 더 쉬울 것이다. 이 숫자들을 조금만 살펴보면 어떤 범주에 속해 있는 것을 알 수 있다. 이진수로 표현하면 모두 1로 이루어졌기 때문이다. 이 숫자들을 기억하는 것은 나름 의미가 있기 때문에 더 쉽게 기억할 수 있을 뿐만 아니라 기억하는 데 동기부여도 더 많이 된다. 이진수 표현에서 비트의 길이에 따라 최댓값을 알고 있다면 문제를 풀 때 도움이 될 수 있기 때문이다.

---

5   옮긴이 정확히는 스키마는 단수형이고, 복수형으로 스키마타(schemata)와 스키마스(schemas)가 둘 다 쓰인다.

작업 기억 공간에서 정보를 처리할 때 관련 지식과 기억을 LTM에서 찾는다는 것을 상기하기 바란다. 우리의 기억이 서로 연결되어 있을 때 관련 기억을 찾는 것이 더 쉽다. 즉 인출 강도는 다른 기억에 연관된 기억일 때 더 높다.

기억이 저장될 때 기존 스키마타에 맞추기 위해 심지어 기억이 바뀌는 일도 가능하다. 1930년대 영국의 심리학자 프레드릭 바틀릿Frederic Bartlett은 한 가지 실험을 했다. '영혼들의 전쟁The War of the Ghosts'이라는 미국 원주민 민담에 대해 학습시키고 몇 주 혹은 심지어 몇 달 후에 그 이야기를 외우게 했다.[6] 이때 실험 참여자들은 자신이 이미 가지고 있던 신념이나 지식에 맞춰 이야기를 각색했다. 예를 들어 어떤 참여자들은 자신이 생각하기에 관련 없다고 생각하는 부분을 생략하고 어떤 사람들은 그 이야기를 좀 더 '서부적'으로 만드는 등 자신의 문화의 표준에 맞춰 변경했다. 가령 활을 총으로 바꾼다든지 하는 식으로 말이다. 사람들은 단어나 사실을 글자 그대로 기억하기보다는 기존의 기억과 신념에 짜맞춰 기억한다는 것을 이 실험을 통해 알 수 있다.

기억이 왜곡되어 저장된다는 사실은 부정적인 면이 있다. 같은 상황을 경험한 두 사람이 각자의 고유한 생각과 아이디어로 인해 기억을 저장하는 방식에 영향을 받아 이후에 완전히 다르게 기억할 수도 있다. 하지만 추가된 정보와 함께 관련된 정보를 저장함으로써, 기억이 변경되거나 자신에게 유리하게 저장된다는 사실 자체를 활용할 수도 있다.

정교화를 이용해 새로운 프로그래밍 개념 학습하기

이 장 앞부분에서 살펴봤듯이 기억된 정보를 다시 가져오는 인출 강도가 약하면 기억은 잊힐 수 있다. 심지어 기억이 LTM에 처음 저장될 때조차 어떤 내용들은 변경되거나 빠질 수 있다는 것을 바틀릿의 실험을 통해 알 수 있다.

예를 들어보자. 제임스 먼로가 미국의 5대 대통령이라고 말해주면 먼로가 전임 대통령인 것은 기억하지만, 5대 대통령이었다는 것은 기억 공간에 저장되기 전에 잊어버릴 수도 있다. 5대 대통령이었다는 것을 기억하지 못하는 데에는 많은 요인이 있을 수 있다. 예를 들면 그것이 별로 중요하지 않거나 너무 복잡하다고 생각할 수도 있고 혹은 5대 대통령이라는 사실에 대해서는 주의가 흐트러져 기억을 못 할 수도 있다. 정보가 얼마나 많이 저장되는지에 영향을 미치는 요인은 자신의 감정적 상태를 포함해서 여러 가지가 있다. 예를 들면 오늘 몇 분 만에 고친 버그보다 일 년 전에 밤새워 찾았던 버그를 더 잘 기억할 가능성이 높다.

---

6   Frederic Bartlett, *Remembering: A Study in Experimental and Social Psychology*, (Cambridge University Press, 1932).

감정 상태를 바꿀 수는 없지만 새로운 기억을 최대한 많이 저장하기 위해 할 수 있는 일은 많다. 기억이 처음 저장될 때 기억의 부호화를 강화할 수 있는 한 가지 방법이 바로 **정교화**elaboration다. 정교화는 기억하고자 하는 내용을 기존 기억과 연관 지으면서 생각하는 것을 뜻하고, 이렇게 한 결과 LTM에 이미 저장되어 있는 스키마타에 맞춰서 새로운 기억이 저장된다.

발라드의 연구에서 학생들이 시간이 지남에 따라 시를 더 잘 기억할 수 있었던 이유 중 하나가 정교화일 수 있다. 학생들이 시를 반복해서 기억해내려는 노력이 매번 기억을 되살리고 잊어버린 단어를 기억나게 했을 것이다. 학생들은 또한 시의 어떤 부분에 대해서는 자신들이 이미 기억하고 있는 것들과 연관 지었을 것이다.

새로운 정보를 더 잘 기억하고 싶다면 그 정보를 정교화하는 것이 도움이 된다. 정교화 작업을 통해 연관된 기억의 네트워크가 강화되고 새로운 기억이 들어왔을 때 그것과 연관된 기억이 많을수록 기억을 인출하기에 용이해진다. 파이썬의 리스트 컴프리헨션과 같은 새로운 프로그래밍 개념을 학습한다고 가정해보자. 리스트 컴프리헨션을 사용하면 기존 리스트를 바탕으로 새로운 리스트를 만들 수 있다. 예를 들어 numbers라는 리스트에 들어 있는 수의 제곱한 값으로 새로운 리스트를 만들려고 하면 다음과 같이 리스트 컴프리헨션을 사용할 수 있다.

```
squares = [x*x for x in numbers]
```

이 개념을 처음으로 학습한다고 생각해보자. 이 문법을 좀 더 잘 기억하려면 관련된 개념을 생각하면서 정교화하는 게 큰 도움이 된다. 예를 들어 다른 프로그래밍 언어의 관련된 개념을 생각해보거나 파이썬 혹은 다른 언어에 있는 대체 문법을 생각해보거나 이 개념이 다른 패러다임과 어떤 관련성이 있는지를 생각해보는 것이다.

> **연습 3.2** 새로운 프로그래밍 개념을 배울 때 이 연습을 사용해보라. 다음과 같은 질문들에 답하면 정교화와 새로운 기억을 강화하는 데 도움이 될 것이다.
>
> - 새로운 개념이 어떤 다른 개념을 생각나게 했는가? 모든 관련된 개념을 적어보라.
> - 위에서 적은 관련된 개념에 대해 다음 질문들에 답해보라.
>   - 새로운 개념은 왜 이미 알고 있는 그 개념을 생각나게 했을까?
>   - 문법에 공통적인 점이 있는가?
>   - 비슷한 환경에서 사용될 수 있는가?
>   - 이 새로운 개념은 이미 알고 있는 그 개념 대신 사용될 수 있는가?

- 동일한 목적을 달성하기 위해 작성할 수 있는 다른 방법의 코드를 알고 있는가? 같은 결과를 갖는 비슷한 코드를 최대한 많이 만들어보라.
- 다른 프로그래밍 언어에서는 같은 개념이 있는가? 비슷한 동작을 수행하는 다른 언어의 예제 코드를 작성할 수 있는가? 그것들은 서로 어떻게 다른가?
- 이 개념은 어떤 패러다임, 도메인, 라이브러리 혹은 프레임워크와 잘 맞는가?

요약

- 문법에 대한 지식이 더 많을 수록 청킹을 쉽게 할 수 있기 때문에 문법을 외우는 것이 중요하다.
- 앞면에는 프롬프트를, 뒷면에는 코드를 적어놓은 플래시카드를 사용해서 새로운 문법을 연습하고 기억할 수 있다.
- 기억이 없어지는 것을 방지하기 위해, 새로운 정보를 기억하는 연습을 정기적으로 하는 것이 중요하다.
- 최상의 연습은 기억한 것을 두뇌로부터 인출하는 연습이다. 다른 곳에서 해당 정보를 찾기 전에 기억해내려고 노력해야 한다.
- 기억하는 지식의 양을 최대로 하기 위해서는 연습을 긴 시간에 걸쳐 고르게 해야 한다.
- LTM 속 정보는 관련된 사실들이 서로 연결되어 있는 네트워크의 형태로 저장된다.
- 새로운 정보를 능동적으로 정교화하면 그 새로운 기억이 연결할 기억의 네트워크를 강화하고 이는 인출을 쉽게 하는 데 도움이 된다.

CHAPTER 4

복잡한 코드 읽는 방법

이 장에서는 다음과 같은 내용을 다룬다.

- 작업 기억 공간이 복잡한 코드에 의해 과부하가 걸릴 때 어떤 일이 일어나는지 분석
- 프로그래밍에서 두 가지 종류의 작업 기억 공간 과부하
- 과부하가 걸린 작업 기억 공간을 보상하기 위해 읽기 쉬운 코드로 리팩터링하는 법
- 복잡한 코드를 읽을 때 작업 기억 공간을 지원하기 위한 상태표와 의존 그래프 생성하기

1장에서 코드를 읽을 때 혼란이 발생하는 세 가지 방식에 대해 살펴봤다. 코드가 혼란스러운 이유는 첫째, STM에 저장되어 있어야 할 정보가 부족하기 때문이거나, 둘째, LTM에 저장되어 있는 지식이 부족하기 때문이다. 이 장에서는 세 번째 이유에 대해 다루려고 하는데 그것은 바로 두뇌의 처리 능력 부족이다.

코드가 너무 복잡해서 완전히 이해하지 못하는 경우가 가끔 있다. 대부분의 프로그래머가 코드 읽는 연습을 많이 해보지 않았기 때문에 이해되지 않는 코드를 다루는 방법론을 잘 모를 수 있다. 흔하게 들을 수 있는 '다시 읽어보라'든지 '그냥 포기해' 같은 조언은 아무런 도움이 되지 않는다.

우리는 앞에서 코드를 더 잘 읽을 수 있는 기법들을 살펴봤다. 2장에서는 효과적으로 코드를 나누는 기법들에 대해 배웠고, 3장에서는 LTM에 좀 더 많은 문법 지식을 저장하기 위한 방법을 배웠는데 이렇게 하면 코드를 읽는 데에 도움이 된다. 하지만 때론 코드가 너무 복잡해서 많은 문법 지식과 효율적인 청킹으로도 코드를 이해하기 어려울 때가 있다.

이 장에서는 두뇌에서 처리하는 능력, 즉 **작업 기억 공간**working memory의 기저에 있는 인지 과정을 다뤄보려고 한다. 작업 기억 공간은 무엇이고 코드가 어떻게 작업 기억 공간에 과부하를 일으키는지 살펴볼 것이다. 기본적인 내용을 살펴본 후에 복잡한 코드를 좀 더 쉽게 다루도록 작업 기억 공간을 돕는 세 가지 기법에 대해 설명하겠다.

4.1 복잡한 코드를 이해하는 것이 왜 어려울까?

1장에서 살펴본 베이직 예제 코드는 실행 과정이 복잡해서 아마 코드를 단지 읽기만 해서는 이해가 되지 않았을 것이다. 그런 경우에 그림 4.1과 같이 코드 옆에 중간에 변수의 값을 적어놓곤 한다.

```
1   LET N2 = ABS(INT(N))              ~~~> 7
2   LET B$ = ""
3   FOR N1 = N2 TO 0 STEP 0           ~~~> 3
4       LET N2 = INT(N1 / 2)
5       LET B$ = STR$(N1 - N2 * 2) + B$   ~~~> "1"
6       LET N1 = N2
7   NEXT N1
8   PRINT B$
```

그림 4.1 숫자 N을 이진수 표현으로 변경하는 베이직 프로그램. 이 프로그램은 실행되는 모든 작은 단계를 확인할 수 없기 때문에 혼란스럽다. 모든 단계를 이해하려면 실행 중에 변수에 저장되는 값을 적어놓는 것과 같이 기억을 돕는 도구가 있어야 한다.

이렇게 하고 싶은 마음이 드는 것은 우리 두뇌가 코드를 처리할 용량이 부족하다는 것을 의미한다. 이 베이직 코드를 1장에서 다뤘던 자바로 된 두 번째 코드와 비교해보자. 자바 코드 역시 읽고 이해하기 위해서 정신적 에너지를 필요로 하지만 toBinaryString() 메서드가 내부적으로 어떻게 작동하는지 몰라서 이해가 안 된 것이지, 무언가 적어둘 필요성을 느끼긴 않았을 것이다.

예제 4.1 정수 n을 이진수 표현으로 변환하는 자바 프로그램

```java
public class BinaryCalculator {
    public static void main(Integer n) {
        System.out.println(Integer.toBinaryString(n));
    }
}
```

toBinaryString()의 내부 동작을 알지 못하면 위 코드를 이해하기 어려울 수 있다. 앞에서 복잡한 코드를 읽을 때 역할을 하는 두 가지 인지 과정, 즉 STM과 LTM에 대해 살펴봤다. 때로는 왜 정보를 덜어내야 하는지 이해하려면, 1장에서 소개한 세 번째 인지 과정, 즉 작업 기억 공간working memory을 이해해야 한다. 이제 자세히 살펴보겠지만, 작업 기억 공간은 두뇌가 생각하고 새로운 아이디어를 형성하고 문제를 해결하는 능력에 해당한다. 앞에서 STM은 컴퓨터의 메인 메모리로 LTM은 하드 드라이브로 비교한 것처럼, 작업 기억 공간은 두뇌의 프로세서와 같다.

4.1.1 작업 기억 공간과 STM의 차이

어떤 사람들은 작업 기억 공간을 STM의 동의어로 사용하고 두 가지 용어를 혼용한다. 하지만 다른 사람들은 그 두 가지 개념을 구분하는데 이 책에서도 구분하고자 한다. STM의 역할이 정보를 기억하는 것인 반면, 작업 기억 공간의 역할은 정보를 처리하는 것이다. 우리는 이 두 가지 작용을 따로 떼어서 다루려고 한다. 이후 이 책에서는 '작업 기억 공간'이라는 용어를 '문제에 적용된 STM'의 의미로 사용할 것이다.

그림 4.2는 두 가지 과정의 차이를 예를 통해 보여준다. 전화번호를 기억하는 일은 STM을 사용하고 두 정수를 더하는 일은 작업 기억 공간을 사용한다.

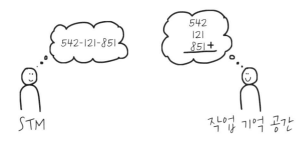

그림 4.2 STM은 전화번호 같은 정보를 잠시 저장하는 반면(그림 왼쪽), 작업 기억 공간은 계산 같은 정보처리를 한다(그림 오른쪽).

2장에서 살펴봤듯이 STM은 한 번에 2개에서 6개까지의 항목만 저장할 수 있다. 정보가 단어나 체스 오프닝, 디자인 패턴과 같이 인식 가능한 청크로 나누어질 때는 더 많은 정보를 처리할 수 있다. 작업 기억 공간도 특정한 문제에 적용된 STM이기 때문에 STM과 같은 제한이 있다.

STM과 같이 작업 기억 공간도 한 번에 2개에서 6개까지만 기억할 수 있다. 작업 기억 공간의 맥락에서 이 용량을 **인지 부하**cognitive load라고 부른다. 너무 많은 요소가 있어 청크로 나뉘지 않는 문제를 풀려고 할 때 작업 기억 공간은 '과부하overload' 상태가 된다.

4.1.2 프로그래밍과 관련한 인지 부하의 종류

이 장에서 인지 부하를 체계적으로 다루기 전에 먼저 인지 부하의 여러 종류를 먼저 살펴볼 필요가 있다. 인지 부하 이론은 오스트레일리아의 존 스웰러John Sweller 교수가 처음 제안했다. 스웰러는 인지 부하를 내재적intrinsic, 외재적extraneous,, 본유적germane 세 가지로 구별했다. 표 4.1은 이 세 가지 인지 부하가 어떻게 다른지 요약해서 보여준다.

표 4.1 **인지 부하의 종류**

부하 종류	간략한 설명
내재적 부하	문제 자체가 얼마나 복잡한지
외재적 부하	외부적 요인에 의해 문제에 추가된 것
본유적 부하	생각을 LTM에 저장하는 과정에서 일어나는 인지 부하

먼저 두 가지 인지 부하를 살펴볼 것이고 본유적 부하에 대해서는 10장에서 다루겠다.

코드를 읽을 때 내재적 인지 부하

내재적 인지 부하intrinsic cognitive load는 문제 그 자체가 갖는 특성 때문에 발생하는 인지 부하다. 예를 들어 그림 4.3과 같이 직각삼각형의 빗변의 길이를 계산한다고 가정해보자.

이 계산 문제는 문제에 원래부터 존재하는 특징이 있다. 예를 들면 이 문제를 풀려면 피타고라스의 정리($a^2 + b^2 = c^2$)를 알고 있는 상태에서 8과 6의 제곱을 계산하고 그 합의 제곱근을 계산해야 한다. 이 문제를 풀 다른 방법은 존재하지 않으며 이 단계를 간단하게 하는 방법도 없기 때문에 이 문제의 부하는 문제에 내재해 있다. 프로그래밍에서는 **내재적 복잡성**inherent complexity이라는 용어를 사용해서 문제의 내재적 측면을 설명한다. 인지과학에서는 이렇게 문제 자체에 존재하는 특성이 내재적 인지 부하의 원인이라고 말한다.

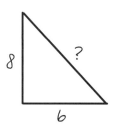

그림 4.3 두 변의 길이가 주어지고 다른 한 변의 길이를 계산하는 기하 문제. 이미 가지고 있는 지식에 따라 풀기 어려운 문제일 수 있다. 어쨌든 문제 자체를 더 간단하게 만들 수는 없다.

코드를 읽을 때 외재적 인지 부하

어떤 문제가 두뇌에 일으키는 자연적이고 내재적인 부하에 '더해서' 문제에 추가되는 인지 부하다. 종종 우연히 이루어진다. 예를 들면 그림 4.4는 빗변의 길이를 계산하는 것을 다른 방식으로 만들었다. 그러면 삼각형의 두 변 a와 b라는 레이블을 8과 6이라는 값과 연결시켜야 한다. 이러한 추가적인 작업 때문에 더 큰 **외재적 인지 부하**extraneous cognitive load가 발생한다.

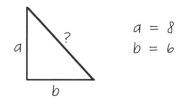

그림 4.4 삼각형의 세 번째 변의 길이를 계산하는 이 방법은 외재적 인지 부하를 좀 더 많이 일으킨다.

문제가 실제로 어려워진 것은 아니다. 여전히 피타고라스 정리를 외우고 적용하면 된다. 하지만 우리 두뇌는 a를 8로 b를 6으로 연결하는 외재적 업무를 추가로 수행해야 한다. 이러한 외재적 부하는 프로그래밍의 우발적 복잡성accidental complexity[1]과 유사하다.

외재적 부하는 프로그래머에 따라 다르다. 특정 개념을 많이 경험할수록 그것에 대한 인지 부하는 적어진다. 예를 들어 다음 두 파이썬 코드는 계산적인 관점에서는 동일하다.

---

1 [옮긴이] 우발적 복잡성은 문제 자체의 복잡성을 의미하는 본질적 복잡성(essential complexity)과 대비되는 개념으로, 문제를 풀기 위한 과정에서 의도치 않게 추가된 복잡성을 의미한다. 예를 들어 "Hello World" 문자열을 반환하는 RESTful API 메서드 하나를 구현할 때 프로그래머 A는 이 간단한 기능을 구현하려고 리소스/컨트롤러, 서비스, 데이터 액세스 등 여러 층위로 나누어 구현하고 프로그래머 B는 리소스/컨트롤러 단에서 바로 return "Hello World"라고 구현한다면, A의 우발적 복잡성이 B보다 훨씬 더 높다. 즉 문제 그 자체보다 문제를 풀려는 과정이 과도하게 복잡해진 것이다. 좀 더 자세한 내용은 http://worrydream.com/refs/Brooks-NoSilverBullet.pdf 참고.

10보다 큰 항목을 선택하는 파이썬 프로그램의 두 가지 버전

```python
above_ten = [a for a in items if a > 10]

above_ten = []
for a in items:
    if a > 10: above_ten.append(a)
```

위의 두 가지 코드는 같은 문제를 해결하는 코드이기 때문에 내재적 인지 부하는 동일하다. 하지만 외재적 인지 부하가 동일한지 여부는 이미 가지고 있는 지식에 달려 있다. 리스트 컴프리헨션을 잘 모르는 사람이 첫 번째 코드에서 겪는 외재적 인지 부하는 그것을 잘 아는 사람보다 훨씬 더 크다.

> **연습 4.1** 익숙하지 않은 코드를 읽을 때 인지 부하를 모니터링해보라. 코드를 읽을 때 잘 이해가 안 되고 뭔가 적어놓거나 단계별로 실행 순서를 따라가고 싶은 마음이 들면 인지 부하가 높은 것이다.
>
> 인지 부하가 높을 때는 코드의 어느 부분이 다른 종류의 인지 부하를 유발하는지 확인해보면 좋다. 다음과 같은 테이블을 사용해서 분석해보라.

코드	내재적 인지 부하	외재적 인지 부하

4.2 인지 부하를 줄이기 위한 기법

코드가 작업 기억 공간에 과부하를 초래하는 다양한 방식에 대해 살펴봤으므로 인지 부하를 줄이는 방법에 대해 알아보자. 이 장의 나머지 부분에서는 복잡한 코드를 쉽게 읽을 세 가지 방법에 대해 논의한다. 첫 번째 방법은 다른 맥락에서 이미 알고 있을지도 모르겠지만, 리팩터링이다.

4.2.1 리팩터링

리팩터링refactoring은 코드가 외부적으로 제공하는 기능은 유지한 채 코드의 내부 구조를 개선하는 것을 의미한다. 리팩터링의 예로는 어떤 코드 블록의 길이가 너무 길면 여러 개의 함수로 나누거나 재사용을 위해 중복된 코드를 하나로 통합하는 것이다. 다음과 같은 파이썬 예제 코드에서 같은 계산을 반복하는 코드는 하나의 메서드로 만들 수 있다.

예제 4.3 같은 계산을 두 번 반복하는 파이썬 코드

```python
vat_1 = Vat(waterlevel = 10, radius = 1)
volume_vat_1 = math.pi * vat_1.radius **2 * vat_1. water_level
print(volume_vat_1)

vat_2 = Vat(waterlevel = 25, radius = 3)
volume_vat_2 = math.pi * vat_2. radius **2 * vat_2. water_level
print(volume_vat_2)
```

대개의 경우 리팩터링은 코드의 유지 보수를 쉽게 하기 위한 목적으로 이루어진다. 예를 들면 중복된 코드를 제거하고 나면 이후에 해당 코드를 수정해야 하는 경우 한 곳만 수정하면 된다.

하지만 코드가 전체적으로 유지 보수하기 좋게 수정됐다고 해서 가독성까지 반드시 좋아지는 것은 아니다. 예를 들어 메서드 호출이 많은 코드를 생각해보자. 이 메서드가 같은 파일 혹은 여러 파일에 걸쳐서 존재하는 메서드라면 이 코드는 모든 로직이 각자의 메서드에 따라 구현되어 있기 때문에 유지 보수하기에는 좋은 코드다. 하지만 이렇게 **탈국지화된**delocalized 코드는 여러 군데에서 메서드의 내부 구현을 찾아봐야 하기 때문에 작업 기억 공간에는 어려움을 줄 수 있다.

따라서 유지 보수하기 좋은 코드를 작성하기보다는 장기적으로 가독성이 높은 코드를 작성하도록 리팩터링하는 것이 좋을 수도 있다. 이런 방식의 리팩터링을 **인지적 리팩터링**cognitive refactoring이라고 정의한다. 인지적 리팩터링은 일반적인 리팩터링과 동일하게 코드가 외부로 제공하는 기능을 변경하지는 않는다. 다만, 인지적 리팩터링의 목표는 코드를 유지 보수하기 좋은 코드로 변경하는 것이 아니라 현 시점에서 개발자가 읽기 쉬운 코드로 변경하는 것이다.

인지적 리팩터링은 때로는 **역 리팩터링**reverse refactoring을 수반할 수도 있다. 즉 오히려 코드의 유지 보수성을 더 낮추는 결과를 가져올 수도 있다. 예를 들어 메서드를 따로 정의하지 않고 해당 라인에 바로 구현하는 **인라인**inline 메서드는 가독성은 증진되는 반면 유지 보수성은 떨어진다. 어떤 IDE는 이런 리팩터링을 자동으로 수행하기도 한다. `calculate()`나 `transform()`과 같이 메서드의 이름이 너무 일반적이어서 기능이 무엇인지 정확히 알기 어려울 때 코드를 인라인으로 구현하면 가독성을 높이는 데 도움이 된다. 메서드 이름이 모호하면 메서드의 기능을 이해하느라 시간이 소요되고 그런 일이 여러 번 반복된 다음에야 그 메서드의 기능이 LTM에 저장된다.

메서드를 인라인으로 구현하면 외재적 인지 부하를 낮추고 코드를 이해하는 데 도움이 된다. 이에 더해 좀 더 많은 배경 정보로 인해 코드 파악을 쉽게 할 수 있다. 또한 새로운 맥락에서 그 메서드의 이름을 더 적절하게 변경할 수도 있다.

또 다른 방법으로는 코드 내에서 메서드의 순서를 변경할 수도 있다. 예를 들어 어떤 메서드가 최초로 호출되는 위치로부터 가까이 정의되어 있다면 코드의 가독성이 좋아진다. 물론 많은 IDE가 메서드나 함수의 정의로 손쉽게 이동할 수 있는 기능을 제공하지만 정의를 확인하는 일은 여전히 작업 기억 공간을 사용하고 외재적 인지 부하를 유발할 수 있다.

사람마다 지식에 따라 코드의 이해도가 달라지고 리팩터링하는 내용도 달라지기 때문에 인지적 리팩터링은 개발자 자신만을 위한 리팩터링이다. 많은 경우 인지적 리팩터링은 일시적이고 자신이 코드를 이해하는 게 목적이므로 일단 이해하고 나면 코드를 원래의 상태로 되돌릴 수도 있다.

몇 년 전까지만 해도 코드를 수정 이전의 상태로 되돌리려면 매우 번거로웠지만 요즈음은 대부분의 코드베이스가 버전 관리 시스템version control system으로 관리되고 IDE에서도 지원되기 때문에 코드를 이해하기 위해 자신만의 로컬 브랜치를 만들어 수정하는 것이 예전과 비교해서 쉬워졌다. 리팩터링한 코드가 단지 가독성만 늘린 것이 아니라 여러 측면에서 향상을 가져왔다면 병합merge 또한 상대적으로 쉽게 할 수 있다.

4.2.2 생소한 언어 구성 요소를 다른 것으로 대치하기

코드를 읽을 때 혼란이 되는 세 가지 원인, 즉 지식 부족, 정보 부족, 처리 능력 부족을 극복하는 데 도움이 되는 기법에 대해 이제부터 다뤄보겠다. 코드에 있는 프로그래밍 개념이 익숙하지 않다면 지식의 부족 문제를 겪을 것이다. 이 경우에 도움이 될 수 있는 방법을 먼저 살펴보겠다.

어떤 상황에서는 익숙하지 않은 프로그래밍 언어의 구성 요소를 이것과는 다르지만 좀 더 익숙한 방식으로 표현할 수 있다. 예를 들어 자바나 C# 같은 현대의 많은 프로그래밍 언어는 **람다**lambda라고도 하는 **익명 함수**anonymous function를 지원한다. 람다는 이름이 없는 함수다(그래서 무명 혹은 익명 함수라고 부른다). 또 다른 예로 파이썬의 리스트 컴프리헨션이 있다. 람다와 리스트 컴프리헨션은 간단하고 가독성 높은 코드를 만들 때 유용하지만 많은 프로그래머는 람다에 익숙하지 않으며 for 루프나 while 루프를 읽고 이해하는 것보다 어려워한다.

읽거나 작성하는 코드가 간단하고 명확하면 람다나 리스트 컴프리헨션이 문제되지 않지만, 복잡한 코드의 경우에는 작업 기억 공간에 과부하가 발생한다. 익숙하지 않은 언어 구성 요소는 작업 기억 공간에 외재적 인지 부하를 늘리기 때문에 복잡한 코드를 읽을 때는 이들로 인한 부하가 늘어나지 않게 하는 것이 좋다.

물론 정확하게 어떤 언어 구성 요소를 대치할지는 어떤 지식을 가지고 있느냐에 달려 있지만, 인지 부하를 줄이기 위해 다른 코드로 대치하려는 이유는 두 가지가 있다. 첫 번째는 이 언어 구성 요소들이 이해하기 어렵기 때문이고, 두 번째로는 더 기본적인 문법으로 같은 기능을 수행하는 것이 가능하기 때문이다.

람다와 리스트 컴프리헨션은 이 두 가지에 다 해당하기 때문에 이 기법을 설명하기에 적합하다. 람다와 리스트 컴프리헨션으로 작성된 코드가 있다면 이들에 대해 더 잘 이해할 때까지 이들을 for 루프 혹은 while 루프로 바꿔서 인지 부하를 줄이면 유용할 때가 있다. 삼항 연산자 역시 인지 부하를 줄이기 위한 리팩터링의 좋은 후보다.

람다

다음 예제 4.4의 자바 코드는 익명 함수가 filter() 메서드의 인수로 사용된 예를 보여준다. 람다를 익숙하게 사용할 줄 안다면 이 코드를 이해하는 데 문제가 없을 것이다.

예제 4.4 익명 함수를 인수로 받는 filter() 메서드

```
Optional<Product> product = productList.stream().
            filter(p -> p.getId() == id).
            findFirst();
```

하지만 람다에 익숙하지 않다면 위 코드는 과중한 외재적 인지 부하를 유발한다. 람다 표현식이 이해되지 않는다면 다음 예처럼 람다 표현식 대신 불리언 값을 반환하는 함수, 즉 술어predicate를 받도록 코드를 변경할 수 있다.

예제 4.5 전통적인 함수를 인수로 사용하는 filter() 메서드

```
public static class Toetsie implements Predicate <Product> {
    private int id;

    Toetsie(int id){
        this.id = id;
    }

    boolean test(Product p){
        return p.getID() == this.id;
    }
}

Optional<Product> product = productList.stream().
        filter(new Toetsie(id)).
        findFirst();
```

리스트 컴프리헨션

파이썬은 **리스트 컴프리헨션**list comprehension이라는 문법 구조를 지원하며, 이를 다른 리스트로부터 새로운 리스트를 생성하는 데 사용할 수 있다. 예를 들면 다음과 같은 코드를 통해 고객 리스트로부터 성을 빼고 이름만 갖는 리스트를 만들 수 있다.

예제 4.6 한 리스트를 다른 리스트로 변환하는 파이썬 리스트 컴프리헨션

```
customer_names = [c.first_name for c in customers]
```

리스트 컴프리헨션 역시 필터를 사용할 수 있으나 이 경우 코드가 조금 복잡해진다. 예를 들면 아래와 같이 나이가 50세 이상인 고객의 이름을 리스트로 만드는 코드를 보자.

예제 4.7 필터를 사용한 파이썬 리스트 컴프리헨션

```
customer_names =
    [c.first_name for c in customers if c.age > 50]
```

이 코드는 리스트 컴프리헨션에 익숙한 사람에게는 쉽게 이해되지만, 그렇지 않은 사람에게는 (또는 이 코드가 복잡한 코드에 포함되어 있다면 심지어 리스트 컴프리헨션에 익숙한 사람이라도) 작업 기억 공간에 너무 많은 부담을 줄 수 있다. 이 경우 이해를 쉽게 하기 위해 리스트 컴프리헨션을 for 루프로 변환할 수 있다.

예제 4.8 필터를 사용해서 한 리스트를 다른 리스트로 변환하는 파이썬 for 루프

```
customer_names = []

for c in customers:
    if c.age > 50:
        customer_names.append(c.first_name)
```

삼항 연산자

삼항 연산자는 많은 프로그래밍 언어에 의해 지원되는 if 문의 간략한 형태다. 조건이 먼저 오고 그 조건이 참인 경우의 결과가 그다음에 오고 마지막으로 조건이 거짓일 때의 결과가 오는 형태다. 예제 4.9는 불리언 변수 isMember에 대한 삼항 연산자를 예로 보여주는 자바스크립트 코드다. isMember가 참이면 삼항 연산자는 문자열 '$2.00'을 반환하고 그렇지 않으면 '$10.00'을 반환한다.

예제 4.9 자바스크립트에서 삼항 연산자의 사용

```
isMember ? '$2.00' : '$10.00'
```

파이썬 같은 언어에서는 삼항 연산자의 순서가 다르다. 조건이 참인 경우의 결과가 먼저 오고 그다음에 조건이 오고 마지막으로 조건이 거짓인 경우 결과가 온다. 다음 예는 파이썬으로 불리언 변수 `ismember`에 대한 삼항 연산자를 작성한 예제 코드다. 앞의 자바스크립트 코드처럼 참이면 `'$2.00'`을, 그렇지 않으면 `'$10.00'`을 반환한다.

예제 4.10 **파이썬에서 삼항 연산자의 사용**

```
'$2.00' if is_member else '$10.00'
```

개념적으로 삼항 연산자는 이해하기 어렵지 않다. 전문 프로그래머라면 조건문에 친숙할 것이다. 하지만 연산이 한 라인에서 이루어진다는 점이나 인수의 순서가 다른 전통적인 언어의 `if` 문과는 다르다는 점 때문에 외재적 인지 부하가 과도하게 일어날 수 있다.

어떤 사람들에게는 앞 섹션에서 설명한 리팩터링이 이상하거나 잘못된 것처럼 보일 수도 있다. 람다나 삼항 연산자는 코드의 가독성을 높여주기 때문에 이것을 사용하는 것은 언제나 바람직하다고 생각할 수도 있다. 더 바람직하지 않은 상태로 코드를 리팩터링하는 것에 어쩌면 반대할지도 모르겠다. 하지만 이 장과 이 책의 앞부분에서 살펴봤듯이 '가독성'이라는 것은 보는 사람의 눈에 읽기 좋다는 의미이다. 체스의 오프닝에 친숙하다면 그것을 기억하기 쉬운 것처럼 삼항 연산자에 익숙하다면 그것을 사용한 코드는 읽기 쉽다. 무엇이 읽기 쉬운지는 이미 가지고 있는 지식에 따라 다르기 때문에 좀 더 친숙한 형태로 코드를 바꿔서 이해하는 것은 부끄러운 일이 아니다.

하지만 자신의 코드베이스에 따라 일단 코드를 이해하고 나면 가독성을 위해 수정한 코드를 되돌릴 수도 있다. 새로운 팀에 합류했는데 자기 자신만 리스트 컴프리헨션이 익숙하지 않다면 코드 분석을 위해 리스트 컴프리헨션을 다른 형태로 변경한 후 코드를 이해하고 나면 수정한 코드를 원래 상태로 되돌리면 된다.

4.2.3 플래시카드에 코드 동의어 추가

코드를 이해하기 위한 목적으로 임시로 코드를 수정하는 것이 부끄러운 일이 아니지만, 그렇게 코드를 이해하는 데에는 한계가 있다. 3장에서 학습과 기억을 향상하기 위한 도구로 플래시카드를 사용하는 것에 대해 배웠다. 예를 들어 `for` 루프에 대한 카드라면 한쪽 면에는 'C++로 0에서 10까지 모든 숫자를 프린트한다'라고 적고 다른 쪽에는 (다음 예제 코드처럼) 이에 해당하는 C++ 코드를 적는다.

예제 4.11 **0과 10 사이의 숫자를 프린트하는 C++ 코드**

```cpp
for (int i = 0; i <= 10; i = i + 1) {
  cout << i << "\n";
}
```

리스트 컴프리헨션이 외워지지 않거나 개념이 이해가 안 된다면 이에 대한 플래시카드를 추가할 수 있다. 이러한 프로그래밍 언어의 고급 개념에 대해서는, 프롬프트 대신 플래시카드 앞면까지 양면에 모두 코드를 적으면 더 나은 효과를 얻을 수 있다. 즉 앞면에는 삼항 연산자나 람다 같은 고급 개념을 사용한 코드를 적고 뒷면에는 그에 해당하는 전통적인 방식의 코드를 적는 식이다.

4.3 작업 기억 공간에 부하가 오면 쓸 수 있는 기억 보조 수단

앞 섹션에서는 코드가 유발하는 인지 부하를 줄이는 한 가지 기법으로 코드를 좀 더 친숙한 형태로 리팩터링하는 것을 소개했다. 하지만 리팩터링을 해도 코드의 구조가 복잡하다면 여전히 작업 기억 공간에 과부하를 줄 수 있다. 복잡한 구조의 코드는 두 가지 방식으로 작업 기억 공간에 과부하를 유발한다.

첫 번째로, 정확히 코드의 어디를 파악해야 하는지 모를 때이다. 이 경우에는 필요 이상으로 많은 코드를 읽게 되고 이것은 작업 기억 공간이 처리할 수 있는 것보다 많은 양이 될 수 있다.

두 번째로, 코드가 서로 밀접하게 연결되어 있는 경우 두뇌는 두 가지 작업을 동시에 수행한다. 코드의 개별 라인을 이해하면서 어느 부분을 계속 읽어야 하는지 판단하기 위해 코드의 구조를 이해해야 한다. 예를 들어 정확히 무슨 일을 하는지 알지 못하는 메서드에 대한 호출이 코드에서 이루어진다면 코드 파악을 계속하기 전에 우선 그 메서드를 찾아서 읽어야 한다.

코드를 여러 번 연속해서 읽어도 이해가 되지 않는다면 어디에 중점을 두고 읽어야 하는지 모르거나 어떤 순서로 읽어야 하는지 모르기 때문에 그럴 수 있다. 코드의 개별 라인은 이해하지만 좀 더 큰 그림은 이해하지 못하는 경우도 있다. 작업 기억 공간이 한계에 다다르면 코드를 집중해서 읽는 데 도움이 될 만한 보조 수단을 사용하면 좋다.

4.3.1 의존 그래프 생성

코드를 바탕으로 **의존 그래프**dependency graph를 만들면 흐름을 이해하고 논리적 흐름에 따라 코드를 읽는 데 도움이 된다. 이 방법을 사용하려면 코드를 프린트하거나 코드를 PDF 파일로 변환한 후에 태블릿으로 열어서 디지털로 주석annotation을 달면 좋다. 코드를 처리 중인 두뇌를 지원하기 위해 다음과 같은 단계로 코드에 주석을 달아보기 바란다.

1. 모든 변수를 원으로 표시한다.

코드에 주석을 달 준비가 되면 그림 4.5와 같이 모든 변수를 찾아서 원을 표시한다.

```python
from itertools import islice

digits = "0123456789abcdefghijklmnopqrstuvwxyz"

def baseN(num,b):
    if num == 0: return "0"
    result = ""
    while num != 0:
        num, d = divmod(num, b)
        result += digits[d]
    return result[::-1] # reverse

def pal2(num):
    if num == 0 or num == 1: return True
    based = bin(num)[2:]
    return based==based[::-1]

def pal_23():
    yield 0
    yield 1
    n = 1
    while True:
        n += 1
        b = baseN(n, 3)
        revb = b[::-1]
        #if len(b) > 12: break
        for trial in ('{0}{1}'.format(b, revb), '{0}0{1}'.format(b, revb),
                      '{0}1{1}'.format(b, revb), '{0}2{1}'.format(b, revb)):
            t = int(trial, 3)
            if pal2(t):
                yield t

for pal23 in islice(pal_23(), 6):
    print(pal23, baseN(pal23, 3), baseN(pal23, 2))
```

그림 4.5 코드 이해를 돕기 위해 모든 변수에 원을 표시한 코드

2. 비슷한 변수를 연결한다.

모든 변수를 찾아 원으로 표시하고 나면 그림 4.6과 같이 동일한 변수끼리 선으로 연결한다. 이렇게 하면 프로그램에서 데이터가 사용된 위치를 이해하는 데 도움이 된다. 코드에 따라 유사한 변수도 연결할 수 있다(예를 들어 customers[0]와 customers[1]과 같이 리스트를 접근할 때).

모든 변수를 연결하면 어디서 사용되는지 찾는 대신 연결된 선을 따라가면 되기 때문에 코드를 읽는 데 도움이 된다. 이렇게 하면 인지 부하가 줄고 작업 기억 공간은 코드의 기능에 좀 더 집중할 수 있다.

3. 모든 메서드나 함수 호출을 원으로 표시한다.

모든 변수를 찾아 연결하고 나면 메서드와 함수 차례다. 이전과는 다른 색깔의 원으로 표시한다.

```
from itertools import islice

digits = "0123456789abcdefghijklmnopqrstuvwxyz"

def baseN(num,b):
    if num == 0: return "0"
    result = ""
    while num != 0:
        num, d = divmod(num, b)
        result += digits[d]
    return result[::-1] # reverse

def pal2(num):
    if num == 0 or num == 1: return True
    based = bin(num)[2:]
    return based == based[::-1]

def pal_23():
    yield 0
    yield 1
    n = 1
    while True:
        n += 1
        b = baseN(n, 3)
        revb = b[::-1]
        #if len(b) > 12: break
        for trial in ('{0}{1}'.format(b, revb), '{0}0{1}'.format(b, revb),
                      '{0}1{1}'.format(b, revb), '{0}2{1}'.format(b, revb)):
            t = int(trial, 3)
            if pal2(t):
                yield t

for pal23 in islice(pal_23(), 6):
    print(pal23, baseN(pal23, 3), baseN(pal23, 2))
```

그림 4.6 **코드 분석을 돕기 위해 모든 변수를 원으로 표시하고 연결한 코드**

4. **메서드나 함수 호출을 정의와 연결한다.**

각 함수나 메서드가 정의된 코드와 호출된 위치를 선으로 연결한다. 딱 한 번 호출되는 메서드는 특별히 주의를 기울여야 하는데, 앞 장에서 설명했듯이 이러한 메서드는 인라인으로 리팩터링할 수 있는 대상이 되기 때문이다.

5. **클래스의 모든 인스턴스를 원으로 표시한다.**

변수와 함수를 찾고 나면 클래스를 중점적으로 살펴봐야 한다. 클래스의 모든 인스턴스를 세 번째 다른 색깔 원으로 표시한다.

6. **클래스와 그 클래스의 인스턴스를 연결한다.**

코드를 살펴보는 마지막 단계로, 클래스가 그 코드에 정의되어 있으면 이 부분과 그 클래스의 모든 인스턴스를 연결한다. 그 코드에 정의되어 있지 않으면 같은 클래스로부터 만들어진 인스턴스들을 서로 연결해도 된다.

이 6가지 단계를 통해 만든 패턴은 코드의 흐름을 보여주고 코드를 읽는 보조 수단으로 사용할 수 있다. 이를 코드의 구조에 대한 정보를 가진 레퍼런스로 활용할 수 있다. 이들 모두 작업 기억 공간에 과부하를 줄 수 있는 것들이므로, 이렇게 하면 코드의 의미를 파악하고 메서드의 정의를 찾는 데 들어가는 노력을 줄일 수 있다. 따라서 main()과 같은 코드의 진입점entry point에서 시작해 코드를 읽어나갈 수 있다. 메서드 호출이나 클래스 인스턴스 생성에 대한 링크를 만나면 연결된 선을 따라 가면서 계속 읽어나가면 된다. 이렇게 하면 코드를 찾기 위해 낭비하는 시간을 줄이고 필요한 코드만 읽을 수 있다.

4.3.2 상태표 사용

리팩터링을 통해 어려운 코드를 자신의 지식에 맞는 쉬운 형태로 바꾸고 코드에 의존관계를 표시한 후에도 코드가 여전히 이해가 안 될 수 있다. 때로는 코드의 구조 때문에 이해가 어려운 것이 아니라 코드에서 수행하는 계산 로직 때문에 어려울 수도 있다. 이것은 처리 능력의 부족과 관련 있다.

1장에서 살펴봤던 숫자 N을 이진수 표현으로 변환하는 베이직 코드를 다시 생각해보자. 이 프로그램에서 변수들은 서로 큰 영향을 미치기 때문에 코드를 이해하려면 변수를 자세히 살펴봐야 한다. 복잡한 계산을 수행하는 이 같은 코드를 이해하기 위해 의존 그래프 같은 보조 수단을 사용할 수 있다. 하지만 계산이 많은 코드를 파악할 때 도움이 되는 보조 수단으로는 **상태표**state table도 있다.

상태표는 코드의 구조보다 변수의 값에 중점을 둔다. 테이블의 열은 변수를 나타내고 행은 해당 변수가 각 단계에서 갖는 값을 나타낸다. 다음 베이직 예제 코드를 다시 한번 살펴보자. 이 프로그램은 계산되는 모든 값과 그 계산에 따른 결과를 알 수 없기 때문에 이해하기 어려운 코드다.

예제 4.12 **숫자 N을 이진수 표현으로 변환하는 베이직 코드**

```
1 LET N2 = ABS(INT(N))
2 LET B$ = ""
3 FOR N1 = N2 TO 0 STEP 0
4     LET N2 = INT(N1 / 2)
5     LET B$ = STR$(N1 - N2 * 2) + B$
6     LET N1 = N2
7 NEXT N1
8 PRINT B$
```

이 코드처럼 서로 밀접하게 연관되면서 계산이 많이 이뤄지는 코드를 파악할 때는 그림 4.7과 같은 상태표를 기억 보조 도구로 사용할 수 있다.

	N	N2	B$	N1
Init	7	7	—	7
Loop1		3	1	3
Loop2				

그림 4.7 숫자를 이진수 표현으로 변환하는 베이직 코드에서 상태표 일부

다음과 같은 단계로 상태표를 만든다.

1. **모든 변수를 나열한다.**

   앞 섹션에서 설명한 의존 그래프를 이미 만들었다면 변수는 모두 같은 색상의 원으로 표시되어 있을 테니 이 작업은 쉬울 것이다.

2. **테이블을 만들고 각 열에 하나의 변수를 기입한다.**

   그림 4.7과 같이 상태표에서는 각 변수들이 실행 단계마다 갖는 값을 하나의 열에 기록한다.

3. **코드의 실행 단계마다 행을 만든다.**

   복잡한 계산을 수행하는 코드는 의존관계가 복잡할 수 있다. 예를 들어 계산 결과에 따라 다르게 수행되는 루프나 복잡한 조건문이 이에 해당한다. 상태표의 행은 이 의존성을 별개로 떼어내 부분적으로 보여준다. 예를 들어 그림 4.7과 같이 하나의 행은 초기화 후 루프의 일회 반복을 나타낼 수 있다. 혹은 복잡한 if 문에서 하나의 분기가 될 수도 있고 서로 연관되어 있는 몇 줄의 코드가 될 수도 있다. 매우 복잡하고 설명도 별로 없는 코드에서는 테이블의 한 행이 심지어 코드 한 줄을 의미할 수도 있다.

4. **코드를 각 단계별로 실행하고 그 단계에서 변수들의 값을 해당하는 열과 행에 적는다.**

   일단 테이블을 작성하고 나면 코드를 따라가면서 상태표의 각 행마다 변수의 새로운 값을 계산한다. 코드를 머리로 실행해보는 과정을 **트레이싱**tracing 혹은 **인지적 컴파일**cognitive compiling이라고 한다. 상태표를 사용해서 코드를 추적할 때 어떤 변수는 생략하고 테이블을 채워나가고 싶을 수도 있는데 그렇게 하지 말기를 바란다. 상태표를 자세하게 작성하면 코드를 깊이 이해하는 데 도움이 되고 작업 기억 공간에 과부하가 걸릴 때 코드 분석에 유용하다. 프로그램을 다시 읽는다면 상태표를 레퍼런스로 사용할 수도 있는데, 이때는 자세한 계산보다는 일관성 있게 전체적 윤곽에 집중해서 코드를 살펴보는 것이 가능하다.

작업 기억 공간을 돕기 위해 시각화를 하면 코드를 자세하게 살펴볼 기회를 갖게 되기 때문에 매우 유용하다. 이러한 시각화는 자동으로 할 수도 있다. 캘리포니아 대학교 샌디에이고의 인지과학과 필립 궈Philip Guo 교수가 만든 파이썬 튜터Python Tutor는 훌륭한 시각화 프로그램이다. 현재는 파이썬 외에 다른 프로그래밍 언어도 지원하며, 프로그램의 실행 과정을 시각화해서 보여준다. 예를 들어 다음 그림은 파이썬이 정수와 리스트를 다르게 저장하는 것을 보여준다. 정수에 대해서는 값을 저장하고 리스트는 포인터와 비슷한 방법으로 저장된다는 것을 알 수 있다.

그림 4.8 정수 x의 값을 직접 저장하는 것과 포인터를 사용해서 fruit 리스트를 저장하는 것 사이의 차이점을 보여주는 파이썬 튜터

파이썬 튜터를 학습에 사용한 것을 연구한 결과에 의하면, 이 프로그램은 사용에 익숙해지는 데 시간이 필요하지만 유용하며, 특히 디버깅에 유용한 것으로 알려져 있다.[2]

4.3.3 의존 그래프와 상태표의 혼용

코드를 읽을 때 코드에 대한 정보를 종이에 적어 작업 기억 공간을 돕는 두 가지 방법, 즉 의존 그래프와 상태표에 대해 앞에서 설명했다. 이 두 기법은 각각 다른 측면에서 코드의 정보를 제공한다. 의존 그래프는 코드의 구조를 보여주고 상태표는 코드에서 이루어지는 계산 결과를 보여준다. 익숙하지 않은 코드를 파악할 때 코드가 내부적으로 어떻게 작동하는지에 대한 전체적인 그림을 이해하기 위해 이 두 가지 방법을 사용할 수 있고, 작성한 후에는 코드를 읽을 때 기억 보조 도구로 사용할 수 있다.

> **연습 4.2** 지금까지 설명한 단계를 따라 다음 자바 코드에 대해 의존 그래프와 상태표를 만들어보라.

2 Oscar Karnalim et al., "The Use of Python Tutor on Programming Laboratory Session: Student Perspectives" (2017), https://kinetik. umm.ac.id/index.php/kinetik/article/view/442

```
public class Calculations {
    public static void main(String[] args) {
        char[] chars = {'a', 'b', 'c', 'd'};
        // bba를 찾는다
        calculate(chars, 3, i -> i[0] == 1 && i[1] == 1 && i[2] == 0);
    }
    static void calculate(char[] a, int k, Predicate<int[]> decider) {
        int n = a.length;
        if (k < 1 || k > n)
            throw new IllegalArgumentException("Forbidden");

        int[] indexes = new int[n];
        int total = (int) Math.pow(n, k);

        while (total-- > 0) {
            for (int i = 0; i < n - (n - k); i++)
                System.out.print(a[indexes[i]]);
            System.out.println();

            if (decider.test(indexes))
                break;

            for (int i = 0; i < n; i++) {
                if (indexes[i] >= n - 1) {
                    indexes[i] = 0;
                } else {
                    indexes[i]++;
                    break;
                }
            }
        }
    }
}
```

연습 코드 2

```
public class App {
    private static final int WIDTH = 81;
    private static final int HEIGHT = 5;

    private static char[][] lines;
    static {
        lines = new char[HEIGHT][WIDTH];
        for (int i = 0; i < HEIGHT; i++) {
            for (int j = 0; j < WIDTH; j++) {
                lines[i][j] = '*';
            }
```

```
        }
    }

    private static void show(int start, int len, int index) {
        int seg = len / 3;
        if (seg == 0) return;
        for (int i = index; i < HEIGHT; i++) {
            for (int j = start + seg; j < start + seg * 2; j++) {
                lines[i][j] = ' ';
            }
        }
        show(start, seg, index + 1);
        show(start + seg * 2, seg, index + 1);
    }

    public static void main(String[] args) {
        show(0, WIDTH, 1);
        for (int i = 0; i < HEIGHT; i++) {
            for (int j = 0; j < WIDTH; j++) {
                System.out.print(lines[i][j]);
            }
            System.out.println();
        }
    }
}
```

요약

- 인지 부하는 작업 기억 공간이 처리할 수 있는 한계를 나타낸다. 인지 부하가 너무 크면 두뇌가 코드를 적절하게 처리할 수 없다.

- 프로그래밍과 관련해 두 가지 종류의 인지 부하가 있다. 내재적 인지 부하는 코드에 존재하는 복잡성에 기인하고 외재적 인지 부하는 우발적으로(코드가 표현되는 방식에 의해) 혹은 코드를 읽는 개발자의 지식의 부족에 기인한다.

- 리팩터링은 코드를 읽는 사람이 이미 가지고 있는 지식에 맞춰 코드를 변경함으로써 외재적 인지 부하를 줄이는 방법이다.

- 의존 그래프는 복잡하고 서로 밀접하게 연결되어 있는 코드를 이해하는 데 도움이 된다.

- 코드의 실행 도중에 변수가 갖는 값을 보여주는 상태표는 계산이 많이 수행되는 코드를 파악하는 데 유용하다.

코드에 대해
생각하기

1부에서 우리는 두뇌가 코드를 처리할 때 STM, LTM 그리고 작업 기억 공간의 역할에 대해 살펴봤다. 또한 프로그래밍 언어의 문법과 개념을 학습하는 것에 관한 내용과 코드를 이해할 때 두뇌를 도울 수 있는 방법을 살펴봤다.

2부에서는 코드를 읽는 것이 아닌 생각하는 것에 대해서 중점적으로 논의할 것이다. 어떻게 프로그램을 깊이 이해할 수 있을지와 생각할 때 어떻게 버그를 피할 수 있을지에 대해 살펴보겠다.

PART II

On thinking about code

코드를 더 깊이 있게
이해하기

이 장에서 다루는 내용은 다음과 같다.

- 변수가 프로그램에서 수행하는 여러 가지 역할
- 코드의 표면적 지식과 코드 작성자의 의도를 이해하는 것의 비교
- 인간의 언어와 프로그래밍 언어를 읽고 이해하는 것의 비교
- 코드를 깊이 있게 이해하기 위한 다양한 전략

앞에서 프로그래밍 언어 문법을 학습하기 위한 기법으로 플래시카드를 반복해서 연습하는 것에 대해 논의했고, 변수 사이의 관계를 하이라이트해서 표시하는 등으로 새로운 코드에 익숙해지는 전략에 대해서도 살펴봤다. 문법을 알고 변수들의 관계를 이해하는 것은 코드를 이해하기 위한 중요한 단계이긴 하지만 코드를 생각하는 데 큰 역할을 하는 더 깊은 주제가 있다.

익숙하지 않은 코드를 읽을 때 그 코드가 무슨 일을 하는지 이해하기 어려울 수 있다. 이 책의 앞부분에서 소개한 인지과학 용어를 사용해 표현하자면, 익숙하지 않은 코드를 읽을 때 인지 부하가 높아진다. 문법과 새로운 프로그래밍 개념을 학습하고 코드를 리팩터링하면 인지 부하가 매우 낮아질 수 있다는 것을 살펴봤다.

코드가 하는 일이 무엇인지 이해하고 나면, 다음 단계는 코드에 대해 좀 더 깊이 생각하는 것이다. 코드는 어떻게 작성되었고 새로운 기능은 어디에 추가해야 하며 다른 방식으로 설계를 한다면 어떤 것이 가능할까?

이전 장들에서 스키마타, 즉 기억이 두뇌에서 어떻게 구성되어 있는지 살펴봤다. 기억은 따로 저장되는 것이 아니라 다른 기억들과 연결되어 있다. LTM에 저장되어 있는 기억은 작업 기억 공간에서 청크를 만들고 이 청크는 코드를 생각하는 데 도움이 되기 때문에 코드에 대해 추론할 때 이러한 연관을 활용할 수 있다.

코드에 대해 생각하는 것이 이 장의 주제다. 즉 코드에 대해 깊이 이해하는 법에 관해 논의할 것이다. 코드 작성자의 아이디어, 생각, 결정에 대해 추론할 수 있는 방법을 포함해, 코드를 좀 더 깊은 수준에서 생각할 수 있는 세 가지 방법을 살펴보려고 한다. 먼저 코드에 대한 추론에 도움이 되는 프레임워크를 살펴볼 것이다. 그러고 나서 이해의 여러 수준에 대해 살펴보고 좀 더 깊이 있게 이해하는 방법을 논의할 것이다. 마지막으로 자연어로 된 텍스트를 읽을 때 도움이 되는 방법 중에서 코드를 읽는 데도 유용한 몇 가지를 살펴볼 것이다. 최근의 연구에 의하면 코드를 읽을 때 사용하는 기술과 인간의 언어로 된 텍스트를 읽을 때 사용하는 기술이 밀접하게 관련되어 있다. 따라서 텍스트를 깊이 이해하기 위해 우리 두뇌가 하는 일을 살펴보면 프로그래머로서도 많은 것을 배울 수 있다.

5.1 '변수 역할' 프레임워크

코드에 대해 추론할 때는 변수가 중심적인 역할을 한다. 변수가 어떤 종류의 정보를 담고 있는지 이해하는 것은 코드를 추론하고 수정하는 데 결정적인 역할을 한다. 어떤 변수가 나타내고자 하는 것을 이해하지 못하면 코드에 대해 생각하는 것이 매우 어려워진다. 바로 이 점 때문에 적절한 변수명은 표식beacon으로 사용될 수 있고 읽고 있는 코드를 깊이 이해하는 데도 도움이 된다.

이스턴 핀란드 대학교의 요르마 사야니에미Jorma Sajaniemi 교수에 따르면, 변수를 이해하기 어려운 이유는 대부분의 프로그래머가 변수를 연관 지을 좋은 스키마를 자신들의 LTM에 가지고 있지 않기 때문이다. 사야니에미에 따르면 우리는 '변수'나 '정수'처럼 너무 많은 것을 포함하는 청크를 사용하거나 혹은 number_of_customer 같은 너무 구체적인 변수명처럼 너무 적은 것을 포함하는 청크를 사용하는 경향이 있다고 한다. 프로그래머는 그 사이의 중간이 필요한데, 이것이 사야니에미로 하여금 **변수 역할**role of variables이라는 프레임워크를 만든 동기가 됐다. 변수의 역할은 프로그램 내에서 변수가 하고자 하는 바를 나타낸다.

5.1.1 변수는 각자 다른 일을 한다

변수가 수행하는 여러 가지 다른 역할에 대한 예로 다음과 같은 파이썬 프로그램을 살펴보자. 함수 prime_factors(n)은 숫자 n에 대한 소인수분해 결과를 반환한다.

```
upperbound = int(input('Upper bound?'))
max_prime_factors = 0
for counter in range(upperbound):
    factors = prime_factors(counter)
    if factors > max_prime_factors:
        max_prime_factors = factors
```

이 프로그램은 upperbound, counter, factors, max_prime_factors 이렇게 4개의 변수를 갖는다. 하지만 이 프로그램에 대해 설명할 때 4개의 변수를 갖는다고만 하면 너무 추상적이라 프로그램을 이해하는 데 별로 도움이 되지 않을 것이다. 변수의 이름을 살펴보는 것이 약간 도움이 되겠지만 모든 것을 설명해주진 않는다. 예를 들어 counter라는 이름은 여전히 매우 일반적인 이름이다. 이것은 정적 변수인가 아니면 프로그램 내에서 변경되는가? 4개의 변수 각각의 역할을 살펴보는 것이 도움이 될 수 있다.

이 프로그램에서는 사용자에 의해 값이 하나 주어지고 이 값이 upperbound라는 변수에 저장된다. 그러고 나서 counter의 값이 upperbound의 값과 동일해질 때까지 루프가 실행된다. 변수 factors는 counter에 저장된 값에 대해 소인수분해된 소수의 개수를 임시로 저장한다. 마지막으로 max_prime_factors는 루프 실행 중 계산된 최댓값을 나타낸다.

변수 역할 프레임워크는 변수들의 동작에 존재하는 차이점을 포착한다. upperbound는 **최근값 보유자**most recent holder 역할을 가지고 있다. 가장 최근에 입력된 상한 값을 보유하기 때문이다. counter는 **스테퍼**stepper 역할로, 루프를 따라 반복한다. max_prime_factors는 **목적값 보유자**most wanted holder 역할로, 프로그램이 계산을 통해 찾고자 하는 값을 저장한다. factors도 최근값 보유자 역할이다. 가장 최근의 소인수분해된 수를 저장하기 때문이다. 이어서 이들 역할에 대해서뿐만 아니라 변수 역할 프레임워크에서 말하는 다른 역할에 대해서도 자세히 살펴보겠다.

5.1.2 11가지 역할

앞의 예에서 살펴봤듯이 어느 코드든 변수들이 하는 역할은 비슷하다. 스테퍼나 목적값 보유자 변수는 많은 프로그램에서 볼 수 있다. 사야니에미는 다음과 같은 11개의 역할로 대부분의 변수를 설명할 수 있다고 주장한다.

- **고정값**fixed value — 초기화를 통해 값이 할당된 이후 값이 변경되지 않는 변수다. 값을 고정하는 것이 가능한 프로그래밍 언어를 사용한다면 상수constant일 테고, 그렇지 않다면 한번 초기화 되고 난 이후에 다시는 변경되지 않는 변수다. 고정값 변수의 예로는 파이 같은 수학 상수 혹은 파일이나 데이터베이스에서 읽어 들인 데이터의 값이다.

- **스테퍼**stepper — 루프를 반복 실행하며 값이 단계적으로 변하는 변수가 스테퍼의 역할을 한다. 따라서 다음 단계가 시작할 때 그 값을 예측할 수 있다. for 루프를 반복할 때 사용하는 i 같은 정수가 여기에 속하고, 이진 검색에서 반복마다 배열의 크기를 반씩 줄여나가는 데 사용하는 size = size / 2처럼 좀 더 복잡한 스테퍼 또한 가능하다

- **플래그**flag[1] — 무엇인가 발생했거나 어떤 경우에 해당하는지를 나타내는 변수. 흔한 예로는 is_set, is_available, is_error 등이 있다. 플래그 변수는 주로 불리언 변수지만, 정수 혹은 문자열도 가능하다.

- **워커**walker — 워커는 스테퍼와 유사하게 자료구조를 순회한다. 스테퍼와의 차이점은 자료구조를 순회하는 방식이다. 스테퍼는 파이썬의 for 루프 for i in range(0, n)처럼 항상 미리 정해진 값을 따라 반복하지만 워커는 일단 루프가 시작되기 전에는 어떤 값을 가지게 될지 알 수 없다. 프로그래밍 언어에 따라 포인터나 정수 인덱스가 워커로 사용될 수 있다. 워커는 가령 이진 검색에서 리스트를 순회하기 위해 사용할 수도 있지만 스택이나 트리를 순회하는 데 사용될 때가 많다. 연결 리스트linked list에 새로운 값을 추가할 위치를 찾을 사용하는 변수나 이진 트리에서 사용되는 검색 인덱스가 워커 변수의 예다.

- **최근값 보유자**most recent holder — 어떤 값이 변해갈 때 가장 최근에 변경된 값을 갖는 변수다. 예를 들어 어떤 파일을 한 줄씩 읽어 들일 때 가장 마지막으로 읽은 줄을 저장하는 변수(line = file.readline())나 배열에서 스테퍼가 가리키는 원소의 사본을 저장하는 변수다(element = list[i]).

- **목적값 보유자**most wanted holder — 어떤 값에 대해 반복할 때는 그 목적이 어떤 특정한 값을 찾는 것일 수 있다. 그 찾고자 하는 값 혹은 현재까지 발견된 값 중에서 찾고자 하는 조건에 부합하는 값을 갖는 변수를 목적값 보유자라고 부른다. 최솟값이나 최댓값, 혹은 어떤 조건을 만족하는 첫 번째 값 등이 모두 이 변수의 전형적인 예다.

- **모집자**gatherer — 모집자는 데이터를 모으거나 모은 데이터에 대해 어떤 연산을 수행하여 얻은 값을 저장하는 변수다. 다음 예제 코드처럼 처음에는 0이 할당되고 이후에 루프를 따라 더해진 값을 갖는 변수가 이에 해당한다.

```
sum = 0
for i in range(list):
    sum += list[i]
```

함수형 언어 혹은 함수형 기능을 제공하는 언어에서는 functional_total = sum(list)와 같이 이 값을 직접 계산할 수 있다.

---

1   사야니에미의 프레임워크에서는 '단방향 플래그(one-way flag)'라고 지칭하지만, 그 용어는 너무 협소하다고 본다.

- **컨테이너**container — 값을 새로 추가하거나 삭제할 수 있는 자료구조라면 어떤 것이라도 컨테이너 변수다. 예를 들어 리스트, 배열, 스택, 트리에 대한 변수는 모두 컨테이너.
- **추적자**follower — 어떤 알고리즘에서는 이전 값 혹은 다음 값을 추적해야 할 필요가 있다. 이런 역할을 수행하는 변수를 추적자라고 한다. 추적자는 항상 다른 변수에 연관되어 있다. 예를 들면 연결 리스트에서 이전 값에 대한 포인터나 이진 트리에서 이전에 방문한 원소의 인덱스가 이에 해당한다.
- **조직자**organizer — 때론 추가적인 처리를 위해 변수의 값을 변환해야 한다. 어떤 프로그래밍 언어에서는 문자열 내 개별 문자에 접근하려면 먼저 문자 배열로 변환해야만 한다. 혹은 주어진 리스트를 정렬한 결과를 따로 가지고 있어야 할 수도 있다. 이렇게 다른 값을 저장하기 위한 목적으로 사용하는 변수를 조직자라고 한다. 조직자는 종종 임시 변수이기도 하다.
- **임시**temporary — 임시 변수는 잠시만 사용하기 위한 변수로, 보통 `temp`나 `t`라는 변수명을 많이 사용한다. 데이터를 맞바꾸거나 메서드나 함수에서 여러 번 사용되는 계산의 결과를 저장할 때 사용한다.

그림 5.1은 사야니에미가 정의한 11개의 역할을 개괄적으로 보여준다. 각 변수가 어떤 역할을 하는지 이해하는 데 도움이 된다.

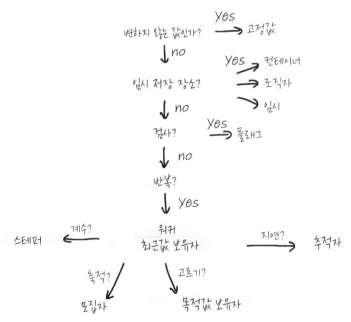

그림 5.1 이 순서도를 사용해서 변수의 코드 내 역할을 판별할 수 있다.

5.2 역할과 패러다임

역할은 특정한 프로그래밍 패러다임에만 제한되지 않고 모든 패러다임에 나타난다. 모집자 변수는 함수형 언어에서도 나타난다는 것을 모집자 변수 예에서 이미 살펴봤다. 앞에서 소개한 역할을 하는 변수들은 객체 지향 프로그래밍에서도 발견할 수 있다. 예를 들어 다음과 같은 자바 클래스를 살펴보자.

```java
public class Dog {
  String name;
  int age;
  public Dog (String n) {
    name = n;
    age = 0;
  }
  public void birthday () {
    age++;
  }
}
```

Dog 클래스의 인스턴스는 name과 age라는 두 개의 속성을 갖는다. name 속성은 초기화된 이후에는 변경되지 않는다. 따라서 위의 변수 역할 중에 '고정값' 변수에 해당한다. age 속성은 앞서 살펴본 파이썬 프로그램의 counter 변수와 유사하다. 0에서 시작해서 birthday() 메서드가 호출될 때마다 증가하기 때문에 스테퍼 역할을 수행한다.

5.2.1 역할의 이점

대부분의 전문 프로그래머에게 사야니에미의 프레임워크는 (아마 다른 이름을 통해) 어느 정도 친숙하리라 생각한다. 이 프레임워크는 새로운 개념이라기보다는 변수에 대해 논의할 때 사용할 수 있는 새로운 용어를 제공해주는 정도로 생각하면 된다. 이 프레임워크를 같은 팀원끼리 공유하면 코드를 이해하고 의사소통하는 데 큰 도움이 될 것이다.

새 팀원이 이 역할들에 친숙해지면 이것 역시 도움이 된다. 연구에 의하면 이 프레임워크는 학생들이 소스 코드를 머릿속으로 처리하는 데 도움이 될 뿐만 아니라 변수 역할 프레임워크를 사용하는 학생이 그렇지 않은 학생보다 성과가 더 뛰어난 것으로 알려져 있다.[2] 이 프레임워크가 매우 효과적

---

2   Jorma Sajaniemi et al., "An Experiment on Using Roles of Variables in Teaching Introductory Programming", (2007), https://www.tandfonline.com/doi/full/10.1080/08993400500056563.

인 이유가 한 가지 있는데, 몇 개의 역할이 하나로 묶여서 프로그램의 어떤 한 타입을 특징짓는다는 것이다. 예를 들어 스테퍼와 목적값 보유자를 갖는 프로그램은 검색 프로그램이다.

연습 5.1 변수 역할 프레임워크의 사용을 연습해보자. 친숙하지 않은 코드를 고르고 변수에 대해 살펴보되 다음과 같은 사항을 기록해보라.

- 변수의 이름
- 변수의 타입
- 변수의 역할이 이루어지는 연산
- 사야니에미의 변수 역할 프레임워크에 따른 변수의 역할

코드에서 찾은 변수에 대해 다음 테이블을 채워보자.

변수명	타입	연산	역할

테이블을 채우고 나면 변수들의 각 항목에 대해 자신이 결정한 사항에 대해 생각해보라. 변수의 역할을 어떻게 결정했는가? 결정을 내릴 때 고려한 다른 측면은 어떤 것이 있는가? 변수의 이름이나 변수에 대해 수행되는 연산, 코드의 주석문 혹은 코드에 대해 갖고 있는 경험에 영향을 받지는 않았는가?

변수 역할에 대한 실제적인 팁

필자의 경우, 완전히 생소한 코드를 파악할 때는 코드를 프린트하거나 PDF로 저장해서 코드에 주석을 달면 도움이 되는 것을 경험했다. IDE를 통하지 않고 코드를 읽는 것이 이상하게 느껴질 뿐만 아니라 IDE의 기능, 예컨대 코드를 검색한다든지 하는 것이 가능하지 않다는 것을 잘 알고 있다. 그러나 코드를 노트에 적어놓다 보면 코드에 대해 생각하는 것이 깊어지고 코드를 또 다른 수준으로 파악하는 것이 가능해진다.

코드를 종이에 프린트해서 노트를 적는 연습을 많은 전문 프로그래머와 함께 해봤는데, 처음 드는 거부감을 극복하고 나면 그렇게 하는 것이 매우 유용한 것임을 알게 됐다. 물론 규모가 큰 프로젝트에서 관련된 모든 소스 코드를 프린트하는 것은 불가능하지만 하나의 클래스 혹은 프로그램의 일부분부터 시작할 수 있다. 코드의 크기나 다른 실제적 이유 때문에 코드를 프린트하는 것이 어려우면 여기서 설명할 많은 노트 추가 기법을 IDE 내에서 주석문을 사용해서 할 수 있다.

연습 5.1을 할 때 코드를 프린트해서 각 변수를 그림 5.2와 같은 작은 아이콘으로 표시하면 좋다. 일단 아이콘을 다 외우면 강력한 기억 보조 도구로 사용할 수 있다. 더 쉽게 암기하기 위해 플래시카드를 사용할 수도 있을 것이다.

그림 5.3은 앞에서 살펴본 파이썬 예제 코드에 대해 변수의 역할을 주석으로 단 것이다.

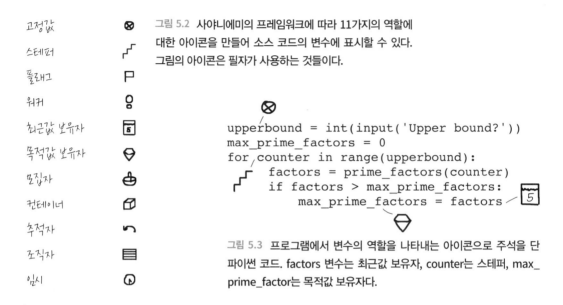

그림 5.2 사야니에미의 프레임워크에 따라 11가지의 역할에 대한 아이콘을 만들어 소스 코드의 변수에 표시할 수 있다. 그림의 아이콘은 필자가 사용하는 것들이다.

고정값
스테퍼
플래그
워커
최근값 보유자
목적값 보유자
모집자
컨테이너
추적자
조직자
임시

```
upperbound = int(input('Upper bound?'))
max_prime_factors = 0
for counter in range(upperbound):
    factors = prime_factors(counter)
    if factors > max_prime_factors:
        max_prime_factors = factors
```

그림 5.3 프로그램에서 변수의 역할을 나타내는 아이콘으로 주석을 단 파이썬 코드. factors 변수는 최근값 보유자, counter는 스테퍼, max_prime_factor는 목적값 보유자다.

코드를 작성할 때 변수 이름에 역할명을 포함하면 아주 유용한데 특별히 코드에 대해 작업하는 모든 개발자들이 변수 역할이라는 개념에 익숙하면 더 그렇다. 변수명이 길어진다는 단점이 있지만, 중요한 정보를 전달할 수 있고 코드를 읽을 개발자가 변수의 역할을 파악할 때 수고로움을 덜 수 있다.

5.2.2 헝가리안 표기법

앞에서 변수 역할 프레임워크를 살펴볼 때 **헝가리안 표기법**Hungarian notation을 떠올렸을 독자가 있을지도 모르겠다. 헝가리안 표기법은 변수의 타입을 변수명에 나타내는 방식인데, 예를 들면 strName은 이름을 나타내는 문자열 타입의 변수이고 lDistance는 거리를 나타내는 롱 타입의 변수다. 이 규약convention은 타입 시스템이 없는 언어에서 비롯되었다.

헝가리안 표기법은 찰스 시모니Charles Simonyi의 1976년 논문[3]에서 제안되었고, 이 논문은 아직도 일독을 권할 만하다. 시모니는 마이크로소프트에서 일하며 워드와 엑셀 개발을 이끌었다. 그의 명명

---

3   Charles Simonyi, "Meta-Programming: A Software Production Method" (PhD diss., Stanford University, 1976).

규약은 마이크로소프트가 개발한 소프트웨어의 표준이 되었고, 이후에는 비주얼 베이직과 같이 마이크로소프트에서 만든 언어로 개발한 소프트웨어에도 적용되었다.

형가리안 표기법은 1970년대에 기본 콤바인드 프로그래밍 언어Basic Combined Programming Language, BCPL에서 처음으로 광범위하게 사용되었다. BCPL은 많은 사람이 C 언어의 조상이라고 생각하는 언어다. 인텔리센스 기능을 가진 IDE가 없던 시절 에디터에서 변수의 타입을 파악하기는 쉽지 않았다. 따라서 변수명에 변수의 타입에 대한 정보를 추가함으로써 코드의 가독성을 높일 수 있었다. 하지만 변수의 이름이 길어지므로 그에 따라 코드를 읽을 때 어떤 면에서는 어려움을 유발할 수 있다. 변수의 타입을 변경하게 되면 많은 변수에 영향을 미칠 수도 있다. 오늘날에는 대부분의 에디터에서 변수의 타입을 쉽게 확인할 수 있고 형가리안 표기법으로 인해 변수명이 길어지는 단점이 있기 때문에, 타입이 있는 프로그래밍 언어에서는 그다지 유용하지 않다. 이렇게 변수명에 변수의 타입을 나타내는 방식은 더는 흔한 방식이 아니고, 오늘날에는 형가리안 표기법을 사용하는 것이 보통 권장되지 않는다.

앱 형가리안 대 시스템 형가리안

하지만 변수명에 변수의 타입을 나타내는 것만이 시모니가 제안하고자 한 전부는 아니다. 오늘날 변수명에 타입을 나타내는 방식을 **시스템 형가리안 표기법**Systems Hungarian notation이라고 부른다.

시모니의 제안은 본질적으로 훨씬 더 의미론적이었다. 이를 오늘날에는 **앱 형가리안 표기법**Apps Hungarian notation이라고 부른다. 앱 형가리안 표기법에서 접두어는 단지 변수의 타입이 아닌 좀 더 구체적인 의미를 갖는다. 예를 들어 시모니는 자신의 논문에서 X의 인스턴스의 개수를 나타낼 때 cX를 사용하고(따라서 cColors는 유저 인터페이스에서 컬러의 개수를 의미할 수 있다) 배열의 길이를 나타낼 때는 lCustomers와 같이 lX를 사용할 것을 제안했다. 이런 방식의 표기법을 앱 표기법이라고 명명한 이유는 시모니가 마이크로소프트에서 워드와 엑셀의 개발에 참여했기 때문이다. 엑셀 코드는 rw나 col로 시작하는 변수가 많은데 앱 형가리안 표기법이 사용된 좋은 예다. 행과 열은 둘 다 정수인데 변수 이름으로부터 무엇을 지칭하는지 알 수 있기 때문에 가독성 측면에서는 좋다.

어떤 이유인지는 명확지 않지만 윈도우 팀도 앱 형가리안이 아니라 시스템 형가리안 표기법을 사용했다. 스택 오버플로를 창업하기 전 마이크로소프트에서 엑셀 개발에 참여했던 조엘 스폴스키Joel Spolsky는 이러한 오용이 시모니가 접두어의 역할을 설명할 때 '종류kind' 대신 '타입type'이라는 단어를 사용했기 때문에 생겼다고 주장했다.[4]

---

4   "Making Wrong Code Look Wrong," Joel on Software, last modified May 11, 2015, https://www.joelonsoftware.com/2005/05/11/making-wrong-code-look-wrong/.

하지만 시모니의 원래 논문을 보면 타입을 설명하는 내용이 타입이 아닌 구체적인 예시(개수를 셀 때 cx 사용)와 같은 맥락에 있기 때문에 오해의 여지가 없다. 추측건대 소수의 개발자, 어쩌면 단 한 명의 개발자가 시스템 헝가리안 표기법을 잘못 사용하기 시작했고 이것이 퍼져나간 것이 아닌가 생각한다. 10장에서 자세히 살펴보겠지만 어떤 규약이 코드에 사용되고 있으면 사람들은 그 규약을 따르는 편이다. 어떻게 시작됐건 간에, 찰스 페졸드Charles Petzold가 쓴 《Programming Windows》(Microsoft Press)의 파급력이 컸던 탓에 시스템 헝가리안 표기법은 윈도우 커뮤니티에서 대중적으로 사용되었다. 그러다 '헝가리안 표기법은 해롭다'라는 의견이 대두되기 시작했고, 그 이후 어떻게 됐는지는 다 알고 있을 것이다.

하지만 시모니의 아이디어는 여전히 유용하다고 생각한다. 앱 헝가리안 표기법에서 제안한 방식 중 어떤 것은 사야니에미의 프레임워크와 매우 유사하다. 예를 들어 시모니는 임시 변수를 나타내기 위해서 접두어 t를 사용했고 배열의 최솟값과 최댓값을 나타내기 위해 min과 max를 제안했는데, 이 값들은 변수 역할 프레임워크에서 목적값의 대표적인 예다. 원래 의미의 헝가리안 표기법을 사용하면 변수의 역할을 이해하기 위해 소모하는 정신적 노력이 적기 때문에 코드를 파악하는 것이 쉬움에도 불구하고 명명 규약의 목적을 잘못 이해하는 바람에 그러한 장점을 잃어버리게 된 것 같아 안타깝다.

5.3 프로그램에 대해 깊이 있는 지식을 얻으려면

지금까지 이 장에서 변수의 역할을 파악하면 코드를 이해하는 데 도움이 된다는 점에 대해 살펴봤다. 4장에서 신속하게 코드를 분석하는 또 다른 방법, 즉 변수를 원으로 표시하고 변수 사이의 관계를 파악하는 방법에 대해 소개했다. 이 방법은 매우 유용하지만 다소 **국지적**local이다. 즉 코드의 일부분만을 이해하는 데 도움이 된다. 이제 코드를 좀 더 깊이 이해하기 위한 방법을 집중적으로 살펴보려고 한다. 코드 작성자의 목적은 무엇이었을까? 코드를 통해 달성하려고 한 것은 무엇이었고 그 과정에서 어떤 의사 결정이 이루어졌는가?

5.3.1 텍스트 지식 대 계획 지식

콜로라도 대학교 심리학과 교수 낸시 페닝턴Nancy Pennington은 이해의 여러 층위를 분석하는 연구를 수행했다. 페닝턴은 프로그래머가 소스 코드를 이해하는 두 개의 서로 다른 층위에 대한 모델을 제시했다. 두 층위는 **텍스트 구조 지식**text structure knowledge과 **계획 지식**plan knowledge이다.

페닝턴의 모델에 의하면 텍스트 구조 지식은 키워드가 하는 일이나 변수의 역할 같은 프로그램의 표면적인 이해와 관련되어 있다. 반면에 계획 지식은 프로그래머가 프로그램을 작성할 때 계획한 것이 무엇인지 혹은 무엇을 달성하려고 했는지를 나타낸다. 코드를 작성한 프로그래머의 목적은 변수와 변수의 역할을 통해서만 알 수 있는 것이 아니고 코드가 어떤 구조로 되어 있고 어떻게 연결되어 있는지 살펴볼 때 명확해진다. 이어지는 섹션들에서 코드의 의도를 좀 더 깊이 파악하는 방법에 대해 설명하겠다.

5.3.2 프로그램 이해의 여러 단계

프로그램에 대한 계획 지식을 갖는다는 것은 코드의 각 부분이 다른 부분들과 어떤 방식으로 관련되어 있는지 이해하는 것을 의미한다. 이 섹션에서는 코드 이해의 바탕에 깔려 있는 이론을 설명하고 흐름을 빨리 파악하는 데 도움이 될 연습거리를 제안해보겠다.

브리검영 대학교의 교수인 조너선 실리토Jonathan Sillito는 코드를 이해하는 4가지 단계에 대해 정의했다.[5] 25명의 프로그래머가 코드를 읽는 것을 관찰했던 실리토에 의하면 프로그래머들은 코드를 읽을 때 일반적으로 코드의 **초점**focal point을 먼저 찾는다. 자바 프로그램에서 `main()` 메서드나 웹 애플리케이션에서 `onLoad()` 메서드 같은 코드 내 진입점이 이에 해당한다. 혹은 다른 이유로 인해 관심을 갖는 곳, 예를 들어 오류가 발생한 라인이나 프로파일러에 의해 리소스를 많이 사용하는 것으로 보고된 라인일 수도 있다.

이 초점으로부터 프로그래머는 자신의 지식을 구축해나간다. 코드를 실행하고 해당 라인에 브레이크 포인트를 지정하거나 혹은 코드를 검사하는 것이다. 관련된 다른 변수를 찾는다든지 IDE 기능을 사용해서 해당 라인을 사용하는 다른 코드들로 이동하면서 할 수 있다.

프로그래머의 이해는 여기서부터 증진되어 입력값에 대한 함수의 결과를 이해하거나 클래스가 가지고 있는 필드의 지식을 이해하는 것처럼 좀 더 큰 개념을 이해하도록 발전한다. 마지막 단계에서 프로그래머는 전체 프로그램을 온전히 이해하게 된다. 예를 들어 코드의 중요한 라인이 어떤 알고리즘의 일부분이거나 또는 어느 클래스의 서브 클래스라는 것을 알게 된다.

요약하자면, 표면적 지식으로부터 좀 더 깊은 이해로의 진행은 다음과 같은 4가지 단계를 거친다.

1. 초점을 찾는다.
2. 초점으로부터 지식을 확장한다.
3. 관련된 개체로부터 개념을 이해한다.
4. 여러 개체에 걸쳐 있는 개념을 이해한다.

---

5   Jonathan Sillito et al., "Questions Programmers Ask During Software Evolution Tasks" (2006), https://www.cs.ubc.ca/~murphy/papers/other/asking-answering-fse06.pdf.

코드를 읽을 때 초점은 중요한 개념이다. 간단히 말하자면, 어디서부터 읽기 시작해야 할지 알아야 한다는 것이다. 어떤 기술 스택 혹은 프레임워크, 가령 의존성 주입 프레임워크에서는 여러 초점을 분리하기 때문에 그것들을 연결시키기가 쉽지 않다. 어디서부터 시작해야 할지 알려면 프레임워크에서 코드가 어떻게 서로 연결되는지 이해해야 한다.

그런 상황에서 코드를 읽는 개발자는 (때론 심지어 코드를 작성한 개발자도 마찬가지다) 소스 코드 자체는 쉽게 이해하지만 실행 시스템의 실제 구조는 확실하게 이해하지 못할 수 있다. 이런 상황이 바로 '텍스트 지식'은 있으나 '계획 지식'은 없는 경우다. (코드 자체가 복잡하지 않아 보이기 때문에) 코드가 무슨 일을 하는지는 알지만 그 바탕에 놓여 있는 구조는 이해하기 어렵기 때문에 당황할 수 있다.

깊은 코드 이해 4단계 적용해보기

계획 지식과 텍스트 지식의 차이에 대해 살펴봤으므로 이제 복잡한 코드를 읽을 때 인지 부하를 줄이기 위한 방법으로 4장에서 설명했던 방법을 다시 살펴보자.

1. 모든 변수를 원으로 표시한다.
2. 비슷한 변수들을 연결한다.
3. 모든 메서드나 함수 호출을 원으로 표시한다.
4. 메서드나 함수 호출을 정의와 연결한다.
5. 클래스의 모든 인스턴스를 원으로 표시한다.
6. 클래스와 그 클래스의 인스턴스를 연결한다.

이 여섯 단계는 실리토의 추상 모델의 한 사례로 볼 수 있다. 차이점이라면 4장에서 설명한 단계에서는 특별한 진입점이 없이 모든 변수, 메서드, 인스턴스에 적용되었다. 코드의 특정 부분을 깊이 이해하려면 특정한 진입점에서 시작해 이 단계를 따르면 된다.

다시 한번 말하자면 이 단계는 종이에 코드를 프린트해서 손으로 필요한 부분을 하이라이트하면서 진행하면 가장 효과적이다. 다른 방법으로는 IDE에서 단계를 따라 진행하면서 관련 코드에 주석을 추가할 수도 있다. 4장에서 6단계 과정을 밟아본 것처럼, 코드의 '계획 지식'을 얻기 위한 4단계 과정을 한번 진행해보자.

1. **초점을 찾는다.**

   하나의 초점에서 코드 파악을 시작하라. `main()` 메서드일 수도 있지만 런타임 오류나 프로파일러가 실행 시간이 오래 걸린다고 알려준 라인과 같이 깊은 이해가 필요한 코드일 수도 있다.

2. **초점으로부터 지식을 확장한다.**

코드에 존재하는 관계를 찾아보라. 초점에서 시작해서, 역할이 있는 관련 개체(변수, 메서드, 클래스)를 다 원으로 표시하라. 비슷한 변수를 연결할 수도 있는데 예를 들어 customers[0]와 customers[i]와 같이 한 배열에서 값을 조회하는 변수들이 이에 해당한다. 최상위 수준의 코드로부터 연결되는 메서드와 함수는 어떤 것들이 있는지 확인하면서 검색 영역을 확대해보라.

하이라이트한 코드는 **슬라이스**slice라고 부른다. 어떤 한 라인 X의 슬라이스는 '라인 X와 관련 있는 모든 코드 라인'으로 정의한다.

슬라이스를 집중해서 살펴보면 프로그램의 어디에서 데이터가 사용되는지 이해하는 데 도움이 된다. 예를 들면 초점과 밀접하게 연결되어 있는 라인이나 메서드가 있는지 자문해볼 수 있다. 이 관계는 어디에서 발생하고 있는가? 그러한 지점이 코드를 좀 더 깊이 파악하기 위한 출발점으로 삼기에 적합하다. 코드의 어느 부분이 메서드 호출을 많이 한다면 이 역시 더 깊게 파고들기에 좋은 초점일 수 있다.

3. **관련된 개체로부터 개념을 이해한다.**

이제 초점 지점과 관련해 하이라이트한 라인을 가지게 됐다. 코드의 **호출 패턴**call pattern으로부터 배울 수 있는 몇 가지 사항이 있다. 예를 들면 하이라이트한 슬라이스 내에서 여러 번 호출되는 메서드가 있는가? 그 메서드는 코드에서 중요한 역할을 수행할 가능성이 높고 좀 더 자세히 살펴볼 만하다. 마찬가지로, 파악 중인 코드에서 사용되지 않는 메서드는 일단 무시해도 된다. IDE를 통해 코드를 수정하고 있다면 호출하는 메서드는 초점에 가까이 옮기고 사용되지 않는 메서드는 시야에서 보이지 않도록 코드 구조를 바꿀 수도 있다. 이렇게 하면 코드를 스크롤할 때 발생하는 인지 부하를 약간 줄일 수 있다.

슬라이스 내 어떤 부분이 메서드 호출을 많이 하는지 찾아볼 수도 있다. 코드에서 밀접하게 연결된 부분은 중요한 개념을 나타낼 가능성이 높기 때문에 이것들 역시 더 자세한 연구를 위한 초점이 될 수 있다. 중요한 부분을 파악하고 나면 모든 관련 클래스를 나열한다. 이들의 관계를 적어놓고 그것에 대해 깊이 있게 생각해보라. 파악한 개체와 그들 사이의 관계가 코드의 이면에 있는 초기 아이디어를 파악하는 데 도움이 되는가?

4. **여러 개체에 걸쳐 있는 개념을 이해한다.**

마지막 단계로서, 코드에 있는 서로 다른 개념들을 고수준에서 이해한다. 예를 들어 코드에 있는 자료구조뿐만 아니라 해당 자료구조에 적용된 연산과 그 연산에 대한 제약도 이해한다. 무엇이 허용되고 무엇이 허용되지 않는가? 예를 들어, 이진 트리인가 혹은 자식 노드 수에 제한이 없는 트리인가? 그 트리에 제약 사항이 있는가? 예를 들어 세 번째 자식을 추가하면 오류가 발생하는가 혹은 오류 처리가 사용자에게 맡겨져 있는가?

마지막 단계에서 이해한 바를 문서화하기 위해 코드에 있는 개념들을 리스트로 작성할 수 있다. 3단계에서 파악한 개체의 리스트와 개념 리스트는 문서화해서 코드에 주석으로 추가할 만한 가치가 있다.

> **연습 5.2** 자신의 코드베이스에서 익숙하지 않은 코드를 찾거나 혹은 깃허브에서 코드를 찾아도 된다. 어떤 코드든 상관없으나 익숙하지 않은 코드여야 한다. 이 코드를 깊이 이해하기위해 다음 단계를 따라 해보라.
>
> 1. 코드의 초점을 찾으라. 버그를 고치거나 새로운 기능을 추가하는 것이 아니기 때문에 진입점은 코드가 시작되는 부분일 텐데, 예를 들면 main() 메서드일 것이다.
>
> 2. 종이나 IDE에서 초점과 관련된 코드를 찾으라. 이 코드가 갖는 연관성이 뚜렷해지도록 리팩터링을 할 수도 있다.
>
> 3. 2단계에서 찾은 것을 바탕으로 코드에 대해 알게 된 것을 적어보라. 예를 들어 코드에 있는 개체나 개념은 어떤 것들이 있고 그것들은 어떻게 서로 연관되어 있는가?

5.4 텍스트를 읽는 것과 코드를 읽는 것은 유사하다

앞서 언급했듯이 프로그래머는 평균적으로 자신의 업무 시간의 60%를 코드 작성이 아닌 읽는 것에 할애하는 것으로 추정된다.[6] 이렇게 많은 양의 코드를 읽어야 함에도 코드 읽는 법을 그다지 많이 연습하지는 않는다. 피터 사이벨Peter Seibel은 저서 《Coders at Work(일터에서의 프로그래머)》(Apress, 2009)에서 코드를 읽는 것을 포함해 개발자들의 습관에 대해 인터뷰한 내용을 실었다. 사이벨이 인터뷰한 대부분의 개발자가 코드를 읽는 일이 중요하고 또 그 일을 더 많이 한다고 말했으나 그 대부분은 최근에 읽은 코드가 무엇인지 말하지 못했다. 도널드 커누스Donald Knuth는 주목할 만한 예외였다.

연습의 부족, 좋은 전략과 훌륭한 스키마의 부재 등으로 개발자들은 코드를 한 줄 한 줄 읽거나 디버거로 코드를 라인 단위로 실행시키곤 하는데 이런 방식은 시간이 많이 소요된다. 이로 인해 기존 코드를 파악해서 재사용하거나 수정하기보다는 자신이 코드를 처음부터 다시 작성하는 것을 선호하는 상황으로 이어진다. 코드를 다시 작성하는 것이 차라리 더 쉽겠다고 생각하기 때문이다. 우리가 인간의 언어로 된 글을 읽듯이 코드를 읽는 것이 쉽다면 어떨까? 이 장 나머지 부분에서는 코드를 읽는 것과 인간의 글을 읽는 것이 어떻게 유사한지 살펴보고 텍스트를 읽는 기법 중에서 코드 읽기에도 적용해볼 수 있는 것들을 소개하겠다.

---

6   Xin Xia et al., "Measuring Program Comprehension: A Large-Scale Field Study with Professionals" (2017), https://ieeexplore.ieee.org/abstract/document/7997917.

5.4.1 코드를 읽을 때 우리 뇌에서는 무슨 일이 일어나는가?

연구자들은 개발자가 오랜 시간 프로그래밍 작업을 할 때 두뇌에서 어떤 일이 일어나는지 이해하려고 노력해왔다. 2장에서 벨 연구소의 연구원이었던 캐서린 매키던이 1980년대에 수행했던 실험을 예로 소개했다. 이 실험에서 매키던은 프로그래밍에서의 청킹에 대해 이해하기 위해 실험 참여자들에게 알골 프로그램을 기억하라고 요청했다.[7]

프로그래밍과 두뇌에 관련한 초창기의 실험들은 실험 참여자들에게 단어나 키워드를 기억하는, 그 시기에 흔히 볼 수 있었던 기법을 사용했다. 오늘날에도 여전히 그런 기법들을 사용하고 있지만 요즘은 좀 더 현대적이고 (논쟁의 여지는 있지만) 좀 더 멋진 기법들 또한 활용한다. 프로그래밍을 할 때 두뇌의 어느 부분이 활성화되고 그에 따라 어떤 인지 과정이 이루어지는지 이해하기 위한 두뇌 이미징 기법 같은 것들이 이에 해당한다.

브로드만 영역

두뇌에 대해서는 아직까지 밝혀지지 않은 것이 많지만, 두뇌의 각 영역이 어떤 종류의 인지 기능과 관련 있는지는 상당히 많이 알려져 있다. 주로 독일의 신경과학자 코르비니안 브로드만 Korbinian Brodmann의 연구 덕분이다. 무려 1909년에 출간한 《Vergleichende Lokalisationslehre der Großhirnrinde(대뇌겉질의 세포구축학적 연구)》에서 오늘날 **브로드만 영역**Brodmann area이라고 알려져 있는 두뇌의 서로 다른 52개 영역의 위치에 대해 자세히 다뤘다. 브로드만은 각 영역에 대해, 단어를 읽거나 기억하는 것 등 그 영역이 주로 담당하는 정신적 기능을 자세히 설명했다. 그 이후로 행해진 수많은 연구 덕분에 브로드만의 영역 지도에 대한 더 자세한 내용이 밝혀졌다.[8]

두뇌의 영역에 대한 브로드만의 성과와 그 이후 수행된 연구로 인해 인지 기능이 두뇌의 어느 영역에 자리잡고 있는지 상당히 많이 알려졌다. 두뇌의 어느 영역이 읽기나 작업 기억 공간과 관련 있는지 알면 더 큰 규모의 작업의 본질을 이해하는 데 도움이 된다.

이런 종류의 연구는 **기능적 자기공명영상**functional magnetic resonance imaging, fMRI 처리기를 사용해 할 수 있다. fMRI는 두뇌의 혈류를 측정해서 어느 브로드만 영역이 활성화되는지 찾아낸다. fMRI를 사용하는 연구에서는 흔히 실험 참여자에게 복잡한 과제, 가령 퍼즐 푸는 일을 요청한다. 서로 다른 브로드만 영역에서 혈류의 증가를 측정하면 해당 과제를 해결하기 위해 어떤 인지 과정이 일어나는지 확인할 수 있다. 작업 기억 공간이 활성화된다든지 하는 것 말이다. 하지만 fMRI는 장치가

---

7   Katherine B. McKeithen et al., "Knowledge Organization and Skill Differences in Computer Programmers" (1981), https://www.researchgate.net/publication/222462455.

8   52가지 영역에 대해 관심이 있는 독자라면 https://www.cognitiveatlas.org/에서 최신 영역 지도를 볼 수 있다.

스캔 중일 때 움직이면 안 된다는 제약이 있다. 따라서 실험 참여자가 할 수 있는 과제의 범위가 제한적이어서 노트를 적는다든가 코드를 작성하는 것 같은 일은 할 수 없다.

코드가 두뇌에서 하는 일에 대한 fMRI 근거

브로드만 영역(그리고 물론 fMRI 장치)의 존재로 인해 과학자들은 프로그래밍에 대해서도 궁금증을 갖게 되었다. 두뇌의 어떤 특정 영역이 특정 인지 기능과 연관되어 있을까? 독일의 컴퓨터 과학 교수인 야네트 지크문트Janet Siegmund는 2014년에 최초로 프로그래밍에 대해서 fMRI 장치를 사용한 연구를 수행했다.[9] 실험 참여자들은 리스트의 정렬이나 검색 그리고 두 숫자의 제곱 계산과 같이 잘 알려진 알고리즘을 구현한 자바 코드를 읽었다. 코드에서 의미 있는 변수명은 일부러 의미를 파악하기 어려운 이름으로 대치되었기 때문에 실험 참여자들은 변수명으로부터 기능을 유추하기보다는 프로그램의 흐름을 이해하기 위해 인지적 노력을 기울여야 했다.

지크문트는 프로그램을 이해하려고 할 때 BA6, BA21, BA40, BA44, BA4 이렇게 5개 브로드만 영역이 활성화된다는 것을 발견했는데 이 영역은 모두 좌측 대뇌 반구에 위치해 있다.

브로드만 영역 BA6와 BA40이 프로그래밍과 연관되어 있다는 사실은 놀라운 것이 아니다. 이들 영역은 작업 기억 공간(두뇌의 프로세서)과 주의를 기울이는 정신 활동과 관련 있기 때문이다. 놀라운 것은 BA21, BA44, BA47이 관련 있다는 점이다. 이 영역들은 인간 언어 이해와 관련 있다. 지크문트는 프로그램에서 모든 변수명을 의미 파악이 안 되도록 변경했기 때문에 이 발견은 흥미롭다.

이해하기 어렵게 변수명을 변경했음에도 불구하고 실험 참여자들은 코드의 다른 요소들, 예컨대 키워드를 읽고 거기서 의미를 유추해내려고 노력했는데, 이것은 인간의 언어로 된 텍스트를 읽을 때 하는 일이다.

5.4.2 프랑스어를 배울 수 있다면 파이썬도 배울 수 있다

fMRI 스캔을 통해 작업 기억 공간과 언어 처리에 관련 있는 두뇌의 영역이 프로그래밍과 연관된다는 것을 살펴봤다. 이 사실은 작업 기억 공간 용량이 크고 언어 능력이 좋은 사람이 더 뛰어난 프로그래머가 된다는 것을 암시하는 것일까?

최근의 연구 결과들은 프로그래밍에서 어떤 인지 능력이 역할을 하는지에 대한 질문에 많은 것을 알려준다. 워싱턴 대학교의 샨텔 프랫Chantel Prat 교수는 인지 능력과 프로그래밍 사이의 연관성에

---

9 Janet Siegmund et al., "Understanding Programmers' Brains with fMRI" (2014), https://www.frontiersin.org/10.3389/conf.fninf.2014.18.00040/event_abstract.

대한 연구를 수행했다. 코드 아카데미에서 파이썬 수업을 들었던 36명의 학생 실험 참여자들에 대해 프로그래밍 능력뿐만 아니라 수학, 언어, 추론 등의 영역에서 능력을 평가했다.[10] 이 연구에서 프랫이 실험 참여자들의 프로그래밍 외의 다른 인지 능력을 측정하기 위해 사용한 테스트는 그 당시 흔히 사용되던 테스트였고 이런 능력을 정확하게 측정한다고 알려져 있다. 예를 들어 수학적 능력에 대한 질문의 예는 이렇다. '5대의 기계로 5개의 위젯을 만드는 데 5분이 소요된다면 100대의 기계로 100개의 위젯을 만드는 데는 얼마나 소요되는가?' 이런 유동성 지능fluid reasoning 테스트는 지능 검사와 비슷하다. 예를 들어 학생들은 일련의 추상적 이미지 수열의 순서를 맞혀야 한다.

연구자들은 프로그래밍 능력과 관련된 요소는 세 가지를 고려했다. 코드 아카데미에서의 시험 성적, 가위바위보 게임 프로젝트 결과물, 다지선다 시험 결과. 파이썬 전문가들이 문제를 출제했고 프로젝트 결과물에 대한 채점 기준도 마련했다.

연구자들은 각 학생에 대해 프로그래밍 능력 점수와 그 외 다른 인지 능력 점수를 미리 알았기 때문에 어떤 인지 능력이 프로그래밍 능력과 관련 있는지를 보여주는 예측 모델을 만들 수 있었다. 프랫의 연구팀이 발견한 사실이 어떤 프로그래머들에게는 놀라운 것일 수 있다. 계산 능력, 즉 수학적 능력을 적용해야 하는 지식과 기술은 프로그래밍 능력에 대한 예측력이 작았다. 실험 참여자들 사이에서 겨우 2%의 분산(편차)이 나타났다. 언어 능력이 더 나은 예측요인으로 17% 분산이 나왔다. 이것은 흥미로운 결과다. 개발자들은 보통 수학 능력을 중요시하고, 필자가 아는 많은 프로그래머는 자신들이 언어에 소질이 없다고 말했기 때문이다. 세 가지 테스트에서 가장 뛰어난 예측력을 보인 요인은 작업 기억 공간 용량과 추론 능력이었다. 실험 참여자들 사이 분산이 34%였다.

이 연구에서는 36명의 실험 참여자들의 인지 능력만 측정한 것이 아니라 뇌전도electroencephalogram, EEG(뇌파도) 장치를 사용해서 테스트 도중 두뇌 활동도 측정했다. fMRI와는 다르게 상대적으로 간단한 이 장치는 머리 표면에 전극을 부착해서 두뇌의 활동을 측정한다. 이 EEG 데이터를 고려하여 세 가지 프로그래밍 과제에 대해 살펴봤다.

학습률, 즉 코드 아카데미의 수업을 얼마나 빨리 마쳤는지에 대한 측도는 언어 능력이 가장 큰 요인이었다. 학습률과 프로그래밍 능력은 서로 비례하는 상관관계를 보였고, 따라서 학습률이 높은 학생이 아무것도 이해하지 못하고 수업만 들은 것은 아니라고 결론 내릴 수 있었다. 물론 이 연구에서 학습한 프로그래밍 영역과는 상관없이, 읽기 능력이 뛰어난 학생이 일반적으로 학습 성과가 좋고 반면에 읽기 능력이 부족한 학생은 빠르고 쉽게 학습하지 못한다는 사실이 근원적인 요인일 수도 있다.

10 Chantal S. Prat et al., "Relating Natural Language Aptitude to Individual Differences in Learning Programming Languages" (2020), https://www.nature.com/articles/s41598-020-60661-8.

가위바위보 게임 프로젝트 결과물을 가지고 측정한 프로그래밍 정확도에 대해서는 (작업 기억 공간과 추론 능력을 포함한) 일반적인 인지 능력이 가장 중요했다. 다지선다 문제 풀이로 측정한 서술적 지식 declarative knowledge에 대해서는 EEG의 결과 역시 중요한 요인이었다. 그림 5.4와 같이, 프로그래밍 언어를 얼마나 잘 배울 수 있는지는 인간이 자연어를 배우는 능력으로 예측 가능하다는 것을 이 연구 결과를 통해 알 수 있다.

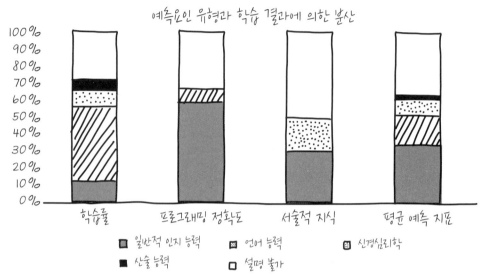

그림 5.4 프랭의 연구 결과는 산술 능력이 프로그래밍 능력에 대해 예측력이 별로 없음을 보여준다. 언어 능력이 훨씬 더 예측력이 크고, 특히 얼마나 빨리 프로그래밍 언어를 배울 수 있는지에 대한 예측력이 크다.

이 연구 결과는 어떤 프로그래머들에게는 상당히 예상치 못한 결과일 수 있다. 컴퓨터 과학은 종종 STEM(과학, 기술, 엔지니어링, 수학)의 한 분야이고 (필자가 근무하는 학교도 포함해) 대학교에서도 그렇게 분류하고 있다. 개발자 세계에서는 수학 능력이 유용하거나 심지어 반드시 필요한 것으로 간주된다. 이 연구를 통해 발견한 새로운 사실로 인해 프로그래밍 능력에 대한 우리의 생각을 바꿔야 할지도 모르겠다.

사람들은 어떻게 코드를 읽는가?

코드를 읽는 것에 관해 살펴보기 전에 먼저 신문과 같은 (논픽션) 텍스트를 어떻게 읽는지부터 생각해보자. 신문 기사를 읽을 때 무엇을 하는가?

텍스트를 읽을 때 사람들이 흔히 사용하는 방법은 여러 가지가 있다. 예를 들면 기사를 자세히 읽기 전에 먼저 시간을 들여 읽을 만한 가치가 있는 기사인지 판단하기 위해 텍스트를 쭉 한번 훑어볼 수 있다. 텍스트와 맥락을 잘 이해하기 위해, 의도적으로 텍스트를 따라 실린 그림만 볼 수도 있고, 혹은 읽고 있는 것을 요약하거나 가장 중요한 부분을 하이라이트한다든지 할 수도 있다. 텍스트를 훑는 동시에 함께 실린 그림을 보는 것은 **텍스트 이해 전략**text comprehension strategy이다. 이런 전략은 학교에서 활발하게 가르치고 있고 연습도 많이 하기 때문에, 이미 자동으로 이루어지고 특별히 어떤 생각을 하지 않고도 사용되고 있을 것이다.

코드를 읽는 기술을 향상하는 방법에 대해 곧 다룰 텐데, 그 전에 먼저 사람들이 코드를 어떻게 읽는지에 대한 과학적 연구 결과부터 살펴보자.

> **연습 5.3** 과거에 논픽션 텍스트를 읽었던 것을 생각해보라. 텍스트를 읽기 전, 읽는 도중, 읽은 후에 어떤 전략을 사용했는가?

프로그래머는 코드를 읽을 때 스캔을 먼저 한다

사람들이 시각을 통해 무엇을 보는지 이해하고자 할 때 **시각 추적기**eye tracker가 사용된다. 시각 추적기는 스크린이나 페이지에서 주의를 집중하는 위치를 알아내는 데 사용하는 장치다. 마케팅 분야에서 어떤 종류의 광고가 사람들의 시선을 가장 오래 끌 수 있는지 알기 위해 많이 사용된다. 시각 추적기는 물리적인 장치로서 일찍이 1920년대부터 사용되었는데 당시에는 방 하나를 다 차지했다. 요즘 나오는 시각 추적기는 훨씬 작다. 마이크로소프트의 키네틱 트래킹 뎁스 같은 하드웨어 형태도 있고, 유저의 시선을 이미지 인식만으로 추적하는 소프트웨어 형태도 있다.

시각 추적기 덕분에 연구자들은 사람들이 코드를 어떻게 읽는지 더 잘 이해할 수 있게 되었다. 예를 들자면 우와노 히데타케上野秀剛 교수가 이끈 나라 공업고등전문학교 연구팀은 프로그래머들이 코드를 전체적으로 파악하기 위해 먼저 코드를 스캔한다는 것을 발견했다.[11] 연구팀은 실험 참여자들이 코드를 검토하는 데 사용한 시간의 처음 30% 동안 코드의 70%를 훑어본다는 것을 발견했다. 이런 유형의 빠른 스캔은 자연어로 된 텍스트의 구조를 전체적으로 파악할 때 흔히 일어나며, 코드를 읽을 때도 이런 방식을 적용하는 것으로 보인다.

초급 프로그래머와 숙련된 프로그래머는 코드를 읽는 방식이 다르다

베를린 자유 대학교의 연구원이었던 테레자 부샨Teresa Busjahn은 14명의 초급 프로그래머와 6명의 숙련된 프로그래머를 대상으로 연구를 수행해 사람들이 코드를 읽는 방식과 자연어로 된 텍스트를 읽는 방식을 비교했다.[12] 부샨의 연구팀은 먼저 코드를 읽는 것과 텍스트를 읽는 것이 어떻게 다른

---

11 Hidetake Uwano et al., "Analyzing Individual Performance of Source Code Review Using Reviewers' Eye Movement" (2006), http://www.cs.kent.edu/~jmaletic/cs69995-PC/papers/Uwano06.pdf.

12 Teresa Busjahn et al., "Eye Movements in Code Reading: Relaxing the Linear Order" (2015), https://ieeexplore.ieee.org/document/7181454.

지 살펴봤고 코드를 읽을 때는 자연어에서 하듯이 순차적으로 읽지 않는다는 것을 발견했다. 초급 프로그래머의 경우 텍스트를 읽을 때 시야의 움직임의 약 80%는 순차적인 것이었고, 코드를 읽을 때는 75% 정도가 순차적이었다. 순차적으로 읽지 않은 나머지 25% 정도는 하향식으로 읽기보다는 함수의 콜 스택 흐름을 좇아갔다.

부샨은 코드와 텍스트를 비교한 것뿐만 아니고 초급 프로그래머와 숙련된 프로그래머도 비교해 봤다. 두 그룹은 코드를 읽는 방식에서 차이점을 보였다. 초급자 그룹은 숙련자 그룹보다 순차적으로 읽거나 콜 스택을 좇아 읽는 경우가 더 많았다. 당연한 말이지만 콜 스택을 좇아 코드를 읽는 법은 경험을 쌓아가면서 배우게 되는 것이다.

5.5 코드 읽기에 적용해볼 수 있는 텍스트 이해 전략

앞 섹션에서 살펴봤듯이 코드를 이해하려고 할 때 사용하는 인지적 능력은 자연언어를 읽을 때 사용하는 것과 유사하다. 이것은 곧 자연언어 텍스트 이해에 대한 연구에서 얻은 통찰을 코드 읽기에도 적용할 수 있다는 것을 의미한다.

효과적인 읽기 전략과 그 학습법에 대한 연구가 지금까지 많이 이루어졌다. 텍스트 이해에 대한 전략은 대략 다음과 같은 7개의 범주로 나뉜다.[13]

- **활성화** — 관련된 것들을 적극적으로 생각해서 이미 가지고 있는 지식을 활성화하는 것
- **모니터링** — 텍스트를 읽으면서 자신이 이해한 것(그리고 이해하지 못하는 것까지)을 관찰하고 기록하는 것
- **중요도 결정** — 텍스트에서 어느 부분이 중요한지 결정하는 것
- **추론** — 텍스트에서 명시적으로 주어지지 않은 사실을 유추하는 것
- **시각화** — 깊이 있는 이해를 위해 텍스트에 대한 도표를 만드는 것
- **질문** — 텍스트에 대해 질문하는 것
- **요약** — 텍스트를 짧게 요약하는 것

코드를 읽는 것과 텍스트를 읽는 것 사이에 존재하는 인지적 유사성 때문에 자연언어를 읽기 위한 전략이 코드 읽기에서도 유용하다고 생각할 수 있다. 이 섹션에서는 코드 이해의 관점에서 텍스트 이해를 위한 이 7가지 전략을 각각 살펴보겠다.

---

13 Kathy Ann Mills, "The Seven Habits of Highly Effective Readers" (2008), https://www.researchgate.net/publication/27474121.

5.5.1 기존 지식의 활성화

프로그래머는 코드를 읽을 때 자세히 읽기 전에 먼저 스캔을 한다. 하지만 코드를 스캔하는 것이 왜 도움이 될까? 한 가지 이유는 코드 내에 존재하는 개념과 문법적 요소들에 대한 일차적인 이해가 가능하기 때문이다.

두뇌가 어떤 것에 대해 생각할 때 작업 기억 공간이 관련 기억을 LTM으로부터 검색한다는 것을 이전 장에서 살펴봤다. 코드의 구성 요소에 대해 적극적으로 생각하면 작업 기억 공간이 LTM으로부터 코드를 이해하는 데 도움이 될 만한 관련 정보를 찾는 데 도움이 된다. 의도적으로 이전 지식을 활성화하기 위한 좋은 방법 한 가지는 정해진 시간을 두고, 예를 들면 10분 동안 코드를 연구하고 그 코드가 무엇에 대한 것인지 파악하는 것이다.

> **연습 5.4** 익숙하지 않은 코드를 미리 정한 시간, 가령 5분이나 10분 동안 공부하라. 그러고 나서 다음과 같은 질문에 답해보라.
>
> - 가장 먼저 시선을 끈 코드의 구성 요소(변수, 클래스, 프로그래밍 개념 등)는 무엇인가?
> - 왜 그런가?
> - 두 번째로 주의를 끈 것은 무엇인가?
> - 왜 그런가?
> - 그 두 가지(변수, 클래스, 프로그래밍 개념 등)는 서로 관련이 있는가?
> - 코드에 어떤 개념들이 존재하는가? 그 개념들을 다 알고 있는가?
> - 코드에 어떤 문법 요소들이 존재하는가? 그 문법 요소들을 다 알고 있는가?
> - 코드에 어떤 도메인 개념들이 존재하는가? 그것들을 다 알고 있는가?

이 연습을 하고 나면 코드에 존재하는 낯선 프로그래밍 개념이나 혹은 도메인 개념에 대해 좀 더 많은 정보를 찾아보고 싶은 마음이 들 수 있다. 친숙하지 않은 개념을 접하면 코드를 자세히 들여다보기 전에 먼저 그 개념을 공부하는 것이 최선의 방법이다. 새로운 코드를 읽으면서 새로운 개념을 배우려고 하면 과다한 인지 부하를 초래하기 쉽고 그만큼 효과적이지 못하다.

5.5.2 모니터링

코드를 읽을 때 현재 무엇을 읽고 있는지, 이해는 하고 있는지를 계속 추적하는 것이 중요하다. 이해되는 것뿐만 아니라 이해되지 않는 것도 머릿속에서 기억하고 있어야 한다. 코드를 프린트해서 이해되는 라인과 이해되지 않는 라인을 표시하는 것도 좋은 방법이다. 변수 역할을 표시할 때 사용했던 아이콘을 이용해서 이 작업을 해도 된다.

그림 5.5는 이 방법을 써서 주석을 단 자바스크립트 코드를 보여준다. 체크 표시는 이해가 된 라인이고 물음표는 이해가 되지 않은 라인이다. 이런 식으로 이해하는 것과 이해하지 못하는 것을 모니터링하면 코드를 다시 읽을 때 도움이 된다. 이해되지 않은 라인만 좀 더 자세히 살펴볼 수도 있기 때문이다.

이해되지 않는 부분을 표시하는 것은 자기 자신을 위해서도 유용하지만 다른 사람에게 도움을 요청할 때도 역시 유용하다. 코드의 어느 부분이 이해되지 않는지 명확하게 전달할 수 있다면 코드 작성자에게 해당 라인을 설명해달라고 요청할 수 있을 것이다. 이렇게 하는 것이 단순히 "이 코드가 뭐를 하는 건지 잘 모르겠네요"라고 말하는 것보다 더 효과적이다.

```javascript
√ import { handlerCheckTodo } from '../handlers/checkedTask.js';
√ import { handlerDeleteTodo } from '../handlers/deletetask.js';
√ import { restFulMethods } from '../restful/restful.js';

√ export class app {
  √ state = [];
  √ nexId = 0;

  √ renderTodos(todosArray) {
    √ const Tbody = document.createElement('tbody');

    √ for (const todo of todosArray) {
      ? const trEl = document.createElement('tr');
      √ trEl.className = 'today-row';
      ? const DivEl = document.createElement('div');
      √ DivEl.className = 'row';
      √ const divElSecond = document.createElement('div');
      √ divElSecond.className = 'col-1';

      √ const TdEl = document.createElement('td');
      √ const checkBoxEl = document.createElement('input');
      √ checkBoxEl.type = 'checkbox';
      √ checkBoxEl.addEventListener('click', handlerCheckTodo);

      √ checkBoxEl.dataset.index = todo.id;
```

그림 5.5 코드에 대한 이해도를 아이콘으로 표시한 자바스크립트 코드. 체크 표시는 이해한 라인이고 물음표는 이해하지 못한 라인을 나타낸다.

5.5.3 코드에서 중요한 라인을 결정하기

코드를 읽을 때 어떤 라인이 중요한지 파악하는 것이 유용할 때가 있다. 이것은 의도적 연습을 통해 할 수 있다. 얼마나 많은 라인을 선정했는지는 그다지 중요하지 않다. 짧은 코드면 10줄 정도이고, 더 긴 프로그램이라면 25줄 정도일 것이다. 중요한 것은 프로그램이 실행될 때 코드의 어느 부분이 가장 중요한 영향을 끼치는지에 대해 생각해보는 것이다.

코드를 프린트한 경우라면 중요한 라인을 느낌표로 표시할 수 있을 것이다.

연습 5.5 익숙하지 않은 코드의 일부를 선택해서 중요한 라인을 찾아보라. 그러고 나서 다음 질문에 답해보라.

- 중요한 라인으로 선택한 이유는 무엇인가?
- 그 라인의 역할은 무엇인가? 예를 들면 초기화나 입출력 혹은 데이터 처리를 수행하는 라인인가?
- 그 라인은 프로그램의 전체 목적과 어떻게 관련되는가?

무엇이 중요한 라인인가?

어떤 라인이 중요한 라인인지 궁금할지도 모르겠다. 매우 좋은 질문이다. 필자는 개발팀과 함께 중요한 라인을 표시하는 연습을 자주 하곤 했는데, 각 팀원들이 자신이 중요하다고 생각하는 라인을 개별적으로 표시한 후에 서로 비교해본다.

팀원들이 어떤 라인이 중요한지에 대해 서로 다르게 생각하는 것은 드문 일이 아니다. 어떤 사람들은 계산이 집중적으로 수행되는 라인이 가장 중요하다고 생각하지만, 다른 사람들은 관련 있는 라이브러리에 대한 임포트 문이나 잘 설명된 주석문이 가장 중요하다고 생각한다. 프로그래밍 언어나 도메인 등 다른 배경을 가진 사람들이 특정 라인의 중요성에 대해 각자 다른 생각을 갖는 것은 문제없다. 불일치는 해결해야 할 문제가 아니라 배움의 기회다.

독자의 팀원과 함께 이 연습을 해볼 때 좋은 점은 코드에 대한 것을 배우는 것만이 아니라 자기 자신과 팀원에 대해서도(그들의 우선순위, 경험 등을) 배울 수 있다는 점이다.

5.5.4 변수명의 의미를 추론하기

프로그램의 의미가 코드의 구조 자체에 담겨 있을 때가 많다. 예를 들면 루프나 조건문 사용 같은 것이다. 또한 변수 등 프로그램 구성 요소의 이름으로부터 의미를 알 수 있거나 유추할 수 있는 경우도 있다. 코드에 shipment라는 변수가 있으면 코드의 도메인에서 shipment, 즉 '배송'이 의미하는 바를 이해하면 좋다. 예를 들어 주문과 같은 의미인지, 한 고객에게 보낼 상품인지, 공장에 출하할 상품인지 등을 파악하는 것이다.

이미 살펴봤지만 변수 이름은 중요한 **표식**beacon이다. 즉 코드가 하는 일에 대한 힌트를 제공하는 기능을 한다. 따라서 코드를 읽을 때 의식적으로 변수에 주목하면 좋다.

이를 연습하는 방법은 코드를 한 줄씩 따라가면서 모든 식별자(변수, 클래스, 메서드, 함수)의 이름을 나열하는 것이다. 심지어 코드가 어떤 일을 수행하는지 전혀 알 수 없을 때에도 이 방법은 시도

해볼 만하다. 이렇게 코드를 기계적으로 분석하는 것이 이상하게 느껴질 수 있지만 모든 식별자를 파악하면 작업 기억 공간에 도움이 된다. 이름에 집중하게 되면 관련 정보를 LTM으로부터 검색할 수 있고 발견된 정보를 통해 작업 기억 공간은 코드를 좀 더 쉽게 파악할 수 있다.

식별자의 목록을 작성하고 나면 이것을 이용해서 코드를 더 깊이 있게 이해할 수 있다. 예를 들어 변수의 이름을 두 개의 범주로 나눌 수 있다. Customer나 Package와 같이 코드의 도메인과 관련한 변수명과 Tree나 List와 같이 프로그래밍 개념과 관련한 변수명으로 나누는 것이다. 어떤 변수 이름은 두 가지 범주에 다 속할 수 있는데 예를 들면 CustomerList나 FactorySet 같은 변수명이다. 어떤 변수는 배경을 알지 못하면 이해가 되지 않을 수도 있다. 이 경우에는 의미를 파악하기 위해 더 많은 노력을 기울여야 할 수도 있다. 예를 들면 이 장의 앞에서 논의했던 사야니에미의 프레임워크를 이용해서 변수의 역할을 파악해야 한다.

> **연습 5.6** 코드의 일부를 선택한 후에 거기에 나오는 모든 변수의 이름을 세밀하게 나열해 보라. 모든 변수에 대해 다음 테이블의 빈칸을 채워보자.
>
> | 이름 | 도메인 | 개념 | 코드를 보지 않고 이해할 만한가? |
> |---|---|---|---|
> | | | | |
> | | | | |

변수 이름에 대한 테이블을 이용해서 다음 질문들에 답할 수 있다.

- 코드의 도메인 혹은 주제는 무엇인가?
- 어떤 프로그래밍 개념들이 사용되었는가?
- 이름으로부터 알 수 있는 사실은 무엇인가?
- 서로 관련되어 있는 이름은 무엇인가?
- 배경을 알지 않으면 의미가 모호한 이름이 있는가?
- 모호한 변수명이 해당 코드에서 가질 만한 의미는 무엇이 있을까?

5.5.5 시각화

코드를 좀 더 깊이 있게 이해하기 위해 상태표를 작성하거나 코드 흐름을 추적하는 등의 코드 시각화 방법을 이전 장에서 살펴봤다.

코드를 이해하기 위해 사용할 수 있는 방법이 몇 가지 더 있다. 매우 복잡한 코드에서 유용한 한 가지 방법은 변수가 연관된 모든 연산을 나열하는 것이다.

연산 테이블

익숙하지 않은 코드에 대해 작업할 때 코드가 실행되는 과정에서 변수의 값이 어떻게 변하는지 예측하기 어려울 때가 있다. 코드가 너무 어려워서 이해되지 않을 때는 연산 테이블을 만들면 도움이 된다. 예를 들어 다음 자바스크립트 코드는 집$_{zip}$ 함수가 두 개의 리스트를 하나로 합친다는 것을 알지 못하면 이해하기 어려운 코드다.

예제 5.1 **리스트 as와 bs를 주어진 함수 f를 사용해서 하나로 합치는 자바스크립트 코드**

```
function zipWith (f, as, bs) {
  var length = Math.min(as.length, bs.length);
  var zs = [];
  for (var i = 0; i < length; i++) {
    zs[i] = f(as[i], bs[i]);
  }
  return zs;
}
```

그런 경우에는 변수, 메서드, 함수를 살펴보고 이들이 관여하는 연산을 파악하는 것이 도움이 될수 있다. 예를 들어 f는 as[i]와 bs[i]에 적용되기 때문에 함수라는 걸 알 수 있다. as와 bs를 살펴보면 인덱스를 가지고 있기 때문에 이 변수들은 리스트나 혹은 사전임이 틀림없다. 연산을 통해 복잡한 코드에서의 변수의 타입을 파악하고 나면 역할을 알아내는 것은 쉽다.

> 연습 5.7 익숙하지 않은 코드에서 일부분을 선정하고 모든 변수, 함수, 클래스의 이름을 적는다. 각 식별자와 관련되는 모든 연산을 나열하라.

식별자 이름	연산

테이블을 만들고 나면 코드를 다시 읽어보라. 위에서 테이블을 채운 것이 변수의 역할과 문제의 전체적인 의미를 깊이 이해하는 데 도움이 되었는가?

5.5.6 질문하기

코드를 읽을 때 스스로에게 질문하는 것이 코드의 목적과 기능에 대해 이해하는 데 도움이 된다. 앞 섹션에서 코드에 대해 할 수 있는 많은 질문의 예를 살펴봤다. 아래와 같이 좀 더 가치 있는 질문을 해볼 수 있을 것이다.

- 코드에서 다섯 가지의 중심 개념은 무엇인가? 이 중심 개념이 식별자, 테마, 클래스 혹은 주석문 내의 정보로 나타나는가?
- 중심 개념을 찾기 위해 어떤 전략을 사용했는가? 예를 들어 메서드 이름, 문서 혹은 변수명을 살펴봤다거나 아니면 시스템에 대해 이미 가지고 있는 지식을 활용했는가?
- 코드에서 발견되는 가장 중심적인 컴퓨터 과학의 중심 개념 다섯 가지는 무엇인가? 알고리즘, 자료구조, 가정, 사용된 기술 등이 이에 해당할 수 있다.
- 코드 작성자가 내린 결정 사항이 무엇인가? 예를 들면 특정 버전의 알고리즘을 구현하기로 한 결정, 특정 디자인 패턴을 사용하기로 한 결정, 특정 라이브러리나 API를 사용하기로 한 결정 등 말이다.
- 그런 결정을 내리는 데 상정한 가정은 무엇인가?
- 그 결정의 효과는 무엇인가?
- 그 결정의 잠재적 위험 요소는 무엇인가?
- 다른 해결책으로는 어떤 것이 있을까?

이런 질문들은 텍스트의 구조 지식 너머로 더 깊이 파고들어 계획 지식에 도달하고 코드를 이해하는 데 도움이 될 수 있다.

5.5.7 코드 요약

코드 이해를 위해 적용할 수 있는 텍스트 읽기 전략 가운데 마지막으로, 방금 전에 읽은 코드를 요약하는 것이 있다. 코드를 우리가 사용하는 언어로 요약하는 것은 코드가 하는 일을 깊이 이해하는 데 도움이 된다. 이 요약은 개인적인 목적의 추가적인 문서가 될 수도 있고, 아직 문서가 없는 경우에는 문서화를 위해 사용될 수도 있다.

이 장에서 이미 다룬 기법은 코드를 요약하는 데 큰 도움이 된다. 예를 들어 가장 중요한 라인을 찾는 것, 모든 변수와 관련된 연산을 나열하는 것, 코드 작성자가 내린 결정에 대해 생각해보는 것을 요약 작업을 하기 전에 해놓으면 좋을 것이다.

짧은 코드를 하나 선택하고 다음 테이블을 채우면서 요약해보라. 물론 이 연습 문제에 있는 문항 외에 추가로 더 많은 정보를 요약에 포함시켜도 된다.

항목	요약
코드의 목적: 코드가 달성하고자 하는 바는 무엇인가?	
가장 중요한 라인	
가장 관련 있는 도메인 개념	
가장 관련 있는 프로그래밍 구성 요소	
코드 작성시 내려진 결정	

요약

- 생소한 코드를 읽을 때는 스테퍼나 목적값과 같은 변수의 역할을 이해하는 것이 코드를 깊이 이해하는 데 도움이 된다.
- 코드의 이해에 관해서는 텍스트 구조 지식과 계획 지식 사이에 차이가 있다. 텍스트 구조 지식은 코드에 사용된 문법 개념을 아는 것을 의미하고 계획 지식은 코드 작성자의 의도를 이해하는 것을 의미한다.
- 코드를 읽는 것과 자연언어 텍스트를 읽는 것 사이에는 유사한 점이 많고, 자연언어를 배우는 능력으로 프로그래밍을 배우는 능력을 예측할 수 있다.
- 시각화나 요약같이 자연언어 텍스트를 심도 있게 이해하기 위해 사용하는 전략들을 코드의 이해를 위해서도 적용할 수 있다.

6
CHAPTER

코딩 문제 해결을
더 잘하려면

이 장의 내용은 다음과 같다.

- 프로그래밍 문제를 더 효과적으로 숙고하기 위해 모델을 적용하는 것
- 문제에 대해 다른 방식으로 생각하면 해결하는 방식도 영향을 받는다는 사실의 발견
- 코드에 대해 생각하고 문제를 더 효율적으로 해결하기 위해 모델을 사용하는 방법에 대한 탐구
- LTM을 개선해서 문제를 해결하기 위한 새로운 방법을 학습하는 여러 기법의 고찰
- 문제 해결을 위해 작업 기억 공간을 돕는 모델을 사용하는 기법의 연습
- 중요하지 않은 사항은 추상화하고 중요한 사항은 포함시켜 문제의 범위를 올바르게 찾도록 분석

이전 장들에서 프로그래밍을 할 때 두뇌에서 활성화되는 여러 인지 과정에 대해 살펴봤다. 코드를 읽을 때 정보가 어떻게 STM에 잠시 저장되는지, 그리고 필요한 경우 LTM으로부터 정보가 어떻게 인출되는지 살펴봤다. 코드에 대해 생각할 때 활성화되는, 작업 기억 공간에 대해서도 살펴봤다. 그다음 5장에서는 생소한 코드를 깊이 있게 이해하기 위한 방법을 논의했다.

이 장에서는 문제를 어떻게 해결하는지에 대해 살펴보려고 한다. 전문 프로그래머로서 여러분은 하나의 문제에 대해 여러 가지의 해결책을 비교할 때가 있을 것이다. 한 회사의 모든 고객을 간단한 리스트로 구성할 것인가 아니면 지점의 기본값을 기준으로 트리로 구성해 모델링할 것인가? 마이크로서비스 기반의 설계를 할 것인가 아니면 모든 로직을 한 시스템에 다 구현할 것인가?

문제에 대한 다양한 해결책을 고려할 때, 각각의 해결책은 저마다의 장점이 있다는 것을 알게 될 것이다. 어떤 해결책을 사용할 것인지 결정하는 것은 어렵다. 고려해야 할 요인이 너무 많기 때문이다. 예를 들어 사용의 용이함과 성능 중에서 어떤 것을 더 높은 우선순위로 둘 것인가? 향후에 코드가 변경될 가능성에 대해 고려할 것인가 아니면 현재 문제만 해결하면 되는가?

이 장에서는 여러 가지 소프트웨어 설계에 관한 결정을 할 때 통찰력을 얻는 데 도움이 될 만한 두 가지 프레임워크에 대해 다룬다. 먼저 문제 해결과 프로그래밍 작업 도중 두뇌가 생성하는 심적 표상mental representation에 대해 살펴본다. 코드에 대해 생각하기 위해 사용하는 심적 표상에 대해 알고 있으면 더 많은 종류의 문제를 풀 수 있고 코드에 대해 유추할 수 있으며 문제를 좀 더 효과적으로 풀 수 있다. 이 장에서는 이런 목적을 위해 모델과 관련한 두 가지 방법을 살펴볼 텐데, LTM을 강화하고 작업 기억 공간을 지원하는 데 도움이 된다.

두 번째로, 문제를 풀 때 어떻게 컴퓨터에 대해 생각하는지를 살펴볼 것이다. 프로그래밍을 할 때, 작업을 하는 컴퓨터에 관한 모든 면을 항상 고려하는 것은 아니다. 때로는 많은 자세한 사항을 추상화한다. 예를 들면 유저 인터페이스를 만들 때 운영체제에 관한 구체적인 사항은 대부분 관련이 없다. 하지만 머신러닝 모델을 구현하거나 모바일 앱을 만들 때는 코드의 실행 환경이 중요하다. 이 책에서 살펴볼 두 번째 프레임워크는 문제를 적절한 추상화 단계에서 생각하는 데 도움이 될 것이다.

6.1 모델을 사용해서 코드에 대해 생각해보기

사람들은 문제를 풀 때 대부분 모델을 만든다. 모델은 실재를 간단하게 표현represent한 것으로, 주된 목적은 문제에 대해 생각하고 해결하는 데 도움을 주기 위한 것이다. 모델은 여러 가지 모양과 다양한 수준의 형식을 띨 수 있다. 예를 들면 맥주잔 받침 뒷면에 대충 계산한 것도 모델이고, 소프트웨어 시스템의 개체 관계 도형도 모델이다.

6.1.1 모델의 유익함

이전 장들에서 코드에 대해 생각할 때 도움이 되는 여러 다양한 모델을 만들었다. 예를 들면 그림 6.1과 같이 변수의 값이 코드의 실행 중 어떻게 변하는지 보여주는 상태표를 만들었다. 의존 그래프 역시 만들었는데 이것은 코드에 대한 또 다른 종류의 모델이다.

문제를 풀 때 코드의 모델을 명시적으로 사용하는 것은 두 가지 장점이 있다. 첫째, 모델은 프로그램에 대한 정보를 다른 사람과 공유할 때 유용하다. 상태표를 만들어서 다른 사람에게 보여주면 각 단계에서의 변수의 값을 통해 코드가 어떻게 작동하는지 이해하는 데 도움이 된다. 이것은 특히 대규모 시스템에서 유용하다. 예를 들어 코드의 설계에 관한 도식을 보면 특정 클래스, 그들 사이의 관계와 객체들을 보여줄 수 있는데 이런 것들은 상태표가 없으면 코드에서 보이지 않거나 감춰져 있을 것이다.

```
1 LET N2 = ABS(INT(N))
2 LET B$ = ""
3 FOR N1 = N2 TO 0 STEP 0
4     LET N2 = INT(N1 / 2)
5     LET B$ = STR$(N1 - N2 * 2) + B$
6     LET N1 = N2
7 NEXT N1
8 PRINT B$
```

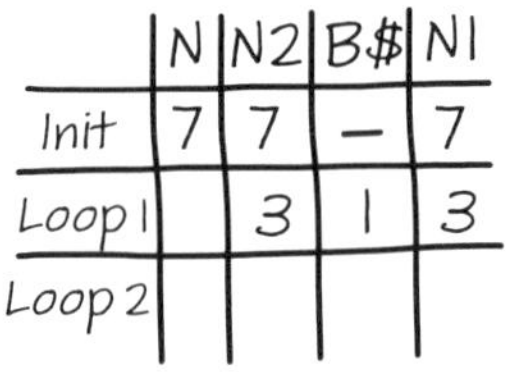

	N	N2	B$	N1
Init	7	7	—	7
Loop 1		3	1	3
Loop 2				

그림 6.1 숫자 N을 이진수 표현으로 변환하는 베이직 프로그램. 이러한 일부 상태표 같은 기억 보조 도구를 사용해서 프로그램이 어떻게 동작하는지 이해하는 데 도움을 받을 수 있다.

모델의 두 번째 장점은 문제를 풀 때 도움이 된다는 점이다. 두뇌에서 한 번에 처리할 수 있는 한계에 도달했을 때 모델을 만들면 인지 부하를 줄일 수 있다. 아이가 3 + 5를 계산할 때 머리로 계산하지 않고 줄을 긋고 이것을 세서 계산하는 것처럼, 프로그래머도 규모가 큰 코드베이스의 모든 요소를 작업 기억 공간에 다 담는 것이 너무 어렵기 때문에 시스템 설계를 화이트보드에 적어놓을 수도 있다.

모델은 LTM이 관련된 기억을 찾는 데 도움이 되기 때문에 문제 해결에 매우 유용하다. 많은 경우에 모델에는 제약이 있다. 예를 들어 상태표는 변수의 값만 보여줄 수 있고 개체 관계도는 클래스와 그 관계만 보여준다. 문제의 특정 부분에만 집중하는 것은 해결책에 대해 생각할 때 도움이 되고, 모델의 제약 사항이 그렇게 하도록 강제한다. 덧셈을 할 때 줄에 번호를 매기는 것을 생각하면 세는 행위에 집중하는 데 도움이 되고, 개체 관계도는 시스템이 어떤 개체나 클래스로 구성되어 있고 그들이 어떻게 서로 관련 있는지를 생각하도록 만든다.

모든 모델이 동일하게 유용한 것은 아니다

하지만 문제에 대해 생각하기 위해 우리가 사용하는 모델이 모두 동일한 것은 아니다. 프로그래머로서 우리는 문제를 해결할 때 표현의 중요성과 효과에 대해 알고 있다. 예를 들어 어떤 숫자를 2로 나누려고 할 때 그 숫자를 이진수로 표현한 경우에는 오른쪽으로 한 비트씩 옮기기만 하면 되기 때문에 문제 해결이 매우 쉬워진다. 이 예는 상대적으로 간단하지만 다른 수많은 문제가 표현을 어떻게 하느냐에 따라 해결책이 달라진다.

새 한 마리와 기차 두 대에 관한 문제를 통해 표현의 중요성에 대해 좀 더 자세히 설명해보겠다. 영국 케임브리지에서 런던을 향해 출발하려는 기차 위에 새 한 마리가 앉아 있다. 이 기차가 출발할 때 50마일 떨어진 런던에서 다른 기차 한 대가 동시에 케임브리지를 향해 출발한다. 첫 번째 기차 위에 앉아 있던 새는 날아올라 시속 75마일의 속도로 두 번째 기차를 향해 날아간다. 새가 두 번째 기차에 도착하면 방향을 바꿔 다시 첫 번째 기차를 향해 날아간다. 이것을 두 기차가 만날 때까지 계속한다면 새가 날아간 거리는 얼마인가?

많은 사람이 이 문제를 언뜻 생각할 때 그림 6.2처럼 기차 두 대와 그 두 대의 기차 사이를 움직이는 새를 떠올릴 것이다.

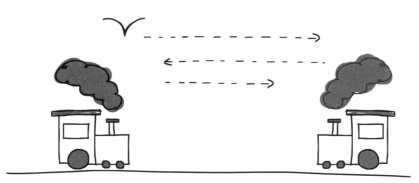

그림 6.2 두 대의 움직이는 기차 사이에서 움직인 새의 이동 거리에 대해 새의 관점에서 이루어진 모델링. 이 모델은 맞긴 하지만 두 기차의 위치 계산을 수반하는 매우 복잡한 해결책을 필요로 한다.

새의 이동 경로를 모델링하는 것은 맞는 해결책이긴 하나 대부분 사람이 하고 싶어 하지 않을 복잡한 계산을 필요로 한다. 더 쉬운 해결책은 새에 집중하는 것이다. 기차는 런던과 케임브리지의 중간 지점에서 30분 후에 만날 것이다. 그 지점에서 두 대의 기차는 25마일을 이동했다. 새는 75마일의 속도로 이동했기 때문에 30분 후에는 37.5마일을 이동한 것이 된다. 문제에 대해 어떻게 생각하느냐가 문제를 해결하는 방식과 해결하기까지 들어가는 노력에 영향을 미친다는 것을 이 예를 통해 잘 알 수 있다.

프로그래밍에서도 문제에 대해 여러 가지 다른 표현을 가지고 작업한다. 어떤 프로그래밍 언어는 가능한 표현의 개수를 제한하는데 이것은 문제를 푸는 데 도움이 되기도 하고 해가 되기도 한다. 예를 들어 APL 같은 언어는 행렬과 관련한 해결책의 모델링을 위해서는 완벽하지만 행렬로 표현되지 못하는 문제에 대해서는 사용하기가 어렵다. 반면에 자바에서는 어떠한 종류의 문제에 대해서도 클래스로 표현할 수 있기 때문에 행렬과 관련된 문제에 자바를 사용할 수 있으나 행렬 클래스를 만드는 추가 작업을 해야 한다. 자바에서는 언어 자체가 제공하고 흔히 쓰이는 for 루프를 두 개 중첩해서 해결할 것이다.

6.2 정신 모델

지금까지는 우리 두뇌 바깥에서 생성되는 모델에 대해 다뤘다. 상태표, 의존 그래프, 개체 관계 도식은 종이나 화이트보드 위에서 만들어진다. 다른 사람과 의사소통하거나 문제에 대해 좀 더 깊이 생각해야 할 때 이런 모델을 만들 수 있다. 하지만 문제에 대해 생각할 때 두뇌의 외부에서 만들어지지 않은 모델을 사용할 수도 있다. 이러한 모델을 **정신 모델**mental model이라고 한다.

앞 섹션에서 문제를 풀기 위해 사용하는 표상이 문제에 대해 생각하는 방식에 영향을 미친다는 것을 살펴봤다. 정신 모델에 대해서도 동일하다. 어떤 정신 모델은 다른 것보다 더 사고에 도움이 된다. 이 섹션에서는 정신 모델이 무엇인지, 문제를 풀 때 그것을 어떻게 명시적으로 사용할 수 있을지 고찰해보겠다.

코드를 위해 사용할 정신 모델의 예는 트리 순회에 대해 생각해보는 것이다. 코드와 컴퓨터에 우리가 순회하는 실제 트리는 존재하지 않는다. 우리가 트리 구조라고 생각하는 메모리 내의 값이 있을 뿐이다. 이 모델은 코드에 대해 추론하는 데 도움이 된다. '한 노드의 자식 노드'라고 생각하는 것이 '요소가 가리키는 다른 요소'라고 생각하는 것보다 쉽다.

정신 모델은 스코틀랜드 철학자 케네스 크레이크Kenneth Craik의 1943년 저서 《The Nature of Explanation (설명의 본질)》에서 처음 소개되었다. 크레이크는 정신 모델을 자연현상에 관한 정신적 '스케일 모델'[1]이라고 묘사했다. 크레이크에 따르면 사람들은 정신 모델을 사용해서 예측하고 추론하고 주변 세계에 대해 설명한다.

필자가 생각하는 정신 모델에 대한 가장 적절한 정의는 다음과 같다. 정신 모델은 풀어야 할 문제에 대해 추론하기 위해 사용할 수 있는 작업 기억 공간 내의 추상화다.

우리는 컴퓨터와 상호작용할 때 많은 종류의 정신 모델을 만든다. 예를 들면 파일 시스템을 생각해보면, 한 폴더 안에 같이 있는 파일들을 생각할 것이다. 물론 좀 더 깊이 생각해보면 하드 드라이브에 폴더나 파일이 실제로 있는 것은 아니라는 것을 알 것이다. 하드 드라이브는 0과 1만을 가지고 있을 뿐이다. 하지만 이 0과 1에 대해 생각할 때 그러한 구조로 조직되어 있다고 생각하는 것이다.

코드를 생각할 때 역시 정신 모델을 사용한다. 프로그래밍에 대한 생각을 할 때 사용하는 정신 모델의 예로는 코드의 특정 라인이 실행되고 있다는 생각이다. 심지어 컴파일 언어에 대해서도 그렇게 생각한다. 물론 실행되는 것은 자바나 C 언어 코드의 라인이 아니고 그 라인에 대해 생성된 이진 코드다.

---

1 [옮긴이] https://ko.wikipedia.org/wiki/스케일_모델 참고.

하지만 모델은 우리가 예상한 바와 다를 수도 있다. 예를 들면 고도로 최적화된 코드를 디버거로 실행할 때는 컴파일러의 최적화로 인해 개발자가 생각한 원래의 코드와는 다르게 진행될 수도 있다.

> **연습 6.1** 지난 며칠 사이에 작업했던 코드에 대해 생각해보라. 프로그래밍을 할 때 어떤 정신 모델을 사용했는가? 사용한 정신 모델은 컴퓨터, 코드 실행 혹은 프로그래밍의 어떤 다른 측면에 대한 것이었는가?

6.2.1 정신 모델 자세히 살펴보기

정신 모델 역시 두뇌 외부에서 표현되는 모델의 중요한 특징을 가지고 있다. 문제를 적절하게 표현하지만 더 간단하고 실재보다 더 추상적이라는 점이다. 정신 모델은 또한 표 6.1과 같이 다른 중요한 특징 역시 가지고 있다.

표 6.1 **정신 모델의 중요한 특징과 프로그래밍에서의 예**

특징	예
정신 모델은 불완전하다. 정신 모델은 나타내고자 하는 원래의 시스템에 대한 완전한 모델일 필요는 없다. 마치 어떤 면에서 스케일 모델이 모델링하는 물리적 객체를 단순화한 것처럼 말이다. 무관한 세부 사항을 추상화한다면 불완전한 정신 모델도 유용하다.	변수를 값이 들어가 있는 박스로 생각하는 것은 재할당에 대해 적절하게 설명해주지 못한다. 두 번째 값이 첫 번째 값을 가진 박스 안에 들어갈 수 있을까? 아니면 첫 번째 값은 박스 밖으로 빼야 하나?
정신 모델은 불안정하다. 정신 모델은 같은 상태를 계속 유지할 필요가 없다. 사실 사용되면서 자주 변경된다. 예를 들어 물의 흐름으로 전기에 대한 정신 모델을 만든다면 처음에는 일직선의 강으로 묘사하다가 전기의 흐름에 대해 더 많은 것을 배우고 나면 넓어지거나 좁아지는 강으로 묘사할 것이다. 정신 모델을 사용하지 않게 되면 모델의 일부분을 잊어버릴 수도 있다.	프로그래밍을 배울 때 안에 값을 가지고 있는 박스로 생각하면 도움이 된다. 하지만 어느 정도 시간이 흐르고 나면 변수는 한 가지 이상의 값을 동시에 가질 수 없다는 것을 알게 된다. 따라서 이름표가 더 나은 비유다.
설사 서로 간에 모순이 있더라도 여러 개의 정신 모델이 공존할 수 있다. 초보자는 특별히 국지적으로는 일관적이지만 전체적으로는 일관적이지 못한 정신 모델을 가질 수 있는데 자신이 고려하는 특수한 경우에 대해 세부적인 사항에 집착하는 경향이 있다.[2]	변수를 값을 가지고 있는 박스로 생각할 수 있다. 아니면 이름표로 생각할 수도 있다. 두 가지 정신 모델은 공존할 수 있는데 각각 다른 상황에서 각자의 장점이 있을 수 있다.
정신 모델은 이상한 것처럼 여겨질 수 있고 심지어 미신처럼 느껴질 수도 있다. 사람들은 종종 말도 안 되는 것을 믿는다.	컴퓨터에게 "제발 이번엔 작동해줄래?" 식으로 부탁해본 적이 있는가? 컴퓨터가 지각이 있는 존재가 아니고 말을 들을 수 없다는 것을 알지만 그럼에도 정신 모델에 따라 컴퓨터가 사람 말에 반응하는 개체라고 생각할 수 있다.
사람들은 가급적이면 정신 모델을 사용하지 않으려고 한다. 두뇌는 많은 양의 에너지를 필요로 하기 때문에 일반적으로 정신적인 수고를 덜 수 있다면 차라리 육체적인 일을 추가로 하는 것을 선호한다.	예를 들어 디버깅을 할 때 많은 프로그래머는 문제에 대한 더 나은 정신 모델을 만드는 데 에너지를 쓰기보다는 코드를 조금만 고친 후에 다시 돌려보고 버그가 해결됐는지 확인하는 것을 더 선호한다.

2　Dedre Gentner, "Psychology of mental models," in *International Encyclopedia of the Social and Behavioral Sciences*, eds. Neil J. Smelser and Paul B. Bates (Elsevier, 2002), 9683–9687.

6.2.2 새로운 정신 모델 배우기

표 6.1에서 볼 수 있듯이, 서로 경쟁하는 여러 개의 정신 모델을 동시에 가질 수 있다. 우리는 파일을 '폴더'에 들어 있는 것이라고 피상적으로 생각하지만, 실은 그것이 하드 드라이브 내에서 정보가 저장된 위치에 대한 참조라는 사실도 알고 있다.

프로그래밍을 배울 때, 사람들은 종종 새로운 정신 모델을 점차적으로 배운다. 예를 들어 처음에는 하드 드라이브에 있는 문서를 어딘가에 저장된 단어가 있는 실제 문서로 생각하다가 나중에 하드 드라이브에 0과 1만 저장된다는 사실을 알게 된다. 또는 변수의 이름과 값에 대해 처음에는 주소록의 이름 및 전화번호로 생각하다가 컴퓨터 메모리 작동 방법에 대해 자세히 알게 되면 해당 모델을 수정할 수도 있다. 무언가에 대해 더 깊이 있게 배우고 나면 오래되고 '잘못된' 정신 모델이 두뇌에서 제거되고 더 나은 정신 모델로 대체된다고 생각할 수도 있다. 그러나 그러한 정보가 LTM에서 완전히 사라질 가능성은 낮다는 것을 이전 장들을 통해 이미 확인했다. 따라서 이전에 배운 부정확하거나 불완전한 정신 모델을 사용할 위험이 항상 도사리고 있다. 여러 정신 모델이 동시에 활성 상태를 유지할 수 있으며 모델 간의 경계가 항상 명확한 것은 아니다. 특히 인지 부하가 높은 상황에서는 갑자기 오래된 모델을 사용할 수 있다.

정신 모델이 서로 경쟁하는 것에 관한 예로 다음과 같은 수수께끼 하나를 생각해보자. 눈사람에게 멋지고 따뜻한 스웨터를 입히면 어떻게 될까? 스웨터가 없는 것보다 더 빨리 녹을까, 아니면 천천히 녹을까?

언뜻 생각하면 눈사람이 더 빨리 녹을 것 같다. 왜냐하면 우리 두뇌가 재빠르게 스웨터의 정신 모델을 가져와 스웨터는 따뜻함을 제공하는 것으로 인식하기 때문이다. 하지만 좀 더 생각해보면, 스웨터는 따뜻함을 제공하는 것이 아니라 우리 몸의 체온을 유지하는 데 도움을 준다는 결론을 내릴 수 있다. 스웨터는 단열재이기 때문에 눈사람이 갖는 차가운 온도가 올라가는 것을 막아주므로 실제로는 눈사람이 더 빨리 녹는 것이 아니라 더 느리게 녹는다.

마찬가지로, 복잡한 코드를 읽을 때도 단순한 정신 모델을 사용하곤 한다. 예를 들어 포인터를 많이 사용하는 코드를 읽을 때 변수와 포인터의 정신 모델을 혼합하면 값과 메모리 주소를 혼동할 수 있다. 또는 비동기 호출이 들어간 복잡한 코드를 디버깅할 때 동기적 방식의 코드에 대한 오래되고 불완전한 정신 모델을 사용하기도 한다.

> **연습 6.2** 변수, 루프, 파일 저장, 메모리 관리와 같은 프로그래밍 개념에 대해 알고 있는 정신 모델 두 가지를 생각해보라. 그 두 가지 정신 모델의 유사점과 차이점은 무엇인가?

6.2.3 코드에 대해 생각할 때 정신 모델을 효율적으로 사용하는 방법

이전 장들에서 두뇌의 여러 가지 다른 인지 과정에 대해 논의했다. LTM에는 평생 지워지지 않는 기억뿐만 아니라 스키마타라는 지식 표현 역시 저장된다. 두뇌가 실제로 사고를 행하는 작업 기억 공간에 대해서도 다뤘다.

인지 과정과 정신 모델이 어떤 연관이 있는지 궁금할 수 있다. 이러한 모델은 LTM에 저장되고 필요할 때 인출되는가? 아니면 코드를 생각할 때 작업 기억 공간이 만드는가? 정신 모델이 어떻게 처리되는지 이해하면 모델을 더 효과적으로 사용하는 데 도움이 될 것이다. 정신 모델이 주로 LTM에 위치한다면 플래시카드로 그것들을 기억하도록 훈련할 수 있고, 그게 아니라 작업 기억 공간에 생성된다면 시각화를 사용하여 정신 모델을 사용하는 인지 과정을 도울 수 있을 것이다. 신기하게도 케네스 크레이크의 정신 모델에 대한 최초의 책 이후 이 주제는 거의 40년 동안 더 이상 연구되지 않다가 1983년 《Mental Models(정신 모델)》이라는 동일한 제목의 두 책이 서로 다른 저자에 의해 각각 출판되었다. 이 두 저자는 뇌에서 정신 모델이 어떻게 처리되는지에 대해 다른 견해를 가지고 있었다. 이에 대해 이어서 살펴보겠다.

작업 기억 공간에서의 정신 모델

1983년 나온 정신 모델에 관한 첫 번째 책은 프린스턴 대학교 심리학과 교수 필립 존슨-레어드Philip Johnson-Laird가 집필했다. 존슨-레어드는 두뇌가 추론을 하는 동안 정신 모델이 사용되고, 따라서 작업 기억 속에 존재한다고 주장했다. 그는 자신의 책에서 이 모델이 어떻게 사용되는지에 관해 수행한 연구에 대해 설명한다. 실험 참가자들에게 '스푼은 포크 오른쪽에 있다'와 '접시는 나이프 오른쪽에 있다'처럼 테이블 세팅에 관해 설명하는 문장들이 주어졌다. 설명을 들은 후 참가자들은 관련 없는 몇 가지 다른 일을 했다. 그런 다음 테이블 세팅에 대한 네 가지 서로 다른 서술을 들려주고 처음에 들었던 세팅과 가장 유사한 것이 무엇인지 맞히게 했다.

참가자가 선택할 수 있는 서술 중 2개는 완전히 달랐고, 1개는 원래의 서술이었고, 나머지 1개는 처음에 들었던 테이블 배치를 추론해낼 수 있는 설명이었다. 예를 들어 '칼은 포크 왼쪽에 있다'와 '포크는 접시 왼쪽에 있다'라고 하면, 접시는 명시적으로 말하지 않아도 칼 오른쪽에 있다는 것을 추론할 수 있다. 그다음 참가자들은 네 가지 설명에 대해 원래의 테이블 배치를 가장 잘 설명하는 순서대로 순위를 매겼다.

실험 참가자들은 대체로 원래의 서술과 유추된 서술에 대해 나머지 완전히 다른 2개의 서술보다 높은 순위를 매겼다. 이를 통해 참가자들이 테이블 설정에 관한 모델을 만들어 정답을 고르는 데 사용한다는 결론이 도출되었다.

프로그래밍에 대한 생각을 개선하기 위해 존슨-레어드의 연구로부터 배울 수 있는 것은 추상적인 코드 모델을 갖는 것이 도움이 된다는 점이다. 이 경우 코드를 다시 참조하는 것보다 모델 자체에 대해 추론할 수 있으므로 이렇게 하는 것이 더 효율적이다.

구체적인 모델이 더 효과적이다

이 장의 뒷부분에서는 코드에 대해 추론할 때 정신 모델을 의도적으로 만드는 방법에 대해 알아보겠다. 하지만 우선 존슨-레어드의 연구에서 아직 다루지 않은 한 가지를 살펴봐야겠다. 그의 실험에는 흥미로운 반전이 있었다!

참가자들이 테이블 세팅에 대해 받은 서술은 저마다 달랐다. 어떤 참가자들은 처음 들은 설명과 일치하는 서술이 하나만 있었다. 그러나 어떤 참가자들은 처음 들은 설명과 일치하는 테이블 세팅이 여러 개 있었다. 예를 들어 그림 6.3에서 '포크는 숟가락의 왼쪽에 있다'와 '숟가락은 포크 오른쪽에 있다'는 문장은 두 테이블 세팅에 다 해당한다. 반면 '접시는 숟가락과 포크 사이에 있다'는 서술은 그림 6.3에서 왼쪽의 테이블 세팅에만 해당한다.

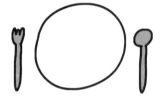 

그림 6.3 실험 참가자들이 주어진 서술과 일치하는 것을 찾도록 요청한 테이블 세팅의 예. 여기서 '포크는 숟가락 왼쪽에 있다'는 두 세팅 다 해당한다.

존슨-레어드가 두 가지 유형의 서술(결정적 서술과 비결정적 서술)에 대한 참가자의 성과를 비교했을 때, 결정적 서술을 받은 참가자가 비결정적 서술, 즉 여러 개의 테이블 세팅에 해당하는 서술을 받은 참가자보다 정답을 더 많이 고른다는 것을 발견했다. 두 그룹의 정답률은 큰 차이를 보였는데 첫 번째 그룹은 88%, 두 번째 그룹은 58%였다. 이러한 결과는 어떤 상황에 대해 보다 구체적인 모델을 만드는 것이 추론에 큰 도움이 된다는 것을 나타낸다.

이러한 결과를 프로그래밍에 대해 적용해보면 정신 모델에 세부 정보가 많을수록 시스템에 대한 추론이 더 쉽고 시스템에 대한 질문에도 정확한 대답을 할 수 있음을 시사한다.

소스 코드에 대한 정신 모델을 작업 기억 공간에 생성하기

정신 모델이 정확하고 구체적이면 복잡한 시스템에 대해 생각할 때 도움이 된다는 것을 이 장에서 살펴봤다. 그렇다면 정확하고 구체적인 정신 모델을 어떻게 만들 수 있을까? 코드가 단순하면 많은 노력 없이 정신 모델을 만들 수 있다. 그러나 코드가 복잡하거나 코드베이스나 도메인에 대한 지식이 부족한 경우에는 정확한 정신 모델을 만드는 데 더 많은 노력이 필요하다. 그렇지만 그렇게 만든 모델은 훌륭한 자산이 될 수 있기 때문에 많은 노력을 기울일 가치가 있다.

다음 단계를 수행하면 복잡한 코드에 대한 정신 모델을 작업 기억 공간에 구축하는 데 도움이 될 것이다.

1. **국지적 모델을 만든다.**

   작업 기억 공간을 도울 방법으로 상태표나 의존 그래프와 같이 손으로 직접 작성한 모델을 사용하는 것에 대해 앞 장에서 배웠다. 이러한 방법은 코드베이스의 일부분만을 나타내는 국지적 방법이지만, 더 큰 규모의 코드에 대한 정신 모델을 만드는 데 두 가지 측면에서 도움이 될 수 있다. 첫째, 작업 기억 공간의 인지 부하를 낮추는 데 도움이 되기 때문에 더 큰 규모의 정신 모델을 만드는 데 쉽게 집중할 수 있다. 둘째, 이러한 작은 모델들은 더 큰 규모의 정신 모델의 구성 요소로 사용될 수 있다. 예를 들어 서로 밀접하게 관련되어 있는 라인을 하나의 의존 그래프로 나타낸다고 할 때 이 의존 그래프는 정신 모델을 형성하는 데 중요한 역할을 할 수 있다.

2. **코드에서 관련된 모든 객체와 객체 간의 관계를 나열한다.**

   코드에 대한 정신 모델을 구축할 때는 코드의 요소에 대해 추론하는 것을 원할 것이다. 예를 들어 송장invoice을 작성하는 프로그램의 정신 모델에는 한 사람이 여러 개의 송장을 가질 수 있지만 한 송장은 한 사람에게만 속한다는 제약 조건이 포함될 수 있다. 코드 내에서 여러 구성 요소 간에 이루어지는 상호작용을 이해하려면 먼저 화이트보드 또는 디지털 도구를 사용하여 구성 요소를 나열한 다음 그들 사이의 관계를 찾아야 한다. 이렇게 하면 전체 시스템을 보다 명확하게 파악할 수 있다.

3. **시스템에 대한 질문을 만들고 이 질문의 답을 사용해서 모델을 개선한다.**

   이제 1단계와 2단계에서 구성한 정신 모델을 사용하여 작업 중인 시스템에 대해 질문과 답변을 하고 이를 코드에서 확인할 수 있다. 무엇이 올바른 질문인지는 현재 사용 중인 시스템에 따라 다르지만, 다음과 같이 대부분의 시스템에 해당하는 일반적인 질문이 가능하다.

   - 시스템에서 가장 중요한 요소(클래스, 객체, 페이지)는 무엇인가? 모델에 그것들이 포함되었는가?
   - 이 중요한 요소들 사이의 관계는 무엇인가?
   - 프로그램의 주요 목표는 무엇인가?
   - 목표가 핵심 요소 및 그 관계와 어떻게 관련되어 있는가?
   - 일반적인 사용 사례는 무엇인가? 모델이 그것을 보여주는가?

LTM의 정신 모델

지금까지 우리는 추론을 위한 정신 모델의 사용에 관해 논의했다. 존슨-레어드는 이 모델이 작업기억 공간 속에 자리 잡고 있다고 설명했다. 그러나 다른 관점으로 정신 모델이 LTM에 저장된다고 보는 주장도 있다.

1983년 나온 두 번째 정신 모델 책은 R&D 기업인 볼트 베라넥 뉴먼Bolt Beranek and Newman Inc.(현 레이시언 BBN 테크놀로지스)의 연구원 데드레 겐트너Dedre Gentner와 앨버트 스티븐스Albert Stevens가 썼다. 이들은 존슨-레어드와 달리 일반적인 정신 모델은 LTM에 저장되며 필요할 때 기억해 낼 수 있다고 주장했다.

예를 들어 사람은 유리컵에 우유를 따를 때 사용되는 액체가 어떻게 흐르는지에 대한 정신 모델을 저장할 수 있다. 이 모델은 일반적이기 때문에 팬케이크 반죽을 그릇에 부을 때 그 반죽이 우유와 조금 다른 움직임을 가질 것이라는 것을 안다. 반죽은 우유보다 농도가 더 진하지만 액체가 어떻게 흐르는지에 대한 정신 모델과 여전히 일치한다.

이것은 프로그래밍에 어떻게 적용될까? 프로그래밍에서는 트리를 탐색하는 것에 대한 추상적인 표현을 저장할 수 있다. 즉 탐색을 시작할 루트가 있고, 주어진 노드의 모든 자식 노드를 확인하는 너비 우선 탐색breadth first search을 하거나 자식 노드 하나를 선택하고 더 이상 진행할 수 없을 때까지 계속 자식 노드를 확인하는 깊이 우선 탐색depth first search을 할 수도 있다. 트리 구조를 사용하는 프로그램을 접할 때면 트리에 대한 일반적인 정신 모델을 기억해낼 수 있다.

겐트너와 스티븐스의 정신 모델은 LTM의 스키마와 다소 유사하다. LTM에 저장된 정신 모델은 데이터를 구성하는 데 도움이 되며 이전에 본 것과 유사한 상황을 새로 접했을 때 사용할 수 있다. 예를 들어 한 번도 사용해본 적이 없는 프로그래밍 언어로 작성된 트리 탐색 코드도 이전에 저장한 정신 모델을 사용해서 이해할 수 있다.

LTM에 소스 코드에 대한 정신 모델 생성

이런 식으로 정신 모델을 생각하면, 정신 모델을 사용하는 방법을 개선할 수 있다. 겐트너와 스티븐스의 견해에 따르면, 복잡한 소스 코드를 읽을 때, 정신 모델의 구체적인 사례를 만들기보다는 정신 모델을 더 잘 활용하기 위해 잠재적 정신 모델의 어휘를 더 많이 쌓아야 한다. 이전 장들에서 LTM에 저장된 정보를 확장하는 방법에 대해서도 살펴봤다.

LTM에 저장된 지식을 확장하기 위해 우리가 논의했던 한 가지 방법은 플래시카드를 사용하는 것이었다. 3장에서 논의한 플래시카드는 한쪽 면에 프로그래밍 개념이 있고 다른 한쪽 면에는 그 개념에 해당하는 코드가 있다. 코드에 대해 추론할 때 사용할 수 있는 정신 모델을 더 많이 저장하고 싶다면 플래시카드를 사용할 수 있다. 하지만 이번에는 플래시카드에 작성할 정보가 다르다. 문법 개념에 대한 지식을 확장하는 것이 아니라 정신 모델 또는 코드에 대한 어휘를 확장하는 것이다. 카드의 한쪽에는 정신 모델의 이름을, 다른 쪽에는 정신 모델의 간략한 설명 또는 시각화된 정보를 적는다.

코드에 대해 생각할 때 어떤 정신 모델을 사용할지는 코드의 도메인, 프로그래밍 언어 및 구조에 따라 부분적으로 달라진다. 그러나 일반적으로 다음과 같은 사항을 고려해볼 가치가 있다.

- 방향/무방향 그래프 혹은 다양한 형태의 리스트 같은 자료구조
- 관찰자 패턴과 같은 디자인 패턴
- 모델-뷰-컨트롤러와 같은 아키텍처 패턴
- 개체 관계도 또는 시퀀스 다이어그램과 같은 도표
- 상태도 또는 페트리 넷과 같은 모델링 도구

정신 모델에 대해 플래시카드를 사용할 수 있는 방법은 두 가지가 있다. 먼저 문법용 플래시카드와 같은 방법으로 지식을 테스트하는 데 사용할 수 있다. 프롬프트를 읽은 다음 해당 설명을 알고 있는지 확인한다. 앞서 설명했듯이, 익숙하지 않은 패턴을 볼 때마다 정신 모델 플래시카드를 추가할 수 있다.

두 번째 방법은 이해가 안 되는 어려운 코드를 읽을 때 사용하는 것이다. 플래시카드에 있는 정신 모델 중에 코드에 적용할 만한 것이 있는지 확인한다.

예를 들어 트리에 대한 카드를 뽑았다면 "이 코드를 트리 형식으로 생각해볼 수 있을까?"라고 자문해보라. 패턴을 적용할 수 있다면 카드를 이용해서 초기 모델을 만들 수 있다. 트리의 경우, 모델에 포함될 노드, 단말 노드, 간선은 어떤 것들인지 그리고 그것들이 표현하는 것은 무엇인지 결정해야 한다.

> **연습 6.3** 작업 중인 코드에 대해 사용할 수 있는 정신 모델 플래시카드를 만들어보라. 한쪽에는 정신 모델의 이름을 쓰고 다른 한쪽에는 모델에 대한 설명을 적는다. 설명을 적을 때 이 정신 모델을 적용할 때 물어볼 질문을 추가하기 바란다. 예를 들어 단말 노드 및 간선을 모델링하는 트리에 대해서라면 "단말 노드로 나타낼 수 있는 코드는 무엇인가?"라는 질문으로 시작할 수 있다. 마찬가지로 상태표에 대한 정신 모델을 사용하려면 변수 목록을 만들어야 한다. 따라서 "변수는 어떤 것들이 있는가"라는 질문으로 시작할 수 있다.
>
> 이 연습은 팀원들이 같이 할 수 있고, 다른 사람의 모델로부터 배울 수도 있다. 정신 모델의 어휘를 공유하면 코드에 대한 의사소통을 매우 쉽게 할 수 있다.

정신 모델은 LTM과 작업 기억 공간에 다 있다

정신 모델에 대한 두 가지 관점, 즉 작업 기억 공간에서 사용된다는 관점과 LTM에 저장된다는 관점은 여전히 유효하다. 두 가지 견해가 모순되는 것처럼 보이겠지만, 이 장에서 살펴본 것처럼 두 이론 모두 가치가 있고, 사실 서로를 잘 보완한다. 1990년대에 수행된 연구에 따르면 두 이론 모두 어느 정도까지는 사실이고, LTM에 저장된 정신 모델은 작업 기억 공간의 정신 모델 구축에 영향을 미칠 수 있다.[3]

6.3 개념적 기계

앞 섹션에서는 문제에 대해 추론할 때 두뇌에서 형성되는 표현인 정신 모델에 대해 논의했다. 정신 모델은 일반적이며 모든 영역에서 찾아볼 수 있다. 프로그래밍 언어에 대한 연구도 이와 비슷한 개념을 사용하는데 바로 **개념적 기계**notional machine라는 것이다. 정신 모델은 일반적으로 세상의 모든 것의 모델이 될 수 있지만, 개념적 기계는 컴퓨터가 코드를 실행하는 방법에 대해 추론할 때 사용하는 모델이다. 더 정확히 말하자면, 개념적 기계는 컴퓨터가 무엇을 하고 있는지에 대한 추상적 표현으로 두뇌가 생각하는 과정에 이것을 사용한다.

프로그램 또는 프로그래밍 언어가 어떻게 작동하는지 이해하고자 할 때, 대부분의 경우 컴퓨터가 물리적으로 어떻게 동작하는지에 대한 세부 사항에는 관심이 없다. 즉 전기를 사용하여 비트를 저장하는 방법에 큰 관심이 있지는 않다. 대신, 두 개의 값을 교환하거나 목록에서 가장 큰 요소를 찾는 것과 같이 프로그래밍 언어를 통해 더 높은 개념적 수준에서 일어나는 효과에 관심이 있다. 실제 물리적 기계와 그 기계가 더 추상적인 수준에서 수행하는 작업의 차이를 나타내기 위해 '개념적 기계'라는 용어를 사용한다.

예를 들어 자바 또는 파이썬에 대한 개념적 기계에는 '참조'라는 개념은 있어도 '메모리 주소'는 존재하지 않을 수도 있다. 메모리 주소는 자바 또는 파이썬으로 프로그래밍할 때 굳이 알 필요가 없는 세부 구현 사항으로 간주할 수 있다.

개념적 기계는 우리가 조금 전에 살펴본 것처럼, 불완전할지는 몰라도 프로그래밍 언어의 실행에 대해 일관되고 정확하게 추상화한 것이다. 따라서 개념적 기계는 프로그래머의 정신 모델과는 다른데 정신 모델은 잘못되거나 일관되지 않을 수도 있기 때문이다.

---

3   Philip N. Johnson-Laird et al., "Toward a Unified Theory of Reasoning," *Psychology of Learning and Motivation* 59 (2013): 1-42, https://www.sciencedirect.com/science/article/pii/B9780124071872000010.

개념적 기계와 정신 모델의 차이점을 가장 확실하게 이해하는 방법은, 개념적 기계는 컴퓨터가 작동하는 방식을 설명하는 것이라는 점이다. 개념적 기계를 내재화하여 쉽게 사용할 수 있는 경우 개념적 기계는 정신 모델이 된다. 프로그래밍 언어에 대해 더 많이 배울수록, 정신 모델은 점점 더 개념적 기계에 가까워진다.

6.3.1 개념적 기계는 무엇인가?

개념적 기계라는 용어 자체가 이해하기 어렵기 때문에, 예시와 프로그래밍에 적용하는 방법을 살펴보기 전에 먼저 용어에 대해 설명해보겠다. 첫 번째로 짚고 넘어가야 할 점은 개념적 기계는 '기계'를 뜻하므로, 자유롭게 상호작용할 수 있다는 것이다. 이 점이 물리학이나 화학의 정신 모델과 중요하게 다른 점이다. 과학적인 실험을 통해 우리 주변의 세계에 대한 이해를 쌓을 수 있지만, 실험하기 어렵거나 혹은 최소한 안전하게 실험하기 어려운 것도 많다. 예를 들어 전자나 방사능의 행동에 대한 정신 모델을 형성할 때, 가정이나 직장에서 안전한 실험 환경을 만드는 것이 어렵다. 프로그래밍에 대해서는 우리가 언제든지 상호작용할 수 있는 기계가 있다. 개념적 기계는 코드를 실행하는 실제 기계를 올바르게 이해하기 위해 만들어졌다.

개념적 기계라는 용어에서 '개념적'이란 단어는 옥스퍼드 사전에 따르면 "제시, 추정, 이론에 근거하거나 존재하지만 실제로는 존재하지 않는다"라는 뜻이다. 컴퓨터가 어떻게 작동하는지에 대해 생각할 때, 모든 세부 사항에 관심이 있는 것은 아니다. 우리가 컴퓨터 작동 방식에 대해 생각할 때는 어떤 가정하의 이상적인 상황에서 작동하는 것에 관심이 있다. 예를 들어 변수 x가 12라는 값을 가질 때 대부분의 경우 값이 저장된 메모리 주소와 이 주소를 변수에 연결하는 포인터 같은 것에는 관심을 두지 않는다. x를 어딘가에 존재하는, 현재 값을 가진 개체 정도로 생각하면 충분하다. 개념적 기계는 추상적 수준에서 컴퓨터의 동작에 대해 추론하는 것이 필요한 경우에 사용한다.

6.3.2 개념적 기계의 예

개념적 기계에 대한 아이디어는 1970년대 로고_{Logo} 언어를 연구하던 서식스 대학교의 벤 뒤 불레_{Ben du Boulay} 교수에 의해 고안되었다. 로고는 시모어 페퍼트_{Seymour Papert}와 신시아 솔로몬_{Cynthia Solomon}이 고안한 교육용 프로그래밍 언어였다. 로고 언어는 선을 긋고 코드로 조종할 수 있는 개체로 거북이_{turtle}(터틀)를 도입한 최초의 언어다. 로고라는 이름은 단어나 생각을 뜻하는 그리스 단어 로고스_{logos}에서 유래했다.

뒤 불레는 처음에 아이들과 교사들에게 로고를 가르치기 위해 '개념적 기계'라는 용어를 사용했다. 그는 이것을 '프로그래밍 언어의 구성 요소가 암시하는 이상적인 컴퓨터 모델'이라고 설명했다.

예를 들어 뒤 불레는 언어 실행 모델을 공장 노동자로 비유했다. 작업자는 명령과 기능을 실행할 수 있으며, 매개변수의 값을 들을 수 있는 귀, 출력을 말하는 입, 그리고 코드에서 설명하는 작업을 수행하는 손을 가지고 있다. 이러한 프로그래밍 개념의 표현은 단순하게 시작되었지만 점차 내장 명령, 사용자 정의 프로시저 및 함수, 하위 프로시저 호출 및 재귀 호출 등 로고 언어 전체를 설명하는 데까지 넓혀졌다.

이미 살펴본 바와 같이, 개념적 기계는 코드를 실제로 실행하는 기계의 동작을 설명하기 위해 만들어졌기 때문에 몇 가지 특성은 기계와 동일하다. 예를 들어 물리적 기계와 마찬가지로 개념적 기계는 '상태state'라는 개념을 가지고 있다. 변수를 상자로 생각하면 이 개념적인 가상의 상자는 비어 있거나 값을 가지고 있거나 하는 두 가지의 상태를 가질 수 있다.

하드웨어와 연관이 없는 다른 형태의 개념적 기계도 있다. 코드를 읽고 작성할 때 우리는 실제로 실행되는 시스템의 추상 표현을 사용할 가능성이 높다. 예를 들어 프로그래밍 언어에서 계산이 어떻게 이루어지는지에 대해 생각할 때, 우리는 종종 컴퓨터의 작업을 수학자의 작업에 비유한다. 다음 자바 표현식을 예로 들어보자.

```java
double celsius = 10;
double fahrenheit = (9.0/5.0) * celsius + 32;
```

변수 `fahrenheit`의 값을 예측할 때 우리는 값을 대입substitution한다. 즉 두 번째 라인의 변수 `celsius`에 값 10을 대입한다. 다음 단계로 연산자 우선순위를 나타내는 괄호를 마음속에서 추가한다.

```java
double fahrenheit = ((9.0/5.0) * 10) + 32;
```

두뇌가 이러한 변환에 기반해서 계산을 수행하는 것은 계산에 대한 완벽한 모델이긴 하지만, 이것이 기계가 수행하는 계산을 표현하는 방식은 아니다. 당연하게도 실제 컴퓨터에서 일어나는 일은 상당히 다르다. 기계는 값을 계산할 때 거의 대부분 스택 구조를 사용한다. 표현식을 폴란드 표기법Polish notation의 역순으로 변환하고 9.0/5.0의 결과를 스택에 넣은 다음, 스택에서 다시 꺼내 10을 곱하고 나서 다음에 수행할 계산을 위해 그 결과를 다시 스택에 넣는다. 위 코드를 볼 때 우리 두뇌에서 형성되는 수학적 연산은 부분적으로는 잘못됐지만 유용한 개념적 기계의 완벽한 예시다. 원한다면 이것을 '대입 개념적 기계'라고 불러도 될 것이다. 이것은 스택 기반 모델보다 대부분의 프로그래머들의 정신 모델에 더 가깝다.

6.3.3 개념적 기계의 층위

지금까지 개념적 기계의 예를 몇 가지 살펴봤다. 개념적 기계는 프로그래밍 언어 수준에서 작동하며 기저에 있는 시스템의 모든 세부 사항은 추상화한다. 방금 본 대입 개념적 기계가 그 예다.

어떤 개념적 기계는 물리적 컴퓨터가 프로그램을 실행하는 방법을 더 잘 표현할 수 있는데 예를 들어 스택을 실제 종이 더미로 표현하는 것이다. 프로그래밍 개념에 대한 설명과 이해를 목적으로 개념적 기계를 사용할 때, 이것이 어떤 세부 사항은 숨기고 어떤 세부 사항은 나타내는지 의식적으로 생각해보면 좋다. 그림 6.4는 그 위에서 개념적 기계가 동작할 수 있는 4가지 추상화 층위에 대해 개괄적으로 보여준다. 각 층위에 대한 예도 괄호 안에 표시했다. 예를 들어 '박스로서의 변수'는 프로그래밍 언어 층위와 컴파일러/인터프리터 층위에서는 역할이 있지만 컴파일된 코드와 운영체제에 대한 세부 정보는 추상화한다.

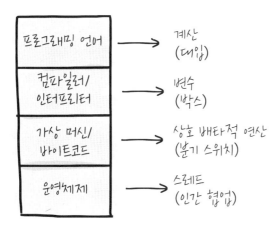

그림 6.4 개념적 기계가 추상화를 사용할 수 있는 다양한 층위. 예를 들어 우리가 본 대입 개념적 기계는 프로그래밍 언어 이외의 모든 것을 추상화하는 반면 스레드를 인간 협업으로 표현하는 것은 운영체제의 작동에 중점을 둔다.

코드에 대해 추론할 때 자신이 어떤 세부 사항을 무시하고 있는지 아는 것이 중요할 수도 있다. 세부 사항을 추상화하는 것이 코드를 더 높은 수준에서 이해하기에는 좋은 방법이지만, 코드에 대해 생각하다 보면 관련된 세부 사항까지도 추상화해버리는 경우도 있을 수 있다.

연습 6.4 개념적 기계의 세 가지 예와 그 개념적 기계가 작동하는 층위를 열거해보라. 그 개념적 기계들에 대해 추상화 층위를 선택하여 다음 표를 채워보자.

개념적 기계	프로그래밍 언어	컴파일러/인터프리터	가상 기계/바이트코드	운영체제

6.4 개념적 기계와 언어

기계의 작동 방식에 대해 추론할 때뿐만 아니라 코드에 대해 이야기할 때도 종종 개념적 기계를 사용한다. 예를 들어 우리는 변수가 값을 '보유hold'한다고 말한다. 물론 변수 안에 숫자가 저장된 물리적 객체는 존재하지 않는다. 이렇게 말하는 것은 변수를 값이 들어 있는 상자로 표현하는 정신 모델을 나타낸다.

프로그래밍에 관해 말할 때는 암시적으로 개념적 기계가 그 바탕에 깔려 있고 특정 정신 모델로 이어지는 경우가 많다. 예를 들어 우리는 파일이 '열림' 또는 '닫힘' 상태라고 말하는데, 이것은 기술적으로 파일을 읽을 수 있거나 읽을 수 없다는 것을 의미한다. 우리는 일반적으로 '포인터'라는 단어를 사용하고 포인터가 특정 값을 '가리킨다'고 흔히 말하며, 함수가 스택에 새로운 값을 넣어 함수 호출자(혹은 정신 모델)가 사용할 수 있게 될 때 함수가 값을 '반환'한다고 말한다.

일반적으로 사물의 작동 방식을 설명하는 데 사용되는 개념적 기계는 우리가 코드에 대해 이야기할 때 사용하는 언어, 심지어는 프로그래밍 언어에서도 발견된다. 예를 들어 많은 프로그래밍 언어가 포인터라는 개념을 가지고 있고, 많은 IDE에서 특정 함수가 '호출'되는 위치를 확인할 수 있다.

> **연습 6.4** 프로그래밍에 대해 사용하는 말 중에 어떤 특정한 개념적 기계와 정신 모델을 나타내는 세 가지 예를 더 열거해보라.

6.4.1 개념적 기계의 확장

필자가 앞서 '개념적 기계'라는 용어를 사용할 때는 어떤 한 시점에 오직 하나의 개념적 기계만 있는 것처럼 말했다. 실제로 프로그래밍 언어에는 전체 범위를 아우르는 하나의 개념적 기계만 있는 것이 아니라 서로 겹치는 여러 개의 개념적 기계들이 있다. 예를 들어 프로그래밍 언어를 배울 때 단순한 타입의 변수는 값이 들어 있는 상자와 같다는 설명을 들은 적이 있을 것이다. 프로그래밍 경력을 쌓아가면서 복합 타입에 대해서도 배웠을 텐데, 이는 각각 단순한 값을 갖는 상자의 스택이라고 생각할 수도 있다. 그림 6.5와 같이 이 두 가지 개념적 기계는 서로를 기반으로 만들어진다.

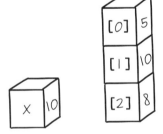

그림 6.5 두 가지 개념적 기계. 왼쪽은 변수를 상자로 시각화하고 오른쪽은 배열을 상자를 쌓아놓은 것으로 표시한다.

프로그래밍 언어에 등장하는 개념을 이해하기 위해 우리가 사용하는 추상화 집합을 확장하는 예는 수없이 많다. 예를 들어 함수를 지원하는 프로그래밍 언어에서 전달되는 매개변수에 대해 생각할 때 사용할 수 있는 개념적 기계를 고려해보자. 처음 매개변수가 없는 함수를 배울 때는 여러 줄의 코드를 한데 묶어놓은 것으로 생각하곤 한다. 입력 매개변수가 추가되고 프로시저에서 함수로 바뀌면, 함수는 백팩에 값을 넣은 후 코드의 호출 위치로 그것을 가져오는 여행자로 보게 된다. 또한 출력 매개변수를 고려하면 그림 6.6과 같이 백팩에 값을 넣어 다시 가져오는 여행자가 된다.

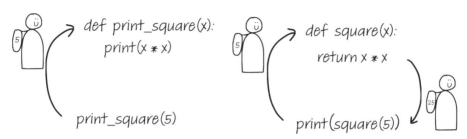

그림 6.6 함수에 대한 두 가지 개념적 기계. 왼쪽은 입력 매개변수만 지원하는 기계고 오른쪽은 출력 매개변수까지 포함하는 확장된 모델이다.

6.4.2 여러 개념적 기계는 서로 충돌하는 정신 모델을 만들 수 있다

앞 섹션에서는 변수에 대한 상자가 여러 개 쌓여 배열에 대한 개념적 기계를 구성하듯 하나의 개념적 기계가 다른 개념적 기계를 구성하는 데 사용될 수 있음을 살펴봤다. 하지만 개념적 기계가 만들어내는 정신 모델이 서로 충돌할 수도 있다.

예를 들어 변수를 상자로 설명하는 개념적 기계는 변수를 이름표로 보는 개념적 기계와 다르다. 이 두 개념적 기계를 일관성 있는 하나의 정신 모델로 합칠 수 없다. 변수에 대해 생각할 때는 상자이거나 이름표 둘 중 하나로 생각하지 둘 다 동시에 생각할 수는 없다. 이 두 개념적 기계는 각각 장단점이 있다. 예를 들어 변수를 상자로 표현하면 상자에 동전이나 사탕이 여러 개 들어 있을 수 있는 것과 같이 변수가 여러 개의 값을 동시에 가질 수 있는 것으로 생각할 수 있다. 변수를 이름표나 스티커로 생각하는 경우에는 이와 같은 오류를 범할 가능성이 낮다. 스티커는 한 군데에만 부착할 수 있으므로 변수 또한 (어느 한 순간에는) 하나의 값만 가질 수 있다. 2017년에 필자의 연구 그룹은 암스테르담에 있는 NEMO 과학 박물관에서 이러한 개념에 대한 연구를 수행했다.[4] 이 연구 전에는 프로그래밍 경험이 전혀 없던 496명의 참가자들에게 스크래치Scratch를 사용해서 프로그래밍 입문 수업을 가르쳤다. 스크래치는 MIT에서 개발한 블록 기반 프로그래밍 언어로, 아이들이 친근하고 쉽게 프로그래밍을 배울 수 있도록 만들어진 언어다. 프로그래밍의 첫 단계를 시작하는 초보자를 위한 것이긴

---

4   Felienne Hermans et al., "Thinking out of the Box: Comparing Metaphors for Variables in Programming Education" in *Proceedings of the 13th Workshop in Primary and Secondary Computing Education*, no. 8 (2018), https://dl.acm.org/doi/10.1145/3265757.3265765.

하지만 변수를 정의하고 사용하는 등 보다 고급 기능도 지원한다. 변수 생성은 버튼을 누르고 변수명을 입력하면 완료되고 변수 설정은 그림 6.7에 표시된 프로그래밍 블록을 사용해서 이루어진다.

그림 6.7 스크래치에서 변수 points를 0으로 설정

이 연구에서는 변수라는 개념을 설명할 때 참가자들을 두 그룹으로 나눠 각 그룹에게 설명을 다르게 했다. 참가자 중 절반인 '라벨' 그룹은 체온이나 사람의 나이 등 변수를 라벨로 설명했다. 나머지 절반인 '상자' 그룹은 돼지 저금통이나 신발 상자와 같이 변수를 상자라고 설명했다. 우리는 그 수업에서 변수에 대한 은유 표현을 일관되게 사용했다. 예를 들어 상자 그룹에서는 "x가 5를 포함하나요?"라는 표현을 썼고, 라벨 그룹에서는 "x가 5인가요?"라는 표현을 사용했다.

이 입문 수업이 끝난 후 참가자들을 대상으로 프로그래밍에 대한 이해도를 테스트했다. 이 테스트에는 변수에 대한 질문도 있었는데 하나의 변수에 관한 간단한 문제와 변수에 값을 두 번 할당하는 문제가 있었다. 두 번째 문제는 변수가 두 가지 서로 다른 값을 동시에 갖지 못하고 오직 하나의 값만 가질 수 있다는 것을 실험 참여자들이 이해했는지 확인하기 위한 문제였다.

테스트 결과는 변수에 대한 두 가지 서로 다른 은유가 각각 장단점이 있다는 것을 명확히 보여주었다. 한번 값을 할당하는 간단한 질문의 경우 상자 그룹이 더 잘했다. 사람들은 항상 상자 안에 물건을 넣어두기 때문에 상자를 생각하는 것은 쉬운 일이라고 가정했다. 따라서 변수의 저장을 위한 상자 개념을 시각화하면 변수에 대해 이해하는 데 도움이 되었을 것이다. 하지만 변수가 두 가지 값을 가질 수 있다고 오해하는 참가자 역시 상자 그룹에 더 많았다.

이 연구의 중요한 점은 프로그래밍 개념과 그에 상응하는 컴퓨터의 동작을 설명할 때 현실 세계의 객체와 동작을 이용하는 것은 신중히 이루어져야 한다는 것이다. 실제 세계로부터 차용한 비유는 유용하게 사용될 수도 있지만 혼란도 초래할 수 있다. 특히 LTM에 오랫동안 저장된 정신 모델이 종종 작업 기억 공간에서도 사용될 수 있기 때문이다.

연습 6.6 코드에 대해 추론하거나 코드를 설명할 때 흔히 사용하는 개념적 기계를 생각해 보라. 이 개념적 기계가 만들어내는 정신 모델의 단점이나 한계는 무엇인가?

6.5 개념적 기계와 스키마타

개념적 기계는 단점이 있지만, 프로그래밍에 관해 생각할 때 일반적으로는 효과적인 수단이다. 그 이유는 책의 앞부분에서 다룬 몇 가지 주제와 관련이 있다. 효과적인 개념적 기계는 프로그래밍 개념을 일상생활의 개념과 연관 짓는데, 이런 일상생활의 개념에 대해서는 강한 스키마타가 이미 형성되어 있기 때문이다.

6.5.1 왜 스키마타가 중요한가?

스키마타는 LTM이 정보를 저장하는 방식이다. 예를 들어 상자에 대해 사람들이 가지고 있는 생각은 강한 연관성을 갖는 개념일 가능성이 매우 높다. 물건을 상자에 넣고, 나중에 꺼내고, 안에 뭐가 들었는지 확인하기 위해 열어보는 행동은 사람들에게 익숙한 작업일 가능성이 높다. 이와 같이 변수를 상자로 생각하면 추가적인 인지 부하가 발생하지 않는다. 하지만 "변수는 외발자전거와 같다"고 말한다면 별로 도움이 안 될 것이다. 대부분의 사람은 외발자전거의 동작에 대한 밀접한 정신 모델을 가지고 있지 않기 때문이다.

물론 사람들이 친숙하게 잘 아는 것이 시간과 장소에 고정되어 있는 것은 아니다. 따라서 개념을 설명할 때는 그 설명을 듣는 사람이 친숙한 비유를 고르는 것이 중요하다. 예를 들어 어떤 교육자들은 인도의 시골 아이들에게 컴퓨터의 기능을 설명할 때 코끼리를 컴퓨터로, 조련사를 프로그래머로 사용했는데, 그것이 아이들에게 익숙하기 때문이었다.

6.5.2 개념적 기계는 의미론인가?

필자가 개념적 기계를 정의했던 방식은 컴퓨터 프로그램의 **의미론**semantics의 정의를 생각나게 할 수도 있다. 의미론은 문법syntax이라는 프로그램의 외관보다는 **의미**meaning에 대해 연구하는 컴퓨터 과학의 하위 분야다. 프로그래밍 언어에서 개념적 기계가 단순히 의미론을 나타내는 것인지 궁금할지도 모르겠다. 그러나 의미론은 수학적 방정식과 수학적 정밀도로 컴퓨터의 동작을 공식화하는 것을 목표로 한다. 의미론은 세부 사항을 추상화하는 것이 아니라 세부 사항을 정확하고 완전하게 명시하는 것을 목표로 한다. 즉 개념적 기계와 의미론은 다르다.

요약

• 문제를 표현하는 방법은 문제에 대한 생각에 큰 영향을 미칠 수 있다. 예를 들어 고객을 목록과 집합으로 생각하는 것은 고객 객체를 저장하고 분석하는 방법에 영향을 줄 수 있다.

- 정신 모델은 우리가 문제를 생각할 때 형성하는 정신적 표상이다. 사람은 서로 경쟁하는 여러 정신 모델을 가질 수 있다.
- 개념적 기계는 실제 컴퓨터가 어떻게 기능하는지를 추상적으로 표현한 것으로, 프로그래밍 개념을 설명하고 프로그래밍에 대한 추론을 할 때 사용한다.
- 개념적 기계는 기존의 스키마타를 프로그래밍에 적용할 수 있기 때문에 프로그래밍을 이해하는 데 도움이 된다.
- 여러 다른 개념적 기계는 때때로 서로를 훌륭하게 보완하지만 상충되는 정신 모델을 만들 수도 있다.

생각의 버그

이 장에서는 다음과 같은 내용을 다룬다.

- 한 가지 프로그래밍 언어를 알고 있으면 새로운 언어를 배울 때 어떻게 도움이 되는지
- 새로운 프로그래밍 언어를 배울 때 발생하는 문제의 방지
- 두뇌가 어떻게 잘못된 개념을 갖게 되고 이것이 어떻게 버그를 초래하는지에 대한 이해
- 생각할 때 잘못된 개념을 피하고 버그를 방지하는 방법

앞의 몇 장에서 시각화 생성, 작업 기억 공간을 지원하는 프레임워크 사용, 코드 문제 해결을 위한 정신 모델 사용 등 코드의 문제를 해결하는 데 도움이 되는 기법에 대해 다뤘다. 하지만 우리 두뇌를 돕는 데 사용하는 기술이 아무리 유용해도, 여전히 코드에 대해 잘못 생각할 수 있다.

이 장에서 중점적으로 살펴볼 것은 버그bug다. 파일을 닫지 않거나 파일 이름에 오타가 생기는 것처럼, 버그는 일을 엉성하게 한 결과 발생하기도 한다. 하지만 더 많은 경우, 버그는 생각에 착오가 있을 때 발생한다. 파일을 사용 후 닫아야 한다는 것을 모르거나 프로그래밍 언어가 자동으로 파일을 닫는다고 가정할 수도 있다.

이 장에서는 먼저 여러 가지 프로그래밍 언어를 학습하는 것에 관해 살펴볼 것이다. 새로운 언어를 배울 때 잘못된 가정을 하게 되는 원인이 여러 가지 있는데 그중 한 가지는 다양한 개념에 대한 규칙이 프로그래밍 언어마다 다르기 때문이다. 예를 들어 파이썬은 open()으로 시작하는 블록이 끝나면 file.close() 문을 명시적으로 사용하지 않아도 파일을 닫지만 C에서는 항상 fclose()를

사용해야 한다. 이 장 첫 부분에서는 기존 지식을 활용하여 새로운 프로그래밍 언어를 학습하는 방법과 언어 간의 차이로 인해 발생하는 어려움과 오류를 피하는 방법에 대해 살펴보겠다.

이 장의 두 번째 부분에서는 코드에 대해 가질 수 있는 잘못된 가정에 대해 논의한다. 프로그래밍과 관련한 다양한 오개념misconception에 대해 다루고 오개념이 발생하는 이유에 대해 알아볼 것이다. 코드에 대해 가질 수 있는 오개념을 알면 오류를 조기에 발견하고 심지어 오류를 예방하는 데 도움이 된다.

7.1 왜 두 번째 프로그래밍 언어가 첫 번째보다 쉬울까?

LTM에 저장된 키워드 및 정신 모델이 코드를 이해하는 데 도움이 된다는 것을 앞서 배웠다. 때때로 무언가를 배울 때, 이미 배운 지식은 다른 영역에서도 유용하다. 이것을 **전이**transfer라고 부른다. 이러한 지식 전달은 이미 알고 있는 정보가 새로운 것을 하는 데 도움이 될 때 일어난다. 예를 들어 체커checkers[1]를 이미 할 줄 아는 사람은 몇몇 규칙이 비슷하기 때문에 체스를 더 쉽게 배울 수 있다. 마찬가지로, 자바를 이미 알고 있다면 변수, 루프, 클래스, 메서드와 같은 기본 프로그래밍 개념을 이미 알고 있기 때문에 파이썬을 더 쉽게 배울 수 있다. 또한 디버거나 프로파일러와 같이 프로그래밍 작업을 하면서 습득한 기술 중 일부는 또 다른 프로그래밍 언어를 배울 때 유용하게 사용할 수 있다.

LTM에 저장된 프로그래밍 지식은 새로운 프로그래밍 개념을 배우는 데 두 가지 방식으로 도움이 될 수 있다. 첫째, 프로그래밍(또는 다른 과목)에 대해 이미 많이 알고 있다면 그것에 대해 더 많이 학습하는 것이 쉬워진다. LTM에 저장된 정보를 사용해서 새로운 내용을 쉽게 배우는 이 과정을 **학습 도중 전이**transfer during learning라고 부른다.

새로운 정보를 접하면 감각 기억에서 STM으로 이동하며, 작업 기억 공간으로 들어가 처리된다는 것을 2장에서 배웠다. 이 과정이 그림 7.1에 설명되어 있다. 새로운 프로그래밍 개념에 대해 생각하면 작업 기억 공간이 활성화되고 LTM 또한 활성화되면서 관련 정보 인출이 시작된다.

그림 7.1에서 볼 수 있듯이, LTM을 검색할 때 새로 학습된 정보와 관련 있는 정보를 찾을 수도 있다. 새로운 정보와 관련 있는 정보가 존재하면 이것은 작업 기억 공간으로 전달된다. 이런 정보에 속하는 것으로는 절차적 기억procedural memory, 스키마, 계획, 일화적 기억episodic memory 등이 있다.

1　[옮긴이] 체스판 위에 한 가지 종류의 말들을 놓고 움직여 상대방의 말을 모두 먹으면 이기는 게임으로, 체스와 유사한 추상전략게임이다.

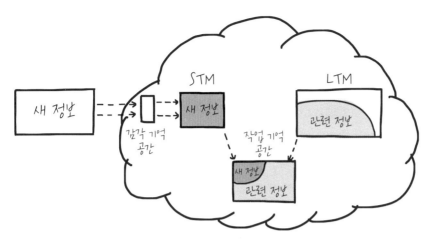

그림 7.1 새로운 정보를 습득하면, 먼저 감각 기억 공간과 STM에 의해 처리된다. 그다음에 작업 기억 공간으로 전송되며, 작업 기억 공간은 이에 대해 생각하는 동시에 LTM에서 관련 정보를 검색한다. 관련 정보가 발견되면 작업 기억 공간에 전송되어 새로운 정보에 대해 사고하는 것을 돕는다.

예를 들어 이미 자바를 알고 있는 상태에서 파이썬의 메서드에 대해 배운다면 자바의 메서드가 생각날 수 있다. 이 경우 파이썬의 메서드가 자바의 메서드와는 조금 다르게 동작하더라도 파이썬의 메서드에 대해 더 빨리 학습할 수 있다.

3장에서 새로운 개념을 배울 때 정교화하는 것에 대해 논의했다. 정교화는 새로운 정보를 이미 알고 있는 정보와 명시적으로 연관을 맺는 작업이다. 정교화가 효과적인 이유는 관련 정보를 LTM으로부터 명시적으로 검색하면 현재 하고 있는 작업에 도움이 될 만한 관련 정보를 인출할 가능성이 높기 때문이다. 따라서 정교화는 학습 도중 전이가 많이 일어나는 데 도움이 된다.

> **연습 7.1** 최근에 배운 새로운 프로그래밍 개념이나 라이브러리를 생각해보라. 이미 알고 있는 개념 중에 그 새로운 개념을 배우는 데 도움이 된 것은 무엇인가?

LTM에 저장된 지식이 학습을 지원하는 두 번째 방법은 **학습 전이**transfer of learning다. 학습 전이는 완전히 낯선 상황에 이미 알고 있는 내용을 적용할 때 일어난다. 인지과학에서 '전이'(전달)라는 용어를 사용할 때는, 거의 대부분의 경우 학습 전이를 의미한다.

학습 전이는 때로 우리의 사고 활동 없이도 일어난다. 예를 들어 새 바지를 살 때, 일부러 생각해내지 않아도 어떻게 단추를 달아야 할지 안다. 바지와 단추가 낯설어도 어떻게 하는지 그냥 아는 것이다. 마찬가지로, 이전에 전혀 사용해본 적이 없는 유형의 새로운 노트북을 구입해도 굳이 애써 생각해내지 않고도 키보드를 어떻게 사용할지 안다. 이와는 다르게 학습 전달이 의식적으로 이루어지는 경우도 있다. 가령 새로운 프로그래밍 언어를 배울 때 의식적인 학습 전달이 일어난다. 이미 파이썬을 아는 상태에서 자바스크립트를 배우고 있다면 "파이썬에서는 루프 안의 문장은 들여쓰기를 해야 되는데, 자바스크립트에서도 그렇게 해야 하나?"라고 생각할 수 있다.

학습 전이transfer of learning는 학습 도중 전이transfer during learning와 유사한데 두 가지 모두 뇌가 적용할 만한 관련 전략을 찾기 위해 LTM을 검색하기 때문이다.

7.1.1 기존 프로그래밍 지식을 활용할 가능성을 높이는 방법

전문 프로그래머로서, 지식 전이가 가능함에도 불구하고 그렇게 하지 못한 상황을 경험해본 적이 있을 것이다. 예를 들면 어떤 라이브러리의 특정 기능이 어떻게 작동하는지 이해가 되지 않다가 나중에 알고 보니 원래 잘 알고 있던 라이브러리였다는 식이다. 안타깝지만 유용한 모든 지식이 자동으로 새로운 상황으로 전이되는 것은 아니다.

한 작업에서 다른 작업으로 전이할 수 있는 학습의 양은 달라질 수 있고 많은 요인에 의해 영향을 받는다. 그 요인들은 아래와 같다.

- **숙달** — LTM에 이미 저장되어 있는 지식과 관련한 작업을 얼마나 잘 숙달했는지에 대한 것이다. 작업을 더 잘 알수록 다른 도메인에 더 잘 적용할 수 있다. 예를 들어 전문 자바 프로그래머는 파이썬을 새로 배울 때 초보 자바 프로그래머보다 사전 지식의 혜택을 더 많이 받을 수 있다. 이전에 살펴본 바와 같이, 전문 프로그래머는 다른 프로그래밍 언어의 문제에 적용할 수 있는 전략, 청크, 정신 모델을 더 많이 알고 있다.
- **유사성** — 두 작업 간의 공통점이다. 예를 들어 새로운 프로그래밍 언어로 알고리즘을 구현하려고 할 때 알고리즘에 대해 모르는 경우보다는 이미 알고리즘을 알고 있는 경우에 구현이 더 쉽다.
- **배경** — 환경이 얼마나 비슷한지에 대한 것이다. 작업 간의 유사성뿐만 아니라 작업을 실행하는 환경 역시 중요하다. 예를 들어 두 프로그래밍 언어 간의 학습 전이는 동일한 IDE를 사용할 때 더 많이 일어나는데, 이 사실은 서로 다른 프로그래밍 언어를 사용하더라도 IDE는 같은 것을 사용해야 한다는 주장을 강력하게 뒷받침한다. 그러나 배경 혹은 환경에 대해 말할 때는 단순히 컴퓨터 환경이라기보다는 그보다 더 큰 범위를 의미한다. 사무실에 앉아 같이 일하는 동료가 자신과 비슷한지도 중요할 수 있다. 서로 유사점이 많을수록 지식이 전이될 가능성이 높다.
- **중요 특성** — 어떤 지식이 효과적인지에 대해 분명하게 알고 있는지에 대한 것이다. 누군가가 파이썬을 배우는 데 자바스크립트가 도움이 될 수 있다고 지적한다면, 여러분은 더 적극적으로 유사점을 찾을 것이다. 그러므로 새로운 프로그래밍 언어나 프레임워크를 배우기 전에 공통점을 적극적으로 찾고 곰곰이 생각해보는 것이 중요할 수 있다. 새 작업에 도움이 될 수 있는 기존 지식은 무엇일지 스스로 질문해보고 그에 대한 답을 찾아야 한다.

- **연관** — 두 작업이 비슷하다고 얼마나 강하게 느끼는지에 대한 것이다. 예를 들어 자바와 자바스크립트는 개념적으로 비슷하지 않음에도 불구하고 두 언어는 비슷한 것처럼 들린다. 따라서 LTM에서 자바와 대한 연관성이 파이썬이나 스칼라보다 자바스크립트가 더 강할 수 있다. 경험했던 일에 대한 기억을 저장하는 일화 기억도 일정 역할을 할 수 있다. 예를 들어 같은 강의실에서 자바와 C#를 배웠다면 다른 환경에서 배웠을 때보다 더 강한 연관성을 형성할 수 있다.
- **감정** — 작업에 대해 어떻게 느끼는지에 대한 것이다. 감정 또한 학습 전이에 영향을 미칠 수 있다. 예를 들어 이진 트리를 사용하는 것에 좋은 기억과 감정을 가지고 있는 개발자에게 새로운 작업이 주어졌을 때 그 작업이 이진 트리를 떠올리게 한다면, 이진 트리나 이와 유사한 데이터 타입을 좀 더 적극적으로 적용할 것이다.

7.1.2 전이의 다른 형태

전이에 대해 몇 가지 다른 관점이 있다. 다양한 형태의 전이와 관련한 용어를 잘 알게 되면 프로그래밍 언어 간에 이루어지는 전이에 대해 보다 현실적인 기대를 설정할 수 있다. 프로그래머들은 때때로 프로그래밍 언어 간의 문법의 차이는 사소하다고 생각한다. 한 언어를 알면 두 번째 언어는 쉽게 배울 수 있고, 세 번째 언어는 노력을 전혀 하지 않아도 배울 수 있다고 가정한다. 물론, 한 언어를 알면 새로운 언어를 쉽게 배우는 것은 사실이지만, 항상 도움만 되는 것은 아니다. 다른 형태의 전이를 이해하면 새로운 언어나 프레임워크를 더 효과적으로 배울 수 있다.

고도 전이와 저도 전이

자동화된 기술의 전이와 의식적으로 습득한 기술의 전이는 차이가 있다. 자동화된 기술을 이전하는 것을 **저도 전이**low-road transfer라고 한다. 프로그래밍할 때 새 편집기에서 아무 생각 없이 Ctrl + C 및 Ctrl + V를 사용할 때 저도 전이가 일어난 것일 수 있다. 이에 반해 보다 복잡한 작업이 전이되는 것을 **고도 전이**high-road transfer라고 한다. 고도 전이가 일어나는 경우에는 그러한 상황이 발생하고 있음을 인지하는 경우가 많다. 예를 들어 많은 프로그래밍 언어에서 변수를 사용하려면 먼저 선언을 해야 하기 때문에 새로운 프로그래밍 언어를 배울 때 변수 선언을 먼저 해야 한다고 가정할 수 있다.

근거리 전이와 원거리 전이

앞에서 두 영역이 비슷하면 전이의 양에 영향을 미친다는 것을 배웠다. 영역 간의 거리에 따라 전이 형태를 나눌 수도 있다. 미적분학과 대수학 또는 C#와 자바처럼 서로 가까운 영역 사이에서 지식이 전이될 때 **근거리 전이**near transfer가 일어난다. 라틴어와 논리학, 자바와 프롤로그와 같이 서로 먼 영역 간에 일어나는 전이를 **원거리 전이**far transfer라고 한다. 유사성이 전이에 영향을 미치는 요소이기 때문에 원거리 전이가 근거리 전이보다 일어날 가능성이 훨씬 낮다.

연습 7.2 전이를 경험했던 상황을 생각해보라. 어떤 형태의 전이가 일어났는가? 다음 표를 작성하면서 생각해보기 바란다.

상황	고도 전이	저도 전이	근거리 전이	원거리 전이

7.1.3 이미 알고 있다는 것은 저주인가 축복인가?

고도/저도 전이와 근거리/원거리 전이 외에 또 다른 범주의 두 가지 전이가 있다. 우리가 지금까지 살펴본 바와 같이, 무언가를 알고 있어 새로운 것을 배우거나 새로운 작업을 할 때 도움이 되는 전이를 **긍정적 전이**positive transfer라고 부른다.

긍정적인 전이가 일어나면, 새로운 정신 모델을 처음부터 만들 필요가 없다. 대신, 우리 두뇌는 LTM에 저장된 다른 영역에 대한 정신 모델을 바탕으로 새로운 상황에 대한 정신 모델을 형성한다. 예를 들어 자바를 알고 있다면 루프에 관한 정신 모델을 이미 가지고 있고, 루프에는 카운터 변수, 본문, 중지 조건이 있다는 것을 알고 있다. 새로 접하는 어떠한 프로그래밍 언어라도 루프는 이러한 측면이 있기 때문에 LTM에서 무엇을 찾아야 하는지 아는 것이다. 이런 식으로 기존 지식은 새로운 정신 모델을 만드는 데 도움이 된다. 하지만 이미 경험한 적이 있을지도 모르겠지만, 전이가 항상 긍정적인 결과만 갖는 것은 아니다. 기존 지식이 새로운 것을 배우는 데 방해가 될 때, 이것을 **부정적 전이**negative transfer라고 부른다. 네덜란드의 컴퓨터 과학 교수이자 데이크스트라 알고리즘을 고안한 에츠허르 데이크스트라Edsger Dijkstra는 "정신이 손상되기" 때문에 베이직을 가르치는 것은 금지되어야 한다는 유명한 말을 했다.

어떤 프로그래밍 언어를 배운다고 해서 두뇌가 영원히 망가질 수 있다고는 생각하지 않지만, 코드에 대한 잘못된 가정으로 실수가 발생할 수 있기 때문에 데이크스트라의 베이직에 대한 언급은 일리가 있다. 잘못된 가정은 결국 부정적 전이로 인해 발생할 수 있다. 예를 들어 자바에서는 초기화 없이 변수를 사용할 수 없다. 경험이 많은 자바 프로그래머는 파이썬에서도 모든 변수를 초기화해야 하며 그렇지 않으면 컴파일러가 경고를 보낸다고 가정할 수 있다. 이것은 혼란을 야기하고 버그로 이어질 수 있다.

심지어 자바와 C#처럼 매우 유사한 언어에서도 두 언어의 정신 모델이 비슷하긴 하지만 완전히 동일하지는 않기 때문에 부정적 전이의 위험이 있다. 예를 들어 자바에는 컴파일 시 예외 확인을 하는 **검사 예외**checked exception라는 개념이 있다. 이러한 종류의 예외가 발생하는 코드는 try-catch 블록으로 감싸지 않으면 코드가 컴파일되지 않는다. 이 예외는 자바 언어에만 해당하는 기능이기 때문에, C#를 먼저 배운 사람들은 자바에서 예외 처리가 C#와는 다르다는 것을 인식하지 못할 수 있다. 그들은 자바 예외 처리에 대한 잘못된 정신 모델을 가지고 있을 뿐만 아니라 C#의 예외 처리에 대해 가지고 있는 자신의 정신 모델이 자바에서도 올바른 모델이라고 생각한다!

변수를 초기화하지 않거나 예외를 잘못 처리하는 것은 비교적 작은 오류로, 쉽게 수정할 수 있다. 하지만 부정적 전이가 깊은 악영향을 미치는 예가 많다. 예를 들어 많은 사람이 객체 지향 언어에 익숙해진 상태에서 F# 같은 함수형 언어를 배울 때 어려움을 겪는다. 함수가 객체 지향 언어와 함수형 언어에 다 있지만 다른 방식으로 동작하기 때문이다.

> **연습 7.3** 어떤 프로그래밍 언어의 개념에 대해 잘못된 가정을 했던 적이 있다면 그 상황을 생각해보라. 한 언어에서 다른 언어로의 부정적 전이가 원인이었을까?

7.1.4 전이의 어려움

앞에서 지식의 전이는 부정적이면서 동시에 긍정적이고, 긍정적이기만 한 전이가 보장되지는 않는다는 것을 배웠다. 상황이 서로 비슷해야 전이 가능성이 높아진다. 지식이 한 영역에서 원래 영역과는 유사하지 않은 다른 영역으로 전이되는 원거리 전이는 우발적으로 일어날 가능성이 낮다.

안타깝게도, 연구에 의하면 전이는 일어나기 매우 어렵고 대부분의 사람에게 전이가 자동으로 일어나지는 않는다. 체스는 종종 학습 전이의 원천 중 하나로 거론된다. 즉 많은 사람은 체스 지식이 논리적인 추론 기술과 기억력뿐만 아니라 일반 지능을 높여줄 것이라고 믿는다. 그러나 과학적인 연구들은 이러한 가정을 뒷받침할 수 없었다. 2장에서 우리는 아드리안 더흐로트의 연구에 대해 살펴봤다. 실험 결과 무작위 설정에 대해서는 체스 전문가의 기억력이 초보자보다 나을 것이 없었다. 다른 연구들도 이 사실을 확인했고 체스 선수들이 숫자나 시각적인 모양을 기억하는 데 반드시 뛰어난 것은 아니라는 것을 보여주었다. 체스 기술은 런던 탑(하노이의 탑과 유사한 퍼즐) 같은 다른 논리적인 게임으로도 전이되지 않는 것으로 보인다.

체스에 대한 이런 사실이 프로그래밍에도 해당된다. 많은 프로그래머는 프로그래밍을 배움으로써 논리적인 추론에 대한 기술을 얻거나 심지어 일반적인 지능을 증가시킬 것이라고 주장한다. 그러나 프로그래밍의 인지 효과를 연구한 몇몇 연구 결과를 보면 체스에서 발견되는 것과 유사한 패턴을 알 수 있다. 텔아비브 대학교의 가브리엘 살로몬Gavriel Salomon이 1987년에 수행한 개요 연구에 따르면[2]

---

2   Gavriel Salomon et al., "Transfer of Cognitive Skills from Programming: When and How?" *Journal of Educational Computing Research* 3, no. 2 (May 1987): 149–69, https://doi.org/10.2190/6F4Q-7861-QWA5-8PL1.

프로그래밍 교육의 영향에 관한 연구 대부분이 프로그래밍 교육의 효과가 거의 없다는 것을 보여준다. 살로몬이 조사한 연구 중 다수에서, 아이들이 성공적으로 특정 프로그래밍 기술을 습득하더라도 그러한 기술은 다른 인지 영역으로 전이되지 않는 것으로 나타났다.

여기서 중요한 점은 하나의 프로그래밍 언어를 숙달했다는 사실이 새로운 언어를 배우는 데 항상 도움이 되는 것은 아니라는 것이다. 이미 자신을 전문가로 생각하고 초보자의 느린 속도나 문법을 배우기 위해 플래시카드를 사용하는 것 같은 초보자의 학습 활동이 자신에게는 불필요하다고 느끼는 사람에게는 이러한 사실이 당황스러울지도 모르겠다. 이와 관련하여 고려해야 할 조언은 사고방식을 확장하기 위해 새로운 언어를 배우기 시작했다면 이미 습득한 언어와는 근본적으로 다른 언어를 선택하는 것이 중요하다는 것이다. 즉 '컨트리 음악'에서 '웨스턴 음악[3]'으로 자신의 취향을 잘못 넓히는 것을 피해야 한다.

그러나 이 섹션에서 이미 살펴본 대로 SQL에서 자바스크립트로의 원거리 전이는 일어날 가능성이 낮으며, 새로운 프로그래밍 언어에서도 전문가 수준을 갖추려면 새로운 전략뿐만 아니라 새로운 문법도 많이 배워야 한다. 예를 들어 자바스크립트에서의 재사용과 추상화에 대해 알고 있는 많은 사실을 SQL에서는 다르게 생각해야 한다.

공통점과 차이점에 의식적으로 주의를 기울이면 새로운 언어를 배우는 일이 쉬워질 것이다.

> **연습 7.4** 배우고 있는 프로그래밍 언어 또는 배우고 싶은 프로그래밍 언어를 생각해보라. 그 언어를 이미 알고 있는 언어와 비교해보라. 무엇이 비슷하고 무엇이 다른가?
>
> 다음 표를 작성하면 사고를 능률 있게 하는 데 도움이 되고 학습 전이를 기대할 수 있는 부분과 학습 중 특별히 주의를 기울여야 할 부분은 어디인지 파악할 수 있다.

	유사점	차이점	비고
문법			
타입			
프로그래밍 개념			
런타임			
프로그래밍 환경/IDE			
테스트 환경/방식			

---

3 [옮긴이] 웨스턴 음악은 컨트리 음악의 하위 범주로 주로 미국 서부 정착과 관련된 내용을 담았고 1930~40년대에 유행했다.

7.2 오개념: 생각의 버그

앞의 섹션에서는 한 상황에서 다른 상황으로 지식 전이가 어떻게 일어나는지에 중점을 두고 살펴봤다. 저장된 정보가 새로운 작업을 수행하는 데 방해가 될 경우 이를 부정적 전이라고 불렀다. 이번 섹션에서는 부정적 전이의 결과를 살펴보겠다.

자신이 작업한 프로그램에 버그가 있었던 상황을 생각해보자. 예를 들면 올바른 방법으로 인스턴스를 초기화하지 않았거나, 잘못된 함수를 호출했거나, 리스트나 배열의 인덱스 오류 등 버그를 만든 상황을 생각해보자. 수정해야 할 코드를 실수로 잊어버리고 배포하거나, 메서드를 잘못 선택했거나, 경곗값을 잘못 계산하면 버그가 발생할 수 있다.

그러나 버그는 더 근본적인 이유로 발생하기도 한다. 작업 중인 코드에 대해 잘못된 가정을 할 때 일어날 수 있다. 코드의 다른 곳에서 인스턴스가 초기화될 거라고 생각하거나, 선택한 메서드가 맞는다고 확신하거나 해당 범위를 벗어나는 요소에 액세스하는 것을 자료구조가 알아서 잘 막아줄 거라고 가정할 수 있다. 코드가 작동한다고 확신함에도 불구하고 여전히 오류가 발생한다면 코드에 대한 **오개념**misconception(오해)이 문제일 가능성이 있다.

일상의 대화에서 '오개념'이라는 단어는 종종 실수나 혼동의 동의어로 사용되지만, 형식적인 정의는 약간 다르다. 어떤 신념이 오개념이 되려면, 다음과 같아야 한다.

- 사실과 다르다.
- 서로 다른 상황에서 일관되게 유지된다.
- 확신에 사로잡혀 있다.

흔한 오개념이 많이 있다. 예를 들어 많은 사람은 고추의 씨앗이 가장 매운 부분이라고 생각한다. 고추의 씨앗은 전혀 맵지 않다!

이것은 오개념의 예이다. 이유는 다음과 같다.

1. 사실과 다르다.
2. 만약 사람들이 한 종류의 고추의 씨앗이 맵다고 믿는다면, 그들은 모든 종류의 고추의 씨앗이 맵다고 믿을 것이다.
3. 그들은 그것이 사실이라고 굳게 믿고, 가령 고추의 씨를 제거하고 요리한다.

'고추의 씨앗은 맵다'는 오개념은 사람들의 입에서 입으로 전파된 도시 전설의 결과이지만, 부정적 전이가 오개념을 불러일으키는 역할을 하는 경우가 많다. 예를 들어 많은 사람은 고기의 표면을 태우면 '육즙이 밀봉'될 것이라고 믿는다. 계란과 같은 다른 형태의 음식은 겉면에 열을 가하면 굳어지기 때문이다. 이 사람들은 열이 항상 단단한 '방패'를 만들어내 안에 갇힌 수분이 빠져나오지 못할 것이라고 추측한다. 한 종류의 음식에서 얻은 지식은 다른 종류의 음식으로 잘못 전이되어 오개념을 불러일으킨다. 실제로는, 고기의 표면이 타면 수분 손실이 더 커진다.

프로그래밍에서도 오개념은 흔하게 목격할 수 있다. 프로그래밍을 처음 시작하는 사람들은 종종 temperature와 같은 변수는 변경할 수 없으며 하나의 값만 가질 수 있다고 가정한다. 숙련된 프로그래머에게는 그러한 가정이 터무니없게 들리겠지만 변수가 하나의 값만 갖는다고 가정하는 데는 합리적인 이유가 있다. 예를 들어 이러한 가정은 이미 가지고 있는 수학적 지식으로부터 전이된 것일 수도 있는데, 수학적 증명이나 문제의 범위 내에서 변수들은 변하지 않기 때문이다.

이러한 오개념의 또 다른 원인은 프로그래밍 자체에 있다. 파일과 파일 시스템을 공부한 학생들이 파일에 대한 생각을 변수로 잘못 전이하는 것을 본 적이 있다. 일반적으로 운영체제에서는 특정 이름의 파일을 (폴더 내에서) 하나만 만들 수 있다. 따라서 temperature라는 변수 역시 이미 사용 중이면 또 다른 값을 할당할 수 없다고 잘못 가정할 수 있다.

7.2.1 개념 변화를 통한 오개념 디버깅

오개념은 강한 확신 속에 있는 잘못된 사고방식이다. 오개념은 너무 강한 확신 때문에 교정하기가 어려울 수 있다. 종종, 그들의 생각에 있는 오류를 지적하는 것만으로는 충분하지 않다. 잘못된 생각을 바꾸려면 잘못된 사고방식을 새로운 사고방식으로 바꿀 필요가 있다. 즉 초보 프로그래머에게 변수를 변경할 수 있다고 말하는 것만으로는 충분하지 않다. 하나의 개념으로서 변수에 대해 다시 새롭게 이해해야 한다.

이미 알고 있는 프로그래밍 언어 때문에 생긴 오개념을 현재 학습 중인 새로운 언어에 맞는 정신 모델로 대체하는 과정을 **개념 변화**conceptual change라고 한다. 이 패러다임에서 기존의 개념은 근본적으로 바뀌거나 대체되거나 새로운 지식에 동화된다. 기존의 스키마에 새로운 지식을 추가하는 대신 지식 자체를 바꾼다는 것이 개념 변화가 다른 유형의 학습과 구별되는 점이다.

이미 학습한 지식을 LTM에서 변경해야 하기 때문에 개념 변화 학습은 일반적인 학습보다 더 어렵다. 이 점 때문에 오개념이 쉽게 사라지지 않고 오랫동안 지속된다. 생각이 왜 잘못되었는지에 대한 정보를 단순히 제공하는 것만으로는 도움이 되지 않고 또 그것만으로는 변경하는 데 충분치 않다.

따라서 새로운 프로그래밍 언어를 배울 때는 이전 프로그래밍 언어에 대한 기존의 지식을 떨쳐내기 위해 많은 에너지를 소비해야 한다. 예를 들어 자바를 이미 알고 있는 상태에서 파이썬을 학습하는 경우 자바처럼 변수의 타입을 반드시 정의해야 한다는 생각을 떨쳐버려야 한다. 또한 코드에서 어떤 결정을 내려야 하는 경우 변수 타입을 고려해야 한다는 것도 잊어버려야 한다. 파이썬이 동적 타입 언어라는 단순한 사실을 기억하는 것은 어렵지 않지만, 프로그래밍을 하면서 변수의 타입을 신경 쓰지 않게 되려면 개념적인 변화가 필요하기 때문에 시간이 더 걸릴 수 있다.

7.2.2 오개념 제압하기

눈사람에게 스웨터를 입히는 논의에서 눈사람에게 스웨터를 입히면 눈사람이 더 빨리 녹는지 질문했던 것을 기억하는가? 언뜻 생각하면 스웨터를 입은 눈사람이 더 빨리 녹을 것 같다. 스웨터를 입으면 몸이 따뜻해지기 때문이다. 하지만 그렇지 않다. 스웨터를 입으면 눈사람은 단열되어 낮은 온도를 유지하고 녹는 것이 지체된다.

이 경우는 두뇌가 기존의 개념, 즉 스웨터는 몸을 따뜻하게 해준다는 개념을 즉각적으로 활성화시켰을 가능성이 높다. 눈사람의 상황에 대해 (온혈동물인) 인간에게 들어맞는 개념이 부정적으로 전이된 것이지, 우리가 똑똑하지 못해서 그런 것이 아니다.

사람들은 무언가를 새로 배우게 되면, 오래되고 잘못된 관념들이 기억에서 완전히 삭제되고 더 좋고 올바른 관념으로 대체된다고 오랫동안 가정해왔다. 우리가 두뇌에 대해 알고 있는 지식에 근거하자면, 그럴 가능성은 별로 없다. 요즘에는 기억이 잊히거나 대체되지 않는 것으로 간주된다. 잘못된 기억을 인출해서 가져오는 일이 점점 줄어드는 것이다. 하지만 잘못된 사고방식의 오래된 기억은 여전히 남아 있고, 그 기억으로 가는 길은 우리가 원하지 않더라도 촉발될 수 있다.

연구에 따르면, 사람들은 올바른 개념을 가지고 성공적으로 작업을 수행하다가도 오래된 관념을 다시 사용하는 경우가 종종 있는 것으로 나타났다. 예루살렘 히브리 대학교의 이갈 갈릴리Igal Galili의 연구는, 학생들이 익숙한 역학 문제는 잘 풀지만 더 복잡한 문제에서는 더 기본적이지만 잘못된 추리로 되돌아가는 것을 보여준다.[4] 이것은 눈사람의 예와 같이 여러 가지 개념이 동시에 기억 속에 존재할 수 있다는 것을 보여준다. 우리 두뇌에서 스웨터는 따뜻함을 의미할 뿐만 아니라 단열 작용을 해 낮은 온도를 유지한다는 개념도 동시에 가질 수 있다. 스웨터가 눈사람의 온도를 더 높이는지 여부를 판단할 때 이러한 개념들이 서로 경쟁하기 때문에 스웨터는 따뜻하다는 오래된 생각을 적극

---

4   Igal Galili et al., "Motion Implies Force: Where to Expect Vestiges of the Misconception?" (1992), https://www.tandfonline.com/doi/abs/10.1080/0950069920140107.

적으로 억눌러야 올바른 결론에 도달할 수 있다. 문제에 대해 생각할 때 직관적으로 반응하는 대신 추론하는 과정에서 '잠깐만, 이게 아닌 거 같은데…'라는 생각이 든 적이 있을 텐데 그게 바로 그런 순간이다.

두뇌가 어떤 저장된 개념을 사용할지 결정하는 기제는 정확히 알려져 있지 않지만 **억제**inhibition가 일정 역할을 한다는 것은 알려져 있다. 우리는 일반적으로 억제를 자의식, 머뭇거림, 수줍음과 연관시킨다. 그러나 최근 연구에 따르면 억제의 통제 메커니즘이 활성화되면 잘못된 개념이 올바른 개념과의 경쟁에서 질 수 있다는 것이 밝혀졌다.

> 연습 7.5 특정 프로그래밍 언어의 개념에 대한 오개념이 있었던 상황을 생각해보라. 예를 들어 필자는 게으른 연산lazy evaluation을 하는 모든 언어는 함수형 언어라고 당황스러울 정도로 오랫동안 잘못 생각하고 있었다. 게으른 연산을 하는 함수형 언어를 하스켈Haskell 하나만 알고 있었기 때문이었다. 독자 여러분의 경우 오랫동안 가지고 있던 오개념은 무엇이었는가? 그렇게 된 연유는 무엇인가?

7.2.3 프로그래밍 언어에 대한 오개념

프로그래밍 분야에서 특히 초보 프로그래머들이 가지는 오개념에 대해, 광범위하게 연구가 이루어졌다. 현재 핀란드 알토 대학교의 수석 강사인 유하 소르바Juha Sorva는 2012년 논문에서 초보 프로그래머가 가질 수 있는 162가지의 오개념을 나열했다.[5] 여기에 실린 오개념은 모두 연구 결과에 근거를 둔 것이다. 목록 전체가 매우 흥미롭고 한번 읽어보기를 권한다. 특히 몇 가지 오개념은 주목할 가치가 있다.

- **오개념 15: 원시 데이터 타입 변수에 대한 할당은 수식 또는 아직 연산 실행이 되지 않은 표현식을 저장한다.** 이는 변수에 값을 할당할 때 어떤 관계를 저장하는 것으로 사람들이 가정한다는 것을 보여준다. 이러한 오개념을 겪는 사람은 `total = maximum + 12`를 쓰면 `total` 값이 `maximum` 값과 어떤 식으로든 연관된다고 가정한다.

  따라서 이후에 변수 `maximum`의 값이 변경될 때 `total` 변수의 값 역시 변경될 것이라고 생각한다. 이 오개념의 흥미로운 점은 그것이 매우 합리적이라는 것이다. 변수 간의 관계를 수학의 방정식 체계로 표현할 수 있는 프로그래밍 언어를 얼마든지 상상해볼 수 있다. 프롤로그Prolog처럼 어느 정도 이러한 방식으로 작동하는 프로그래밍 언어도 있다.

---

5 Juha Sorva, "Visual Program Simulation in Introductory Programming Education" (2012), http://lib.tkk.fi/Diss/2012/isbn9789526046266/isbn9789526046266.pdf. 이 논문에서 테이블 A.1(359~368쪽)을 보라.

이러한 오개념은 종종 수학적 지식을 가진 사람들에게서 발생한다. 이와 관련해서 이 장 앞부분에서 다룬 오개념이 변수는 하나의 값만 보유할 수 있다는 생각이다. 이것은 수학에서도 마찬가지다.

- **오개념 33: 조건이 거짓false으로 변경되는 즉시 while 루프가 종료된다.** 이러한 오해는 while 루프의 정지 조건이 평가되는 시점에 대한 혼란을 보여준다. 이 오개념을 가지고 있으면 각 라인에서 루프 조건이 확인되고 조건이 거짓일 때 루프는 즉시 중지되며 실행을 마치지 못하고 빠져나오는 것으로 생각한다. 이는 키워드 while이라는 영단어의 의미와 관계가 있을 수 있다. "나는 비가 오는 동안(while) 여기 앉아서 책을 읽겠다"라는 말을 들으면, 우리는 이 문장의 화자가 주기적으로 날씨를 확인하다가 비가 그치면 책을 읽던 것을 그만두고 떠난다고 가정한다. 이 역시 누군가가 혼란을 겪거나 프로그래밍의 작동 방식에 대한 개념이 없기 때문에 오개념을 겪는 것이 아니라는 것을 보여준다. 영어와 매우 유사한 코드의 동작 역시 영어와 비슷할 것이라고 생각하는 것은 꽤 합리적인 가정이기 때문이다.

  이러한 오개념은 키워드인 영어 단어의 의미가 프로그래밍 이해를 방해하는 일례다. 물론 여기서도 루프의 정지 조건이 지속적으로 평가되어 상태가 거짓이 되면 즉시 루프가 정지하는 가상의 프로그래밍 언어를 상상해볼 수 있다.

  이와 관련 있는 오개념이 있는데 변수가 가질 수 있는 값이 변수명에 의해 영향을 받는다고 가정하는 것이다. 예를 들어 minimum이라는 변수는 결코 큰 값을 가질 수 없다고 생각하는 것이다(이것은 소르바의 목록 중 17번이다).

- **오개념 46: 매개변수 전달에는 호출과 정의에 서로 다른 변수 이름이 필요하다.** 이러한 오개념을 갖게 되면 변수 이름은 함수 내부를 포함해서 단 한 번만 사용할 수 있다고 가정하게 된다. 프로그래밍을 배울 때, 이름이 같은 변수를 중복해서 가질 수 없다는 것을 알게 된다. 새 변수가 필요하면 그 변수를 다른 변수명으로 새로 정의해야 한다. 그러나 메서드나 함수 호출에 대해서는 중복 변수명 사용에 대한 제한이 없다. 함수 내부와 외부에서 동일한 변수 이름을 사용하는 것이 허용된다. 실제로는 허용되는 것 이상으로 같은 이름을 사용하는 것이 권장된다. 이것은 종종 함수를 처음 배우는 예제에 나타나 있다. 예를 들어 다음과 같은 코드는 함수를 가르칠 때 매우 흔하게 사용되는 예제 코드다.

```
Def square(number):
    return number * number

number = 12
print(square(number))
```

이런 코드는 실제 개발할 때도 흔히 볼 수 있다. 예를 들어 IDE에서 메서드 추출 기능을 사용하면 대부분의 IDE는 메서드를 정의하고 호출할 때 변수 이름을 중복해서 사용한다. 따라서 실제 코드도 이 패턴으로 채워져 있고, 프로그래밍 교육에서도 이런 중복된 변수명을 사용한다. 이는 수학이나 영어 같은 사전지식에 영향을 받지 않고 프로그래밍 언어 내에서 전이되는 오개념의 흥미로운 예다. 때때로 프로그래밍 언어의 특정한 개념을 이해하고 있을 때, 그것과 관련해 습득한 지식이 심지어 같은 언어 내의 다른 개념으로도 전이되지 않을 때가 있다.

7.2.4 새로운 프로그래밍 언어를 배울 때 오개념 방지하기

오개념에 대해 우리가 할 수 있는 것이 많지 않다. 새로운 프로그래밍 언어나 시스템을 배울 때, 부정적 전이를 피할 수는 없다. 하지만 도움이 될 몇 가지 방법들이 있다.

첫째, 자신이 옳다고 확신하더라도 여전히 틀릴 수도 있다는 것을 아는 것이 중요하다. 열린 마음을 유지하는 것이 핵심이다.

둘째, 흔하게 발생하는 오개념에 대해 의도적으로 연구해봄으로써 그런 오개념에 빠지는 것을 방지할 수 있다. 언제 잘못된 가정을 하고 어떤 가정이 타당한 것인지 알기란 어렵다. 따라서 흔히 발생하는 오개념들에 대한 체크리스트를 사용하는 것이 도움이 될 수 있다. 연습 7.5는 오개념이 일어날수 있는 잠재적 영역에 대해 우선 파악하는 데 도움이 될 수 있고, 소르바의 목록은 새로운 프로그래밍 언어를 배울 때 주의할 오개념에 대한 지침으로 사용할 수 있다. 이 목록을 사용해 현재 학습중인 프로그래밍 언어에 적용할 만한 오개념을 파악해보라.

마지막 조언은 같은 프로그래밍 언어를 같은 순서로 학습한 다른 프로그래머들에게 조언을 구하는 것이다. 모든 프로그래밍 언어 간에는 오개념을 일으키는 고유한 상호작용이 있으므로 여기에 다나열할 수 없을 만큼 많다. 같은 어려움에 맞닥뜨렸을지도 모르는 사람들에게 조언을 구하는 것은 큰 도움이 될 수 있다.

7.2.5 새로운 코드베이스에서의 오개념 진단

이 섹션에서 지금까지는 프로그래밍 언어에서의 일반적인 오개념에 대해 주로 논의했다. 이는 기존에 가지고 있던 지식이 새로운 프로그래밍 언어로 전이할 때 부정적 전이가 일어난 것에 기인한다.

마찬가지로 작업 중인 코드베이스에 대해서도 오개념을 가질 수 있다. 프로그래밍 언어, 프레임워크, 라이브러리나 코드의 도메인, 변수의 의미, 코드 작성자의 의도에 대해 이미 가지고 있는 지식을 바탕으로 코드에 대한 가정을 할 때마다 오개념의 위험이 도사리고 있다.

오개념을 탐지하는 한 가지 방법은 두 명이 한 쌍으로 또는 더 큰 그룹으로 함께 프로그래밍하는 것이다. 다른 사람들의 생각과 가정을 알게 되면, 자신과 다르다는 것을 알게 되고 둘 중 한 사람은 잘못된 개념을 가지고 있다는 것이 분명해질 것이다.

특히 전문 프로그래머(또는 모든 분야의 전문가)의 경우 자신에게 오류가 있다는 것을 깨닫기 어려울 수 있으므로 항상 코드를 실행해보거나 테스트를 돌려봄으로써 코드에 대해 자신이 세운 가정이 맞는지 확인해야 한다. 예를 들어 특정 변수의 값이 0보다 작아지지 않을 거라고 확신하는 경우, 테스트를 추가하여 확인해야 하지 않을까? 이 테스트는 자신의 가정이 잘못되었는지 여부를 탐지하는 데 도움이 될 뿐만 아니라 값이 항상 양수라는 사실을 보여주는 문서로도 사용할 수 있다. 이 테스트는 향후 이 정보를 자기 자신에게 다시 알려줄 수 있는데 이것이 중요한 이유는 지금까지 살펴본 바와 같이, 올바른 모델을 배우고 나서도 오개념은 사라지지 않고 언제든 되살아날 수 있기 때문이다.

이상에서 알 수 있듯이, 문서화는 코드베이스 내의 특정 메서드, 기능 또는 자료구조에 대한 오개념을 해소할 세 번째 방법이다. 잘못된 생각을 발견한 경우 테스트를 추가하는 것 외에도 문서를 관련 위치에 추가하여 자신과 다른 사람이 동일한 오개념에 빠지는 것을 방지할 수 있다.

요약

- LTM에 이미 저장된 지식은 새로운 상황으로 전이될 수 있다. 때로는 기존의 지식이 학습 속도를 높이거나 새로운 작업을 더 잘 수행하는 데 도움이 된다. 이를 긍정적 전이라고 한다.
- 한 도메인에서 다른 도메인으로의 지식 전이는 부정적일 수도 있는데, 부정적 전이가 일어나면 기존 지식은 새로운 것을 배우거나 새로운 작업을 수행하는 데 방해가 된다.
- LTM에서 관련 정보를 적극적으로 검색하면 긍정적인 전이가 일어나 새로운 것을 보다 효과적으로 배울 수 있다(예를 들면 앞에서 설명한 것처럼 정교화에 의해).
- 우리는 오개념을 가질 수 있다. 자신이 옳다고 확신하지만 실제로는 틀릴 때 오개념을 갖게 된다.
- 오개념은 단순히 자신이 틀렸다는 것을 깨닫거나 듣는 것만으로는 해결되지 않는다. 오개념을 바로잡기 위해서는 오래되고 잘못된 모델을 대체할 새로운 정신 모델이 필요하다.
- 올바른 모델을 배웠더라도 오개념을 다시 사용할 위험이 있다.
- 오개념을 방지하는 데 도움이 되기 위해 코드베이스 내의 테스트 및 문서화를 사용하자.

좋은 코드 작성하기

1부와 2부에서는 코드를 파악할 때 STM, LTM, 작업 기억 공간이 하는 역할에 대해 살펴봤다.

3부에서는 코드 작성을 더 잘하는 방법, 즉 모호한 이름과 좋지 못한 코드를 피하고 이해하기 쉬운 코드를 작성하는 방법에 주의를 기울인다. 또한 복잡한 문제에 대한 코드 작성 능력을 향상할 방법에 대해서도 논의할 것이다.

PART III

On writing better code

명명을 잘하는 방법

이 장에서는 다음과 같은 내용을 다룬다.

- 좋은 이름 짓기에 대한 여러 가지 관점의 비교
- 이름과 인지 과정 간의 관계 파악
- 다양한 명명법의 효과
- 잘못된 이름이 버그 및 오류에 미치는 영향
- 변수 이름을 구조화하여 이해도를 극대화하는 방법

1부에서는 LTM과 STM에 정보를 저장하고 필요시 LTM에서 정보를 인출하며, 작업 기억 공간에서 코드를 처리하는 등 코드 읽기와 관련된 다양한 인지 과정을 다뤘다. 2부에서는 코드에 대해 어떻게 생각하고, 어떤 정신 모델이 형성되며, 어떻게 이야기하는지 살펴봤다. 3부에서는 코드를 읽거나 생각하는 것보다 코드를 작성하는 과정을 자세히 살펴보려고 한다.

이 장에서는 변수, 클래스 및 메서드와 같은 코드 내 여러 구성 요소들의 이름을 가장 잘 명명하는 방법을 연구하고자 한다. 두뇌가 코드를 어떻게 처리하는지 어느 정도 알고 있기 때문에 코드를 파악하는 데 명명법이 왜 중요한지 더 깊이 이해할 수 있다. 좋은 이름을 사용하면 LTM을 활성화하여 코드 도메인에 대해 이미 알고 있는 관련 정보를 찾을 수 있다. 반면, 나쁜 이름은 코드에 대한 잘못된 추측을 하게 하고 오개념을 유발할 수 있다.

이름을 짓는 것은 중요하고 또 매우 어렵다. 해결책을 모델링하거나 또는 문제를 해결하는 과정에서 이름이 생성되는 경우가 많다. 이러한 활동 중에는 인지 부하가 높을 수 있다. 즉 작업 기억 공간이 정신 모델을 만들고 이 정신 모델을 사용해 추론하기 위해 부하가 최대로 올라가 있는 상태가 된다. 이런 상황에서 좋은 변수 이름을 생각하는 것은 과도한 인지 부하를 일으킬 수 있고, 두뇌는 이런 상태를 피하려고 한다. 이와 같이 작업 기억의 용량을 초과하지 않도록 쉬운 이름을 선택하는 것이 인지적 관점에서 타당하다.

이 장에서는 명명의 중요성뿐만 아니라 어려움에 대해서도 논의할 것이다. 명명 및 인지 처리의 기본적인 것을 다루고 나서, 프로그래밍 관점에서 두 가지 관점을 자세히 다룰 것이다. 먼저 어떤 종류의 이름이 코드를 이해하기 쉽게 하는지를 살펴본 후에, 나쁜 이름이 버그의 발생에 미치는 영향을 살펴볼 것이다. 마지막으로 좋은 이름에 대한 구체적인 지침을 제시하고 이 장을 마친다.

8.1 이름이 중요한 이유

좋은 변수 이름을 고르는 것은 어렵다. 넷스케이프의 프로그래머 필 칼튼Phil Karlton은 컴퓨터 과학에는 난제가 딱 두 가지 있는데, 바로 캐시 무효화와 이름 짓기라는 유명한 말을 했다. 그리고 실제로 많은 프로그래머는 이름을 짓는 것에 어려움을 겪는다.

클래스나 자료구조가 수행하는 모든 작업을 모호하지 않은 하나의 단어로 표현하는 것은 쉽지 않은 작업이다. 예루살렘 히브리 대학교의 전산학과 교수 드로 페이텔슨Dror Feitelson은 모호하지 않은 이름을 생각해내는 것이 얼마나 어려운지 보기 위해 한 가지 실험을 했다.[1] 페이텔슨은 거의 350명의 피실험자들에게 여러 가지 다른 종류의 프로그래밍 작업에서 이름을 선택하는 실험을 수행했다. 대상은 평균 6년의 업무 경험을 가진 학생 및 프로그래밍 전문가들이었다. 참가자들은 변수, 상수, 자료구조의 이름과 함수 및 함수의 인수의 이름을 선택해야 했다. 페이텔슨은 실험을 통해 이름을 짓는 것이 어려운 일이고, 이름을 짓더라도 다른 사람들과 같은 이름을 선택하는 것이 어렵다는 것을 확인했다. 실험에서 두 개발자가 같은 이름을 선택할 확률은 낮았다. 전체적으로, 이름을 지정해야 하는 47개 개체(변수, 상수, 자료구조, 함수, 매개변수 등)에 대해 두 사람이 동일한 이름을 선택한 경우는 7%에 불과했다.

이름 짓는 일은 어렵지만, 코드에서 우리가 추론하는 객체에 맞는 이름을 고르는 것은 중요하다. 뇌의 명명 과정과 인지 과정 사이의 연관성에 대해 살펴보기 전에, 왜 명명 과정이 중요한지 살펴보자.

---

1   Dror Feitelson et al., "How Developers Choose Names" (2020), https://www.researchgate.net/publication/339592097.

8.1.1 명명이 중요한 이유

코드베이스에서 식별자의 이름은 프로그래머가 명명한다. 식별자에는 타입(클래스, 인터페이스, 구조체, 대리자, 열거형), 변수, 메서드, 함수, 모듈, 라이브러리, 네임스페이스가 포함되고 프로그래머는 이들의 이름을 짓는다. 식별자 이름이 중요한 이유는 크게 네 가지다.

이름은 코드베이스의 상당 부분을 차지한다

변수 이름이 중요한 첫 번째 이유는 대부분의 코드베이스에서 읽을 내용의 상당 부분이 이름이기 때문이다. 예를 들어 약 200만 줄의 코드로 구성된 이클립스_{Eclipse} 소스 코드에서 토큰의 33%, 문자의 72%가 식별자에 해당한다.[2]

코드 리뷰 시 이름의 역할

이름은 코드 내에 등장하는 것이지만, 프로그래머들도 이름에 관해 많이 언급을 한다. 마이크로소프트 리서치 케임브리지의 연구원인 밀티아디스 알라마니스_{Miltiadis Allamanis}는 코드 리뷰에서 식별자 이름이 얼마나 자주 언급되는지 조사했다. 이를 위해 알라마니스는 1000건 이상의 리뷰 코멘트가 달린 170건 이상의 코드 리뷰를 분석했다. 코드 리뷰 4건 중 1건이 명칭과 관련한 언급을 포함했으며, 식별자 이름에 대한 언급은 9%를 차지하는 것으로 나타났다.

이름은 문서화의 가장 쉬운 형태

코드의 공식 문서는 훨씬 더 많은 배경 정보를 제공하지만, 이름은 코드베이스 내에서 바로 사용할 수 있기 때문에 일종의 중요한 문서로 기능한다. 앞 장에서 보았듯이, 서로 다른 장소에서 정보를 종합하면 인지 부하가 증가할 수 있다. 마찬가지로, 코드에 대한 문서를 읽기 위해 코드 외부로 이동하는 것을 프로그래머들은 피하고 싶어 한다. 따라서 가장 많이 읽는 '문서'는 코드 내의 주석문과 이름이다.

이름이 표식 역할을 할 수 있음

앞 장에서 표식, 즉 코드에 친숙하지 않은 개발자가 코드의 의미를 이해할 수 있도록 도와주는 코드 내 요소를 살펴봤다. 변수 이름은 주석문 외에도 코드를 이해하는 데 도움이 되는 중요한 표식이다.

---

[2] Florian Deißenbock et al, "Concise and Consistent Naming" (2005), https://www.cqse.eu/fileadmin/content/news/publications/2005-concise-and-consistent-naming.pdf.

8.1.2 명명에 대한 다양한 관점

좋은 이름을 고르는 것은 중요하다. 많은 연구자가 좋은 혹은 나쁜 변수 이름의 기준을 정의하려고 노력해왔고, 이 문제에 대해 저마다 다른 관점을 가지고 있다. 그러나 이러한 다양한 관점을 살펴보기 전에 연습 문제를 통해 LTM을 활성화해 변수 이름에 대한 자신의 의견을 살펴보자.

> **연습 8.1** 좋은 식별자 이름을 어떻게 정의하는가? 좋은 이름의 예를 생각할 수 있는가?
>
> 나쁜 이름은 어떻게 정의할 수 있을까? 단순히 좋은 이름과 반대되는 것일까? 아니면 지금까지 본 적이 있는 나쁜 이름의 특징을 생각할 수 있는가? 자기 자신이 작성한 나쁜 이름의 예를 알고 있는가?

무엇이 좋은 이름인지에 대해 생각해보았으니, 이제 좋은 이름에 대해 명명법 연구자들이 가지고 있는 세 가지 관점을 살펴보겠다.

좋은 이름은 문법적으로 정의할 수 있다

어떤 사람들은 이름의 문법에 기초한 몇 가지 규칙을 지켜야 한다고 믿는다. 예를 들어 영국 오픈 대학교의 강사 사이먼 버틀러Simon Butler는 표 8.1과 같이 변수 이름과 관련된 이슈 목록을 만들었다.

표 8.1 **버틀러의 명명 규약 목록**

이름	설명	바람직하지 않은 이름의 예
비정상적인 대문자 사용	식별자는 대문자를 올바르게 사용해야 한다.	`paGecoUnter`
연속된 두 개의 밑줄	식별자는 연속된 여러 개의 밑줄을 가져서는 안 된다.	`page__counter`
사전 등재 단어	식별자는 단어로 만들어야 하고 약어는 원래의 명칭보다 더 자주 사용될 경우에만 사용해야 한다.	`page_countr`
단어의 수	식별자에 사용되는 단어는 두 개에서 네 개 사이여야 한다.	`page_counter_converted_and_normalized_value`
너무 많은 단어	식별자에 사용되는 단어는 네 개를 초과하면 안 된다.	`page_counter_converted_and_normalized_value`
짧은 이름	식별자의 길이는 c, d, e, g, i, in, inOut, j, k, m, n, o, out, t, x, y, z를 제외하고 8글자보다 작으면 안 된다.	`P, page`
열거형 식별자 선언 순서	분명한 이유가 없다면, 열거형은 알파벳 순서로 선언되어야 한다.	`CardValue = {ACE, EIGHT, FIVE, FOUR, JACK, KING…}`[3]

(계속)

3　[옮긴이] 이 경우는 ACE, TWO, THREE… 순서가 더 의미에 부합하기 때문에 단순히 알파벳 순서로 하는 것은 바람직하지 않다.

표 8.1 버틀러의 명명 규약 목록

이름	설명	바람직하지 않은 이름의 예
외부 밑줄	식별자는 밑줄로 시작하거나 끝나서는 안 된다.	`__page_counter_`
식별자 인코딩	헝가리언 표기법 등으로 식별자 이름에 타입 정보를 나타내면 안 된다.	`int_page_counter`
긴 이름	긴 식별자 이름은 가능한 한 피해야 한다.	`page_counter_converted_and_normalized_value`
명명법 규약 이상	식별자는 대문자와 소문자를 표준적이지 않은 방법으로 섞어서 사용하면 안 된다.	`Page_counter`
숫자를 나타내는 식별자 이름	식별자는 숫자만을 나타내는 단어나 수를 사용하면 안 된다.	`FIFTY`

버틀러의 리스트는 여러 종류의 규칙을 포함하지만, 대부분은 문법과 관계가 있다. 예를 들어 '외부 밑줄' 규칙은 이름이 밑줄로 시작되거나 끝나서는 안 된다고 명시한다. 버틀러의 규칙은 또한 이름을 문자로 저장하는 변수에 대해 `strName`과 같은 변수명을 사용하는 시스템 헝가리 표기법의 사용을 암묵적으로 금지한다.

정확한 변수 이름의 작성에 대한 규칙은 다소 사소하게 들릴 수 있지만, 이전 장에서 살펴봤듯이 코드의 불필요한 정보가 외부 인지 부하를 유발하고 코드를 이해하는 데 방해가 될 수 있기 때문에 표 8.1과 같은 문법 규칙을 갖는 것이 합리적이다.

많은 프로그래밍 언어에는 변수 이름의 형식을 지정하는 규약이 있다. 파이썬의 PEP8은 변수 이름으로 스네이크 케이스snake case 형식을 사용하도록 권고하고 있고 자바 명명 규약은 변수명으로 캐멀 케이스camel case를 사용하도록 권고한다.

이름은 코드베이스 내에서 일관성이 있어야 한다

좋은 이름에 대한 또 다른 관점은 일관성이다. 코드 리뷰와 명명법에 관해 앞에서 이미 살펴본 알라마니스도 좋은 이름에 대해 생각했다. 그는 좋은 명명 방식의 가장 중요한 측면은 코드베이스 전반에 걸쳐 비슷하게 명명하는 것이라고 주장한다.

일관된 명명 관행을 지지하는 것은 인지과학에 대해 우리가 알고 있는 것과 일맥상통한다. 코드베이스 전반에 걸쳐 유사한 객체에 동일한 단어를 사용하면 뇌가 LTM에 저장된 관련 정보를 더 쉽게 찾을 수 있다. 사이먼은 알라마니스의 견해에 부분적으로 동의한다. 그의 리스트에는 식별자의 이름에 대문자를 일관되지 않게 사용해서는 안 된다는 규칙이 포함되어 있다.

연습 8.2 최근에 작업한 코드를 선택하고 해당 코드에 등장하는 모든 변수 이름 목록을 만들어보라. 조금 전에 개략적으로 설명한 세 가지 관점을 고려하면서 이 이름들에 대해 생각해보라. 이름이 문법적으로 명확한가? 단어들로 이루어져 있는가? 코드베이스 전체에 걸쳐 일관성을 갖는가?

이름	문법적 이슈	코드베이스 내에서의 일관성

8.1.3 초기 명명 관행은 지속적인 영향을 미친다

명명법에 대해 광범위하게 연구했던 존스 홉킨스 대학교의 수석연구원 돈 로리Dawn Lawrie는 명명 동향을 조사한 적이 있다.[4] 이름 짓는 방식이 10년 전과 달라졌는가? 코드베이스 내에서 이름은 오랜 기간에 걸쳐 어떻게 변하는가?

이러한 질문에 답변하기 위해 로리는 C++, C, 포트란, 자바로 작성된 78개 코드베이스의 총 186개 버전을 분석했다. 모두 합쳐서 4,800만 줄이 넘어갔고 30년 기간에 걸쳐 작성된 코드였다. 로리가 분석한 코드베이스에는 상용 코드는 물론, 아파치Apache, 이클립스, mysql, gcc, 삼바Samba 등 잘 알려진 오픈 소스 프로젝트도 포함되어 있었다.

식별자 이름의 품질을 분석하기 위해 로리는 명명 규약의 두 가지 측면을 조사했다. 먼저 단어들 사이에 밑줄을 사용하거나 대문자를 사용하는 등 이름 안에서 단어들을 나누는지 살펴보았다. 로리는 단어들을 분리해서 짓는 이름이 더 이해하기 쉽다고 주장한다. 둘째, 이름이 단어로 구성되어야 한다는 버틀러의 규칙에 따라 변수 이름 내 단어가 사전에 등재된 단어인지 살펴보았다.

동일한 코드베이스의 시간에 따른 다른 버전을 연구했기 때문에 시간이 지남에 따라 명명 규약이 어떻게 변했는지 분석할 수 있었다. 전체 78개의 코드베이스에서 명명 품질이 시간에 따라 어떻게 변했는지 살펴본 결과, 근래의 코드는 예전 코드보다 사전에 등재된 단어로 구성된 식별자를 더 많이 사용했고, 변수 이름 내에서 단어를 분할하는 경우가 더 많다는 것을 발견했다. 로리는 명명 규약이 이렇게 개선된 이유는 프로그래밍이 한 분야로서 성숙해졌기 때문이라고 봤다. 코드베이스의 크기는 품질과 상관관계가 없는 것으로 나왔다. 즉 식별자 이름의 품질과 관련해서 더 큰 코드베이스라고

---

4   Dawn Lawrie et al., "Quantifying Identifier Quality: An Analysis of Trends" (2006), http://www.cs.loyola.edu/~lawrie/papers/lawrieJese07.pdf.

더 나쁠(혹은 좋을) 것은 없었다.

로리는 오래전 코드베이스를 근래의 코드베이스와 비교했을 뿐만 아니라 코드베이스 내에서 시간이 지남에 따라 이름 짓기 규칙이 어떻게 변경되는지도 조사했고, 단일 코드베이스에서는 시간이 지난다고 해서 명명 규약이 개선되지는 않는다는 것을 발견했다. 여기서 로리는 중요하고 실행 가능한 결론을 도출했다. "프로그램 개발 초기에 만들어진 식별자의 품질이 계속 유지된다." 따라서 새 프로젝트를 시작할 때는, 초기 단계에서 이름을 만드는 방식이 그 이후로도 계속 사용될 가능성이 높기 때문에 좋은 이름을 선택하는 데 특히 주의를 기울여야 한다.

깃허브의 테스트 사용 현황에 대한 연구도 비슷한 결과를 보여준다. 즉 저장소에 새로 참여한 사람들은 프로젝트의 지침을 읽기보다는 기존 테스트를 보고 수정하는 경우가 많은 것으로 나타났다.[5] 저장소에 테스트가 있을 때는 새로운 참여자도 테스트를 추가해야 하는 부담을 느끼고 프로젝트가 구성되는 방식을 준수한다.

시간 경과에 따른 명명 방식에 대한 조사 결과

- 최신 코드는 명명 지침을 더 잘 따른다.
- 그러나 동일한 코드베이스 내에서 명명 관행은 일정하게 유지된다.
- 명명 관행 면에서 작은 코드베이스와 큰 코드베이스 사이에 차이는 없다.

지금까지 이 장에서는 표 8.2와 같이 명명 규약에 대한 두 가지 관점을 살펴보았다.

표 8.2 **명명 규약에 관한 두 가지 관점**

연구자	관점
버틀러	문법적으로 유사한 이름
알라마니스	코드베이스 내에서의 일관성

버틀러의 관점은 문법적 지침을 따르면 올바른 이름을 지을 수 있다는 것이다. 반면에 알라마니스는 이름의 품질에 대해 고정된 규칙이나 지침을 정하지는 않았다. 하지만 코드베이스는 주도적이어야 하며, 나쁘더라도 일관적인 편이 그 반대의 경우, 즉 좋지만 일관적이지 않은 편보다 낫다는 입장을 취한다. 코드에서 식별자를 명명하는 확실한 방법이 딱 하나 있다면 좋겠지만, 연구자들도 좋은 이름이 무엇인지에 대한 의견이 다르기 때문에 코드를 읽는 사람에 따라 좋은 이름도 달라진다.

---

5 Raphael Pham et al., "Creating a Shared Understanding of Testing Culture on a Social Coding Site" (2013), http://etc.leif.me/papers/Pham2013.pdf

8.2 명명의 인지적 측면

이름을 짓는 것이 왜 중요한지, 그리고 이름을 짓는 것에 대한 몇 가지 관점에 대해 살펴봤으니, 이제 우리가 배운 인지적 관점을 적용해 명명에 대해 살펴보자.

8.2.1 형식이 있는 이름은 STM을 돕는다

두뇌에서 코드가 어떻게 인지적으로 처리되는지 떠올려보면, 표 8.3처럼 두 가지 관점 모두 인지적 측면에서 타당하다는 것을 알 수 있다. 변수 이름의 형식을 지정하는 방법에 대한 명확한 규칙을 가지고 있으면 STM이 코드에 있는 이름을 이해하는 데 도움이 될 수 있다.

표 8.3 **명명과 인지 사이의 연결점에 대한 다양한 관점**

연구자	관점	인지적으로 맞는 이유
버틀러	문법적으로 비슷한 이름	이름을 처리할 때 인지 부하가 낮음
알라마니스	코드베이스 내에서의 일관성	청킹을 지원

예를 들어 알라마니스의 접근 방식은 코드베이스 전체에 걸쳐 일관된 명명 관행을 사용하도록 규정한다. 이것이 합리적 이유는 이런 방식이 청킹에 도움이 될 수 있기 때문이다. 모든 이름의 형식이 다르면 각각의 이름의 의미를 찾기 위해 많은 노력을 기울여야 한다.

버틀러의 관점 역시 우리가 인지 처리에 대해 알고 있는 것과 일치한다. 버틀러의 방식은 예를 들어 선행 밑줄을 허용하지 않고 대문자 사용은 일관되게 함으로써 문법적으로 유사한 이름을 사용하는 것을 지지한다. 비슷한 이름들은 또한 관련 정보가 매번 같은 방식으로 제시되기 때문에 이름을 읽는 동안 인지 부하가 낮아질 수 있다. 버틀러가 식별자 이름에 들어갈 수 있는 단어의 숫자를 4개로 제한한 것은 다소 무작위적으로 보이지만, 이 제한은 현재 작업 기억 공간의 최대 크기로 추정되는 2~6개와도 맞아떨어진다.

코드베이스 내 이름의 일관성 향상

코드베이스에 있는 이름의 일관성을 개선하기 위해 알라마니스는 내추럴라이즈Naturalize(https://groups.inf.ed.ac.uk/naturalize)라는 툴로 일관성이 없는 명명 규약을 찾아내기 위한 자신의 방법론을 구현했다. 이 툴은 머신러닝을 사용해서 코드베이스로부터 좋은(일관적인) 이름을 학습해 로컬 변수, 인수, 메서드 호출, 타입에 대해 새로운 이름을 제안한다. 내추럴라이즈의 저자들은 이 툴을 사용해서 기존 코드베이스들에 새로운 이름을 제안하는 18건의 병합 요청pull request[6]을 생성했다. 이 중 14개가 받아들여졌으니 어느 정도 신뢰할 만하다고 볼 수 있겠다.

---

6   옮긴이 PR은 결국 코드의 특정 브랜치로 병합(merge)하는 것이 최종 목적이기 때문에 이 책에서는 '병합 요청'으로 번역했다. 깃랩(GitLab)이 pull request 대신 merge request를 쓰는 것도 같은 이유에서다.

안타깝게도 내추럴라이즈는 자바에서만 작동한다.

내추럴라이즈에 대한 논문에서 저자들은 이 툴을 사용해 JUnit에 병합 요청을 생성했던 경험을 언급했다. 이 병합 요청은 받아들여지지 않았는데 JUnit 개발자에 의하면 제안된 변경 사항이 코드베이스의 일관성을 깨뜨리기 때문이라고 했다. 그래서 내추럴라이즈는 제안이 나오게 된, 즉 규약을 위반한 모든 곳을 짚어 지적했다. 기존 코드에서 규약이 너무 자주 깨지다 보니 내추럴라이즈는 잘못된 버전이 더 자연스러운 것이라고 학습하고 만 것이다!

8.2.2 명확한 이름이 LTM에 도움이 된다

우리가 지금까지 살펴봤던 명명 규약에 대한 두 가지 관점은 서로 다르지만 공통점도 있다. 두 방법 모두 문법적 또는 통계적 방법이며, 따라서 컴퓨터 프로그램을 구현하여 두 모델을 따르는 이름의 품질을 측정할 수 있다. 방금 살펴본 바와 같이 알라마니스의 모델은 이미 소프트웨어로 구현되어 있다.

그러나 이름을 짓는다는 것은 변수 이름에 대한 올바른 단어를 선택하는 것 그 이상의 일이다. 우리가 선택하는 단어들은 특히 인지적인 관점에서 중요하다. 앞에서 두뇌가 코드를 처리할 때 작업 기억 공간은 두 가지 유형의 정보를 처리한다는 것을 살펴봤는데 그림 8.1에 이 내용이 설명되어 있다. 먼저 변수 이름은 감각 기억에 의해 처리되고 STM으로 전송된다. STM은 크기가 제한되어 있기 때문에 변수 이름을 단어별로 구분하려고 한다. 이름이 체계적일수록 변수명의 각 부분을 식별하기 쉽다. 예를 들어 nmcntrlst와 같은 이름은 구성 요소를 찾고 이해하는 데 상당한 노력이 필요할 수 있다. 이와 달리 name_counter_list(이름, 카운터, 리스트) 같은 변수 이름은 관련된 내용을 훨씬 쉽게 확인할 수 있다. 대략 두 배 정도 길지만, 이 변수를 읽을 때 필요한 정신적인 노력은 아주 작다.

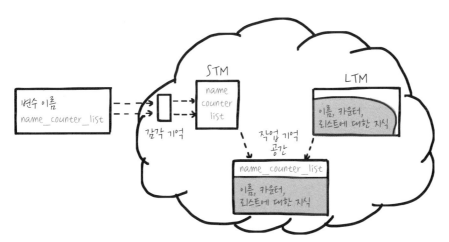

그림 8.1 이름을 읽을 때 먼저 별개의 청크로 분할된 다음 작업 기억 공간으로 전송된다. 그와 동시에 LTM은 변수 이름의 각 부분과 관련된 정보를 검색하고 검색된 관련 정보는 작업 기억 공간으로 전송된다.

변수 이름을 처리할 때 작업 기억 공간에 정보를 제공하는 것은 STM뿐만이 아니다. LTM도 관련 사실을 검색한 후 검색된 정보를 작업 기억 공간으로 보낸다. 이 두 번째 인지 과정에서는 식별자 이름의 단어 선택이 중요하다. 변수 이름 또는 클래스에 올바른 도메인 개념을 사용하면 코드의 독자가 LTM에서 관련 정보를 찾는 데 도움이 될 수 있다.

8.2.3 변수 이름은 이해에 도움이 되는 다양한 유형의 정보를 포함할 수 있다

그림 8.2에서 볼 수 있듯이 식별자 이름에 세 가지 유형의 지식을 표현할 수 있으며 이를 통해 익숙하지 않은 이름을 빠르게 이해하는 데 도움을 얻을 수 있다.

1. **코드의 도메인에 대해 생각할 때 이름이 도움이 된다.** customer(고객)와 같은 도메인 단어에 대해 LTM에는 모든 종류의 연관 관계가 저장되어 있다. 예를 들어 고객은 제품을 구매할 것이라든지 이름과 주소가 필요하다든지 하는 정보들이다.

2. **프로그래밍에 대해 생각할 때도 이름이 도움이 된다.** 트리와 같은 프로그래밍 개념도 LTM에서 정보를 가져오는 데 일조한다. 트리는 루트 노드가 있고, 순회가 가능하고, 순회하면서 방문한 노드를 순서대로 나열할 수도 있다.

3. **경우에 따라 변수에 LTM이 이미 알고 있는 규약에 대한 정보가 포함될 수도 있다.** 예를 들어 j라는 변수는 j를 안쪽 루프의 카운터로 사용하는 중첩된 루프를 생각나게 한다.

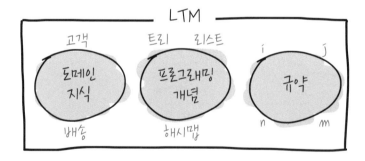

그림 8.2 LTM에 저장된 세 가지 유형의 지식이 변수 이름에 포함될 수 있으며 이름을 이해하는 데 도움이 된다. 도메인 지식(고객, 배송), 프로그래밍 개념(리스트, 트리, 해시맵), 규약(i, j는 루프 카운터이고 n, m은 차원) 이렇게 세 가지다.

향후 코드를 읽을 사람의 STM과 LTM에 도움이 될 변수 이름이 무엇일지 고려하면 이름을 선택하는 데 많은 도움이 된다.

> **연습 8.3** 익숙하지 않은 소스 코드를 하나 선택하라. 예를 들어 오래전에 작업한 코드일 수도 있고 작업 중인 코드베이스 내에서 다른 사용자가 작성한 코드일 수도 있다.
>
> 코드를 살펴보고 코드의 모든 식별자 이름(변수 이름, 메서드 이름, 클래스 이름)을 나열하라. 각 이름이 어떻게 인지 처리를 지원할 수 있을지 생각해보라.

- 이름의 형식이 STM을 지원하는가? 이름의 각 부분을 더 명확하게 해서 이름을 개선할 수 있겠는가?
- LTM이 도메인을 이해하는 데 도움이 되는가? 이름을 더 명확하게 개선할 수 있는가?
- LTM이 사용하는 프로그래밍 개념을 이해하는 데 도움이 되는가? 이름을 더 명확하게 개선할 수 있는가?
- 이름이 프로그래밍 규약에 기초해서 만들어져 LTM이 이해하는 데 도움이 되는가?

8.2.4 이름의 품질 평가 시기

코딩과 관련된 인지 과정 때문에 명명하는 것이 어렵다는 것을 살펴봤다. 문제 해결에 몰두해 있을 때는 높은 인지 부하를 겪기 십상이기 때문이다. 부하가 너무 높으면 좋은 변수 이름을 생각할 여유가 없을 수 있다. 우리가 작성한 복잡한 코드에 foo라는 변수 이름이 발견되는 이유는 당면한 문제를 해결하는 것에 너무 골몰한 나머지 좋은 이름을 떠올리지 못했기 때문이다. 혹은 명명하려는 것의 의미가 나중에서야 명확해져서 그랬을 수도 있다.

그러므로 코딩하는 도중에 이름에 대해 생각하고 좋은 품질의 이름을 짓기는 어렵다. 코딩 이외의 시간에 이름의 품질을 숙고하는 것이 바람직하다. 코드 리뷰는 식별자 이름의 품질을 검토하기에 좋은 기회다. 연습 8.4는 사용할 이름에 대한 체크리스트 역할을 할 수 있으며, 코드 리뷰 시 명명 규약에 주의를 특별히 환기하기 위해 이 리스트를 사용할 수 있다.

> **연습 8.4** 코드 리뷰를 시작하기 전에 변경된 코드에 존재하는 모든 식별자 이름을 열거하라. 코드 바깥의 어딘가, 예를 들어 화이트보드나 별도의 문서에 이 이름을 나열하라. 각 식별자 이름에 대해 다음 질문에 답해보라.
>
> - 코드에 대해 아무것도 모르는 상태에서, 이름이 무엇을 의미하는지 명확한가? 예를 들어 이 이름이 구성하는 단어의 의미를 알겠는가?
> - 이름이 모호하거나 불명확한가?
> - 혼란을 줄 수 있는 약어를 사용하는가?
> - 어떤 이름들이 서로 비슷한가? 이 이름들은 서로 비슷한 것들을 가리키는가?

8.3 어떤 종류의 이름이 더 이해하기 쉬운가?

좋은 이름이 중요한 이유와, 이름이 인지 과정에 미치는 영향을 살펴봤다. 이제는 식별자 이름의 형식을 지정하는 방법에 대해 자세히 논의해보겠다.

8.3.1 축약할 것인가, 하지 않을 것인가?

사전에 등재된 단어들을 결합하여 이름을 만들어야 한다는 의견에 관해 살펴본 적이 있다. 완전한 단어를 사용하는 것이 합리적인 선택이라 더 이상 논의할 필요가 없어 보이지만, 완전한 단어로 구성된 식별자가 실제로 더 이해하기 쉽다는 근거를 자세히 살펴보는 것도 좋을 것이다.

독일 파사우 대학교 연구원인 요하네스 호프마이스터Johannes Hofmeister는 전문 C# 개발자 72명을 대상으로 C# 코드에서 버그를 찾는 실험을 했다. 호프마이스터는 버그를 찾을 때 식별자 이름의 의미나 형태가 중요한지에 대해 관심을 가졌다. 그는 개발자들에게 식별자가 글자인 프로그램, 식별자가 약자로 된 프로그램, 마지막으로 식별자가 단어인 프로그램 등 세 가지 유형의 프로그램을 제시했다. 호마이스터는 참가자들에게 문법 오류와 의미 오류를 모두 찾도록 요구했다. 그다음 참가자들이 주어진 프로그램에서 버그를 찾는 데 걸리는 시간을 측정했다.

참가자들은 식별자가 단어인 프로그램을 읽을 때 글자나 약어에 비해 분당 19% 더 많은 결함을 발견했다. 문자와 약자로 된 프로그램에서는 속도의 차이가 없었다.

다른 연구를 통해서도 단어로 이루어진 변수가 코드 이해에 도움이 된다는 것이 확인됐지만, 긴 변수 이름을 사용하는 것에도 단점이 있을 수 있다.[7] 이 장 앞부분에서 언급한 로리는 또 다른 연구에서 평균 7.5년의 전문 경험을 가진 120명의 전문 개발자에게 동일한 변수에 대한 세 가지 유형의 식별자를 가진 코드(단어, 약어, 단일 문자)를 파악하고 기억하도록 했다.

연구 참가자들에게는 세 가지 식별자의 명명 규약 중 한 가지를 사용한 코드를 보여주었다. 그런 다음 코드를 시야에서 보이지 않게 한 후 참가자들에게 코드를 말로 설명하고 프로그램에서 본 변수 이름을 물어봤다. 호프마이스터와는 달리, 로리는 참가자들이 제시한 답안을 1에서 5까지의 척도로 평가하여 말로 요약한 내용이 코드의 실제 기능에 얼마나 부합하는지를 측정했다.

로리는 호프마이스터와 비슷한 결과를 얻었다. 단어로 구성된 식별자는 다른 두 가지 방법보다 이해하기 쉽다는 것인데, 단어 식별자를 사용한 코드 요약이 단일 문자 식별자를 사용한 코드 요약보다

---

7   Dawn Lawrie et al., "Effective Identifier Names for Comprehension and Memory" (2007), https://www.researchgate.net/publication/220245890.

거의 1점 높은 평가를 받았다.

이 연구는 단어 식별자를 사용하는 것의 단점도 밝혀냈다. 로리는 코드 요약을 조사하면서 변수 이름이 길수록 기억하기 어렵고 기억하는 데 더 많은 시간이 걸린다는 사실을 발견했다. 변수 이름을 기억하기 어렵게 만드는 것은 길이 자체가 아니라 이름에 포함된 음절syllable의 수였다.[8] 이것은 물론 인지적인 관점에서 이해할 만하다. 이름이 길면 STM에서 더 많은 청크를 사용할 수 있고, 각 음절에 대해 청크를 만들 가능성이 높다. 따라서 코드를 이해하고 버그를 쉽게 찾기 위해서라면 명확한 의미의 단어를 사용해야 하는 반면, 기억을 잘하기 위해서라면 간결한 약자를 사용해야 한다. 좋은 변수 이름을 명명하기 위해서는 이 둘 사이의 주의 깊은 균형이 필요하다.

로리는 식별자에 접두사나 접미사를 붙이는 명명 규약을 사용할 때 조심할 것을 충고한다. 이러한 방식의 명명 규약에서 정보를 추가해서 얻는 이득이 이름을 기억하기 어려워 발생하는 손실보다 큰지 확인해야 한다.

> **접두사나 접미사는 주의하라**
>
> 로리는 식별자를 접두사 또는 접미사로 묶는 명명 규약을 사용할 때 주의할 것을 조언한다.

단일 문자가 변수로 흔히 사용된다

식별자의 이름에 단어를 사용하는 것이 버그를 더 빨리 찾고 코드를 더 쉽게 이해할 수 있다는 점에서 약어나 문자를 사용하는 것보다 낫다는 것을 살펴봤다. 그러나 실제로는 한 문자로 된 변수명도 많이 사용된다. 예루살렘 히브리 대학교의 연구원 갈 베니아미니Gal Beniamini는 C, 자바, 자바스크립트, PHP, 펄Perl에서 단일 문자가 얼마나 자주 사용되는지 연구했다.[9] 이 다섯 가지 프로그래밍 언어 각각에 대해 베니아미니는 깃허브에서 가장 인기 있는 프로젝트 200개를 다운로드했는데 코드의 양은 합쳐서 16 GB가 넘는다.

베니아미니의 결과에 따르면 프로그래밍 언어마다 단일 문자 변수 이름을 사용하는 규칙이 상당히 다르다. 예를 들어 펄의 경우 단일 문자 변수로 v, i, j 순서로 많이 사용되고 자바스크립트의 경우 가장 일반적인 단일 문자 이름은 i, e, d이다. 그림 8.3은 베니아미니가 분석한 5개 프로그래밍 언어에서 26개의 문자의 사용을 보여준다.

---

8   옮긴이 영어의 음절은 한국어의 음절과 다르다. 가령 commonwealth는 음절이 3개지만(com-mon-wealth) ability는 음절이 4개다(a-bil-i-ty).

9   Gal Beniamini et al., "Meaningful Identifier Names: The Case of Single-Letter Variables" (2017), https://www.cs.huji.ac.il/~feit/papers/SingleLetter17ICPC.pdf.

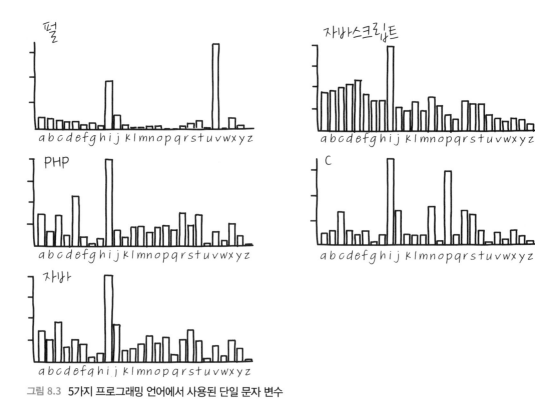

그림 8.3 5가지 프로그래밍 언어에서 사용된 단일 문자 변수

베니아미니는 단일 문자 변수뿐만 아니라 프로그래머들이 문자와 연관 짓는 내용에 대해서도 관심이 있었다. i 같은 문자의 경우, 대부분의 프로그래머는 루프 반복을 생각할 것이고 x와 y는 평면상 좌표일 것이다. 하지만 b, f, s, t 같은 문자는 어떨까? 이 글자들에 대해 많은 프로그래머가 공통으로 연관 짓는 의미가 있는가? 변수 이름에 대해 이루어진 가정을 알면 오개념을 방지할 수 있을뿐만 아니라 다른 사람이 코드에서 혼란을 느끼는 방식을 이해하는 데도 도움이 될 수 있다.

프로그래머가 변수 이름과 연관 짓는 타입을 알아보기 위해 베니아미니는 96명의 숙련된 프로그래머를 대상으로 설문조사를 실시하여 단일 문자 변수를 하나 이상의 데이터 타입과 연관 짓도록 요청했다. 그림 8.4에서 볼 수 있듯이, 대부분의 문자에 대해 연관 지어진 타입이 서로 거의 일치하지 않았다. 눈에 띄는 예외라면 압도적으로 문자열 타입으로 선택된 s, 압도적으로 문자 타입인 c, 정수 타입으로 선택된 i, j, k, n이다. 하지만 그 외 다른 문자들은 거의 어떤 데이터 타입이라도 가능했다.

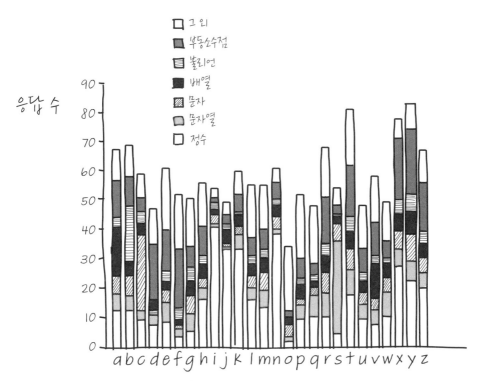

그림 8.4 단일 문자 변수와 연관된 타입[10]

놀랍게도 d, e, f, r, t는 부동소수점 숫자와 연관되는 경향이 있었으며 변수 x, y, z는 부동소수점 숫자와 정수 둘 다 강한 연관성을 보였다. 좌표로 사용할 경우 좌표의 위치가 소수점이건 정수건 상관없이 사용된다는 것을 의미하는 것으로 보인다.

단일 문자 변수 이름과 데이터 타입의 연관성에 대한 베니아미니의 결과는 다른 사람에 대해 우리가 어떤 가정을 할 때 그것을 당연한 것으로 여길 수 없다는 점을 상기시켜준다. 어떤 문자가 특정한 타입에 대한 아이디어를 확실하게 전달하여 독자가 코드를 이해하는 데 도움이 될 것이라고 생각할 수 있지만, 몇 가지 구체적인 경우를 제외하면 그렇게 될 가능성이 낮다. 따라서 식별자의 이름으로 단어를 선택하거나 명명 규약에 따르는 것이 향후 코드 이해를 위해 더 나은 방법이다.

> **연습 8.5** 다음 표에서 26개의 단일 문자 변수 이름에 대해 연상되는 타입을 적어보라. 그런 다음 팀원들과 비교해보기 바란다. 다른 팀원들과 자신의 결과가 다른 문자들이 있는가? 코드베이스에서 이러한 문자가 변수로 사용되는 코드가 있는가?

---

10 [옮긴이] 저자가 수정하기 전 원본 컬러 그림은 앞에서 각주로 단 베니아미니의 논문 PDF에서 볼 수 있다.

문자	데이터 타입	문자	데이터 타입	문자	데이터 타입
a		j		s	
b		k		t	
c		l		u	
d		m		v	
e		n		w	
f		o		x	
g		p		y	
h		q		z	
i		r			

8.3.2 스네이크 케이스냐, 캐멀 케이스냐?

대부분의 프로그래밍 언어에는 변수 이름에 대한 스타일 가이드가 있지만 그 지침이 동일하지는 않다. C, C++, C#, 자바를 포함한 C 계열의 언어는 캐멀 케이스camel case를 사용한다. 모두 첫 글자는 소문자로 쓰고 이름 중간에 들어가는 각 새 단어는 대문자로 쓴다(예: customerPrice 또는 nameLength). 반면 파이썬은 식별자 이름의 단어를 밑줄로 구분하는 스네이크 케이스snake case 규칙을 사용한다(예: customer_price 또는 name_length).

로욜라 대학교 메릴랜드의 컴퓨터 과학 교수 데이브 빙클리Dave Binkley는 캐멀 케이스 변수와 스네이크 케이스 변수에 대한 이해도의 차이를 조사했다.[11] 빙클리는 이 두 가지 서로 다른 식별자 스타일이 사람들로 하여금 프로그램에 적응하는 속도와 정확도에 영향을 미치는지 알고 싶어 했다. 빙클리의 연구에는 프로그래머와 비프로그래머 135명이 참여했다. 연구 참가자들에게 먼저 변수를 설명하는 문장(예: "리스트를 테이블로 확장")을 보여주었다. 문장을 본 후, 참가자들은 변수 이름에 관한 4개의 선택지 중 하나를 선택했는데, 그중 한 개는 실험 참여자들이 봤던 문장을 나타냈다. 참가자가 선택할 수 있는 옵션의 예로는 extendListAsTable, expandAliasTable, expandAliasTitle, extendAliasTable 등이 있었다.

빙클리의 연구 결과는 캐멀 케이스가 프로그래머와 비프로그래머 모두에게서 더 높은 정확도를 갖는다는 것을 보여준다. 식별자 이름이 캐멀 케이스로 작성되었을 때 올바른 옵션을 선택할 확률이 51.5% 더 높았다. 그러나 답을 선택하는 데 들어간 시간 역시 더 걸렸다. 참가자들이 캐멀 케이스로 적힌 식별자를 찾는 데 0.5초가 더 걸렸다.

---

11 Dave Binkley, "To Camel Case or Under_Score" (2009), https://ieeexplore.ieee.org/abstract/document/5090039.

두 가지 식별자 스타일을 프로그래머와 비프로그래머에 대해 살펴보는 것 외에도, 빙클리는 프로그래밍 교육이 피실험자의 성과에 미치는 영향도 조사했다. 훈련을 받지 않은 사람과 다년간의 훈련을 받은 사람을 비교했더니 훈련을 받은 사람들 대부분은 캐멀 케이스를 사용해서 훈련을 받았었다.

다양한 수준의 경험을 가진 사람들을 비교할 때, 빙클리는 캐멀 케이스에 대한 교육을 더 많이 받은 프로그래머들은 변수 이름이 캐멀 케이스로 작성된 경우 더 빨리 답을 찾는다는 것을 발견했다. 반면에 하나의 식별자 스타일로 훈련한 것이 다른 스타일을 사용할 때 부정적인 영향을 끼친다는 점도 밝혀졌다. 빙클리의 결과에 따르면 캐멀 케이스에 대해 훈련을 많이 받은 피실험자들은 전혀 훈련을 받지 않은 피실험자들보다 스네이크 케이스로 작성된 식별자들에 대해 답을 고르는 시간이 더 오래 걸렸다.

인지 처리에 대해 우리가 알고 있는 것에 비추어보면, 이 결과는 그다지 놀라운 일은 아니다. 식별자의 이름을 캐멀 케이스로 자주 작성하다 보면 이름을 청킹하고 의미 파악하는 일을 잘하게 된다.

물론 그렇다고 해서 이 연구 결과 때문에 스네이크 케이스를 사용하는 기존 코드베이스의 모든 변수 이름을 변경하는 것은 현명하지 않다. 일관성 또한 중요한 측면이다. 새로 명명 규약을 결정할 수 있는 상황이라면 캐멀 케이스를 선택하면 될 것이다.

8.4 이름이 버그에 미치는 영향

지금까지 이 장에서는 이름을 짓는 것이 왜 중요한지, 어떤 종류의 이름이 이해하기 쉬운지 살펴봤다. 그러나 좋지 못한 명명 규약은 버그 발생에 직접적인 영향을 미칠 수 있다.

8.4.1 나쁜 이름을 가진 코드에 버그가 더 많다

이 장 앞부분에서 다뤘던 명명 규약 지침에 대한 연구를 한 사이먼 버틀러도 좋지 못한 이름과 버그의 관계를 분석했다. 버틀러는 2009년 아파치 톰캣Apache Tomcat과 하이버네이트Hibernate 등 자바로 작성된 오픈 소스 코드를 분석하면서 잘못된 이름과 잘못된 코드와의 관계를 조사한 바 있다.[12]

버틀러는 자바 코드에서 변수 이름을 추출하고 명명 지침 위반을 탐지하는 툴을 만들었다. 버틀러는 자신의 툴을 사용하여 좋지 않은 명명 스타일이 발생하는 8가지 경우를 찾아냈다. 섹션 8.1에서 설명한 바와 같이, 버틀러는 두 개의 연속적인 밑줄과 같은 구조적 문제와 이름에 사용된 단어가 사전에 등재된 단어인지 확인하는 등 변수의 구성 요소도 살펴보았다.

---

12 Simon Butler, "Relating Identifier Naming Flaws and Code Quality: An Empirical Study" (2009), https://oro.open.ac.uk/17007/1/butler09wcreshort_latest.pdf.

그런 다음 버틀러는 잘못된 이름의 위치를 파인드버그FindBugs(정적 분석을 사용해 잠재적 버그 위치를 찾는 툴)로 찾은 버그의 위치와 비교했다. 흥미롭게도, 버틀러는 명명 문제와 코드 품질 사이에 통계적으로 유의미한 연관성을 발견했다. 버틀러의 연구 결과에 따르면 잘못된 명명 방식은 단지 읽고 이해하고 유지 보수하기 어려운 코드가 아니라 잘못된 코드일 가능성이 높다.

물론 버그 위치와 나쁜 이름의 위치 간의 상관관계가 반드시 그 둘 사이의 인과관계를 의미하지는 않는다. 버그와 좋지 않은 이름 모두 초보 프로그래머 혹은 실력 없는 개발자가 작성한 코드의 결과일 수도 있다. 복잡한 문제를 해결하느라 버그가 발생할 수도 있다. 이러한 복잡한 문제는 다른 방식으로 명명 오류와 관련이 있을 수 있다. 앞에서 논의했듯이 코드를 작성할 때는 어려운 문제를 해결해야 하기 때문에 프로그래머의 인지 부하가 매우 높았을 수도 있다. 코드의 도메인이 복잡해 좋은 이름을 떠올리기 어렵고, 적합한 이름을 찾기가 너무 복잡하고 혼란스러워 잘못된 이름을 지었을 가능성도 있다.

따라서 잘못된 이름 문제를 해결하는 것이 반드시 버그를 고치거나 예방하지는 않지만, 코드베이스를 검사하여 잘못된 이름이 발생하는 위치를 찾아내는 일은 코드를 개선하고 버그 발생 가능성이 있는 위치를 찾는 데 도움이 될 수 있다. 이것이 바로 코드에서 나쁜 이름을 찾아야 하는 또 다른 이유다. 이름을 개선하면 간접적으로 버그가 줄어들거나, 더 나은 이름을 사용한 코드는 이해하기 쉽기 때문에 최소한 수정 시간이 단축될 수 있다.

8.5 더 나은 이름을 선택하는 방법

지금까지 잘못된 이름을 사용하면 코드에 미치는 영향이 심각하고, 코드 이해를 어렵게 하며, 버그 발생 가능성도 높아진다는 것을 살펴봤다. 앞서 이름을 선택하는 것에 관한 연구에서 언급했던 페이텔슨은 개발자들이 어떻게 더 나은 이름을 선택할 수 있을지에 관해서도 연구했다.

8.5.1 이름 틀

페이텔슨은 설문 조사에서 개발자들에게 변수 이름을 선택하도록 했는데, 개발자들이 변수에 대해 같은 이름을 선택하는 경우는 드물지만 다른 개발자들이 선택한 이름을 이해는 한다는 것을 발견했다. 페이텔슨의 실험에서 대부분의 개발자는 다른 개발자들이 선택한 이름을 이해했다. 모순처럼 보이는 이러한 현상의 이유는 페이텔슨이 **이름 틀**name mold이라고 불렀던 개념을 개발자들이 사용하기 때문이다.

이름 틀은 변수 이름의 요소가 일반적으로 결합되는 패턴이다. 예를 들어 한 사람이 매달 최대로 받을 수 있는 혜택에 대해 선택된 이름이 표 8.4에 모두 나와 있다. 이름은 정규화되므로 max는 max 또는 maximum이고, benefit은 benefits일 수 있다. 선택을 많이 받은 순서대로 이름이 나열되어 있다.

표 8.4 많이 선택받은 순서대로 나열한 변수명

max_benefit
max_benefit_per_month
max_benefit_num
max_monthly_benefit
benefits
benefits_per_month
max_num_of_benefit
max_month_benefit
benefit_max_num
max_number_of_benefit
max_benefit_amount
max_acc_benefit
max_allowed_benefit
monthly_benefit_limit

이러한 틀을 살펴보면 페이텔슨의 연구에서 두 명의 개발자가 동일한 변수 이름을 선택할 가능성이 왜 그렇게 낮았는지를 이해할 수 있다. 실험 결과의 수많은 다른 이름은 대부분 개발자가 다른 이름 틀을 사용했기 때문이다.

이 모든 이름은 개념적으로 같은 값을 나타내지만 형식에 많은 차이가 있다. 페이텔슨의 연구에 참여한 개발자들이 모두 동일한 코드베이스를 가지고 작업하지는 않았으나, 동일한 코드베이스 내에서도 이러한 서로 다른 틀을 사용할 가능성이 높다. 인지 부하와 LTM에 대해 알고 있는 것에 의하면 코드베이스 내에서 서로 다른 이름 틀을 사용하는 것은 바람직하지 않다.

첫째, 인지 부하 측면에서 관련된 개념(예제의 경우 benefit)을 변수 이름 내에서 그리고 변수 이름 내 다른 위치에서 찾는 것은 불필요한 외부 인지 부하를 유발한다. 올바른 개념을 찾는 데 사용할 정신적인 에너지를 이름을 이해하는 데 사용해서는 안 된다. 캐멀 케이스나 스네이크 케이스 같은 특정한 형식의 변수를 인식하도록 훈련할 수 있다는 것을 앞에서 살펴봤다. 아직 이름 틀에 대한 연구는 진행되지 않았지만 특정한 이름 틀을 자주 사용하면 이 틀을 사용해서 작성한 변수를 더 잘 인식할 수 있을 것으로 보인다.

둘째, 변수 이름이 비슷한 경우 동일한 이름 틀을 사용하면 LTM이 관련 정보를 더 쉽게 찾을 수 있다. 예를 들어 앞에서 max_interest_amount라는 변수를 사용해서 최대 이자 금액을 계산하는 코드를 작성했다면 max_benefit_amount라는 변수 이름을 보는 순간 그 코드가 기억날 수 있다. 반면 앞에서 interest_maximum이라는 변수를 사용했다면 계산 로직이 비슷하더라도 이름의 형식이 다르기 때문에 LTM이 유사한 코드를 기억해내기가 더 어렵다.

유사한 이름 틀을 사용하면 작업 기억 공간과 LTM에 큰 도움이 되기 때문에 각 코드베이스에서 사용할 수 있는 여러 가지 이름 틀을 미리 정해놓는 것이 좋다. 프로젝트를 시작할 때 이름 틀에 대해 협의하는 것은 이러한 방향으로 가는 좋은 단계일 것이다. 기존 코드베이스에서 기존 변수 이름 목록을 만들고, 이미 사용 중인 이름 틀을 확인하고, 그 이름 틀을 계속 사용할 것인지 결정할 수도 있다.

> **연습 8.6** 코드베이스 일부에 대해 변수, 함수, 메서드 이름의 목록을 작성하라. 클래스 혹은 파일 하나일 수도 있고 특정 기능과 관련된 모든 코드여도 좋다. 각 이름에 대해 다음 표를 사용하여 어떤 이름 틀을 따르고 있는지 확인해보라. 표에서 X는 수량이나 값을 나타내고 Y는 수량에 대한 특정 필터를 나타낸다. 예를 들면 X는 VAT의 이자와 같은 수량 값이고, Y는 월 단위를 나타낸다.
>
> 결과를 팀원들과 논의해보라. 일반적으로 사용되는 이름 틀은 무엇인가? 다른 이름 틀을 사용하여 수정하면 코드베이스의 일관성이 높아질 변수들이 있는가?

이름 틀	변수	함수/메서드
max_X		
max_X_per_Y		
max_X_num		
X		
X_per_Y		
max_num_of_X		
max_Y_X		
X_max_num		
max_number_of_X		
max_X_amount		
max_acc_X		
max_allowed_X		
Y_X_limit		
max_X		
기타		

8.5.2 더 나은 변수명에 대한 페이텔슨의 3단계 모델

비슷한 이름 틀을 사용하는 것이 코드를 이해하는 데 도움이 되지만 프로그래머들은 종종 동일한 객체에 대해 다양한 이름 틀을 사용한다는 것을 살펴봤다. 이러한 사실을 바탕으로 페이텔슨은 개발자들이 더 나은 이름을 선택하는 데 도움이 되도록 3단계 모델을 설계했다.

1. 이름에 포함할 개념을 선택한다.
2. 각 개념을 나타낼 단어를 선택한다.
3. 이 단어들을 사용하여 이름을 구성한다.

3단계 모델의 세부 사항

이 3단계를 좀 더 자세히 살펴보자. 첫 번째 단계에서는 이름을 통해 나타낼 개념을 선택하는데, 개념은 도메인별로 아주 많이 다르며 어떤 차원을 포함할 것인지 결정하는 것이 가장 중요할 수도 있다. 페이텔슨에 따르면 이름을 선택할 때 고려해야 할 주요 사항은 이름의 의도이며, 이 의도는 개체가 어떤 정보를 보유하고 있으며 무엇을 위해 사용되는지를 나타내야 한다는 것이다. 이름을 설명하기 위해 주석문을 새로 작성하거나 이름과 가까운 위치에 주석문이 이미 있다면, 주석의 문구가 변수 이름에 포함되어야 할 수도 있다. 어떤 경우에는 정보를 제공할 수도 있다. 예를 들면 길이가 수평 또는 수직 방향인지, 킬로 단위로 저장된 무게인지, 버퍼에 사용자 입력이 포함되어 있으므로 안전하지 않은 것으로 간주해야 하는지에 대한 표시다. 데이터가 변환되면 새 이름을 사용할 수도 있다. 예를 들어 입력의 유효성을 검사한 후 안전하다는 것을 나타내기 위해 다른 이름의 변수에 저장할 수 있다.

두 번째 단계는 각 개념을 나타낼 단어를 선택하는 것이다. 종종 올바른 단어를 선택하는 것은 간단하며, 한 단어가 코드의 도메인에서 사용되거나 코드베이스 전체에서 사용되기 때문에 그 단어를 선택해야 하는 것은 명백할 때도 있다. 그러나 페이텔슨의 실험에서는 한 단어에 대해 다른 경쟁적인 옵션이 참가자들에 의해 제안되는 경우도 많았다. 동의어가 같은 의미인지 아니면 미묘한 차이를 나타내는지에 대해 개발자들이 혼란스러워할 때 이러한 다양성은 문제가 될 수 있다. 모든 중요한 정의가 기록되어 있고 사용할 수 있는 동의어가 등재되어 있는 **프로젝트 어휘 사전**project lexicon이 있으면 프로그래머가 일관된 이름을 선택하는 데 도움이 될 수 있다.

페이텔슨은 모델의 단계가 반드시 순서대로 실행될 필요는 없다고 지적한다. 때로는 표현하고자 하는 개념을 고려하지 않고서도 변수 이름에 사용할 단어가 생각날 수 있다. 이러한 경우에도 여전히 개념을 고려하는 것이 중요하다.

세 번째 단계는 선택한 단어를 사용하여 이름을 구성하는 것으로, 이름 지정 틀 중 하나를 선택하는 것에 해당한다. 앞에서 살펴봤듯이, 이름 틀을 선택할 때 코드베이스와 일치시키는 것이 중요하다. 이름이 일치하면 다른 사용자가 이름 내의 중요한 요소를 쉽게 찾고 다른 이름과 연관 지을 수 있다. 페이텔슨이 조언하는 다음 고려 사항은 변수를 정의하는 자연어에 맞춰 이름 틀을 사용하는 것이다. 예를 들어 영어 문장에서는 '점수 최대'라고 하지 않고 '최대 점수'라고 말한다. 따라서 `points_max` 대신 `max_points`를 사용하는 것이 좋다. 변수 이름을 보다 자연스럽게 만드는 또 다른 방법은 `indexOf` 또는 `elementAt`와 같이 전치사를 추가하는 것이다.

페이텔슨의 3단계 모델의 성공 사례

3단계 모델을 정의한 후 페이텔슨은 100명의 새로운 참가자를 대상으로 두 번째 실험을 진행했다.

연구자들은 새로운 참가자들에게 이 모델을 설명했고, 예시도 보여줬다. 설명이 끝난 후, 참가자들에게 페이텔슨의 원래 연구에 참여했던 사람들에게 제공했던 것과 동일한 이름이 주어졌다. 그러고 나서 두 명의 외부 심사 위원으로 하여금 첫 번째 실험과 두 번째 실험의 결과를 비교하도록 했다. 첫 번째 실험에서는 참가자들이 이 모델을 알지 못했던 반면, 두 번째 실험에서는 이 모델의 사용에 대해 교육을 받았다는 차이점이 있을 뿐, 심사 위원들은 어떤 이름이 어떤 실험으로부터 왔는지 알지 못했다.

심사 위원들은 피실험자들이 모델을 이용해 선택한 이름이 원래 실험에서 선택한 이름보다 2대 1의 비율로 우수한 것으로 평가했다. 따라서 이 세 단계를 사용하면 더 나은 이름을 만들 수 있다.

요약

- 캐멀 케이스 같은 문법 규칙부터 코드베이스 내의 일관성까지, 좋은 이름에 대한 다양한 관점이 있다.
- 다른 차이가 없다면 스네이크 케이스로 작성된 변수보다 캐멀 케이스 변수가 기억하기 쉽다. 하지만 사람들은 스네이크 케이스를 더 빨리 식별한다.
- 잘못된 이름이 있는 코드에서 버그가 발생할 가능성이 높다. 다만 이 둘 사이에 반드시 인과관계가 있는 것은 아니다.
- 다양한 형식의 변수명을 만드는 데 사용할 수 있는 이름 틀이 많이 있으므로, 틀의 수를 줄이면 코드를 이해하는 데 도움이 된다.
- 페이텔슨의 3단계 모델(이름에 사용할 개념, 해당 개념에 사용할 단어, 결합 방법)을 적용하면 고품질의 이름을 만들 수 있다.

나쁜 코드와 인지 부하를 방지하는 두 가지 프레임워크

이 장에서는 다음과 같은 내용을 다룬다.

- 코드 스멜과 인지 부하의 연관성
- 나쁜 이름과 인지 부하의 연관성

전문 프로그래머인 필자가 그랬듯, 독자 역시 읽기 쉬운 코드와 이해하려고 많은 노력을 기울였던 코드를 양쪽 다 접해봤을 것이다. 코드가 이해하기 어려운 이유에 대해서는 앞서 STM, LTM, 작업 기억 공간에 대해 설명할 때 다뤘다. 즉 코드를 읽을 때 너무 많은 인지 부하가 발생하기 때문이다. 인지 부하는 작업 기억 공간이 꽉 차서 뇌가 더 이상 제대로 처리하지 못할 때 발생한다. 앞 장들에서는 코드를 읽는 방법에 중점을 두었다. 문법, 개념, 도메인 지식을 더 많이 습득해야 코드를 더 쉽게 읽을 수 있다는 점을 살펴봤다.

이 장에서는 인지적 관점에서 코드를 작성하는 방법에 대해 알아보겠다. 어떤 종류의 코드가 인지 부하를 많이 발생시키는지 살펴보고, 인지적으로 처리하기 쉽게 하기 위해 코드를 개선할 방법을 논의할 것이다. 특히 코드가 인지 부하를 초래할 수 있는 두 가지 이유에 대해 자세히 살펴보려고 한다. 먼저 코드가 구조적으로 혼란스러우면 코드를 이해하기 어려울 수 있고, 다음으로 내용이 혼란스러워도 코드를 이해하기 어려울 수 있다. 코드를 읽기 어렵게 만드는 원인을 파악하면 이해하기 쉽고 유지 관리가 쉬운 코드를 작성하는 방법을 배울 수 있다. 이런 코드를 작성하면 팀원(미래의 팀원 포함)이 코드를 읽고 적응하는 데 들어가는 노력이 줄어들고 버그 위험도 낮아진다.

9.1 코드 스멜이 인지 부하를 초래하는 이유

이 장에서는 다른 사람들이 이해하기 쉬운 코드를 작성하는 방법, 즉 코드를 읽을 때 인지 부하가 크지 않은 코드를 작성하는 방법을 살펴보겠다. 코드가 혼란을 초래하는 이유를 살펴보기 위해 우리가 사용할 첫 번째 프레임워크는 **코드 스멜**code smell이라는 개념이다. 코드 스멜은 작동은 하지만 개선의 여지가 있는 코드를 의미한다(마틴 파울러가 1999년에 출간한 《Refactoring》(Addison-Wesley Professional)에서 고안한 용어다).[1] 코드 스멜의 예로는 매우 긴 메서드나 지나치게 복잡한 스위치 문이 있다.

이미 코드 스멜을 잘 알고 있는 독자도 있을 텐데 그렇지 않은 독자를 위해 코드 스멜에 대해 간략하게 설명하겠다. 코드 스멜에 대해 간단하게 살펴본 후에 코드 스멜과 인지 과정, 특히 인지 부하와의 연관성에 대해 알아볼 것이다. 단순히 '그 클래스는 너무 크다'라고 말하는 것도 도움이 되지만 '너무 크다'는 것이 정확히 어떤 의미인지, 어떤 요인에 따라 달라지는지를 이해하기에는 충분치 못할 수 있다.

9.1.1 코드 스멜에 대한 간략한 소개

파울러는 다양한 코드 스멜과 함께 이것을 해소하기 위한 전략을 함께 목록화해서 설명했고, 이 과정을 **리팩터링**refactoring이라고 불렀다. 코드 스멜의 예로는 매우 긴 메서드, 동시에 너무 많은 작업을 시도하는 클래스 및 지나치게 복잡한 스위치 문이 있다. 이 책의 앞부분에서 살펴본 바와 같이, '리팩터링'이라는 용어는 코드 스멜을 해소하는 것 말고도 보다 일반적인 의미의 코드 개선을 뜻하는 용어로 쓰이게 되었다. 예를 들어 루프를 리스트 컴프리헨션으로 변경하려고 할 때 루프 사용이 반드시 코드 스멜에 해당하는 것은 아니기 때문에 대부분의 사람에게 이것은 리팩터링으로 인식된다.

파울러의 책은 22가지 코드 스멜을 설명했고, 이를 표 9.1에 요약했다. 파울러는 이들을 구별하지 않았지만, 22개의 코드 스멜은 몇 가지 수준으로 묶을 수 있다. 너무 긴 메서드와 같이 메서드에 대한 코드 스멜도 있고 주석문에 대한 코드 스멜처럼 코드베이스 전체에 대한 것도 있다. 곧이어 각 수준에 따른 코드 스멜에 대해 살펴보겠다.

---

1 옮긴이 《Refactoring》은 2018년에 2판이 나왔고 1, 2판 모두 국내에 번역 출간되었다. 2판 번역서에서는 '코드 스멜'을 '코드에서 나는 악취'라고 옮겼다. 저자가 다음 절에서 소개하는 목록은 1판 기준이다.

표 9.1 파울러의 코드 스멜에 대한 간략한 설명 및 수준

코드 스멜	설명	수준
긴 메서드	메서드는 여러 가지 다른 일을 수행하느라 라인이 길어져서는 안 된다.	메서드
많은 인수	메서드는 인수가 많으면 안 된다.	메서드
스위치 문	스위치 문이 길면 안 된다. 다형성을 통해 해결할 수 있다.	메서드
다른 것처럼 보이나 같은 클래스	처음 보면 다른 것처럼 보이지만 유사한 필드와 메서드를 갖는 클래스가 두 개 있으면 안 된다.	클래스
원시 타입 집착	클래스에서 원시 데이터 타입의 과도한 사용은 피해야 한다.	클래스
미완성 라이브러리 클래스	메서드를 라이브러리 클래스가 아닌 임의의 클래스에 추가해서는 안 된다.	클래스
너무 큰 클래스	너무 많은 메서드와 필드를 가지고 있어서 클래스가 제공하는 추상화를 불명확하게 만들어서는 안 된다.	클래스
게으른 클래스	클래스가 하는 일이 너무 적으면 존재할 이유가 없다.	클래스
데이터 클래스	클래스는 데이터만 가져서는 안 되고 메서드도 가져야 한다.	클래스
임시 필드	클래스는 불필요한 임시 필드를 가져서는 안 된다.	클래스
데이터 그룹	같이 사용되는 데이터는 같은 클래스나 구조체에 저장되어야 한다.	클래스
산재한 수정	일반적으로 코드 수정은 한 클래스의 한 부분에서만 이루어져야 한다. 클래스의 여러 부분을 수정해야 한다면 코드 구조가 잘못된 것을 의미한다.	코드베이스
기능 이전	클래스 A의 많은 메서드가 클래스 B에 의해 참조되면 그 메서드들은 B로 옮겨야 한다.	코드베이스
부적절한 연관	클래스는 다른 클래스에 광범위하게 연관되지 않아야 한다.	코드베이스
중복 코드 또는 코드 클론	같은 혹은 비슷한 코드가 코드베이스 내 여러 군데에서 중복돼서는 안 된다.	코드베이스
주석문	주석문은 그 코드가 무엇을 하는지가 아니라 왜 거기 있는지를 설명해야 한다.	코드베이스
메시지 체인	메시지 호출이 연속해서 꼬리에 꼬리를 무는 방식으로 이루어져서는 안 된다.	코드베이스
미들맨	클래스가 자신이 하는 일은 없이 위임을 많이 사용하면 이 클래스가 굳이 존재할 이유가 있는가?	코드베이스
평행 상속	한 클래스의 서브 클래스를 만들 때마다 다른 클래스의 서브 클래스도 만들어야 한다면 두 클래스의 기능은 하나의 클래스로 합쳐야 한다.	코드베이스
상속 거절	클래스가 자신이 사용하지 않는 것을 상속받는다면 상속은 필요 없는 일일지도 모른다.	코드베이스
샷건 수술	일반적으로 코드 수정은 한 클래스에 대해서만 이루어져야 한다. 하나의 사항에 대해 여러 클래스를 수정해야 한다면 코드 구조에 문제가 있으므로 수정할 여러 부분을 하나의 클래스로 묶어야 한다.	코드베이스
추측에 근거한 일반성	만일의 경우를 대비한 코드를 추가하지 말고 필요한 기능만 추가하라.	코드베이스

메서드 수준 코드 스멜

개별 메서드에 속한 코드 스멜에 대한 예로는 한 메서드가 많은 라인으로 되어 있고 많은 기능을 갖는 경우다. 이런 메서드를 긴 메서드 코드 스멜 혹은 '신의 메서드' 스멜이라고 부른다. 메서드가 많은 매개변수를 가지고 있으면 이 역시 또 다른 코드 스멜이다. 파울러에 따르면, 그러한 메서드는 매개변수 스멜 문제가 있다고 한다.

이런 개념에 익숙하지 않은 독자라면 파울러의 책을 읽어보기를 권한다. 표 9.1은 발생 수준을 포함하여 파울러의 22개 코드 스멜에 대한 개괄적인 설명만을 제공한다.

클래스 수준 코드 스멜

메서드 수준에 존재하는 코드 스멜 외에도 클래스 수준의 코드 스멜이 있다. 그 예로 '신의 클래스'라고 부르는 큰 클래스가 있다. 큰 클래스는 기능이 너무 많아 더 이상 의미 있는 추상화를 제공하지 못한다. 신의 클래스는 일반적으로 한 번에 만들어지는 것이 아니라 시간이 지남에 따라 만들어진다. 먼저 고객 계정 표시를 처리할 클래스를 만들고 이 클래스에 `print_name_and_title()` 또는 `show_date_of_birth()`와 같이 고객 정보를 멋지게 표시하는 메서드를 생성한다. 이후에 `determine_age()`와 같은 간단한 계산을 수행하는 메서드까지 추가되며 클래스의 기능이 서서히 확장된다. 시간이 지나면서 한 명의 개별 고객을 고려하지 않고 특정 담당자의 모든 고객을 나열할 방법 등이 추가된다. 클래스는 더 이상 한 고객과 관련된 논리를 나타내지 않고 애플리케이션 내의 모든 종류의 프로세스에 대한 논리를 포함하므로 신의 클래스로 변모해간다.

같은 맥락에서, 클래스가 의미 있는 추상화가 되기에는 메서드와 필드가 너무 적을 수도 있다. 이를 파울러는 게으른 클래스라고 부른다. 이런 클래스는 시간이 지남에 따라 원래 있던 기능이 다른 클래스로 옮겨지거나, 서브 클래스를 만들 생각으로 클래스 껍데기만 만들어놓고 서브 클래스를 만들지 않기 때문에 발생할 수 있다.

코드베이스 수준 코드 스멜

코드 스멜은 개별 메서드나 클래스 수준뿐만 아니라 코드베이스 수준에서도 존재할 수 있다. 예를 들어 코드베이스에 서로 다른 위치에 매우 유사한 코드가 포함된 경우 코드베이스에는 중복 코드 또는 코드 클론이라고 부르는 코드 스멜이 있는 것이다. 중복 코드의 예가 그림 9.1에 나와 있다. 코드베이스 수준 코드 스멜의 또 다른 예는 여러

```
int foo(int j) {
    if (j < 0)
        return j;
    else
        return ++j;
}
```
Product A

```
int goo(int j) {
    if (j < 0)
        return j;
    else
        return j+2;
}
```
Product B

그림 9.1 중복 코드 예. foo와 goo 함수는 동일하지는 않지만 매우 유사하다.

메서드들이 서로 정보를 계속해서 전달하는 경우인데 이것을 메시지 체인이라고 부른다.

코드 스멜의 영향

코드 스멜이 있다고 해서 코드에 반드시 오류가 있는 것은 아니다. 다만 코드 스멜을 가지고 있는 코드는 오류가 있을 가능성이 높은 것으로 알려져 있다. 캐나다 몬트리올 에콜 폴리테크니크의 소프트웨어 공학과 교수인 푸체 콤Foutse Khomh은 자바 IDE로 유명한 이클립스의 코드를 연구했다. 콤은 여러 버전의 이클립스 코드를 검사하고 코드 스멜이 오류에 어떤 영향을 미치는지 조사했다. 분석된 모든 버전의 이클립스에서 신의 클래스가 오류 경향성error proneness의 중요한 원인이었고,[2] 신의 메서드 역시 이클립스 2.1에서 발생한 오류에 중요한 역할을 한 것으로 밝혀졌다.[3]

콤은 코드 스멜이 오류에 미치는 영향뿐만 아니라 수정 경향도 살펴보았다. 그는 코드 스멜이 없는 코드보다 코드 스멜이 포함된 코드가 향후에 수정될 가능성이 더 높다는 것을 발견했다. 큰 클래스 코드 스멜과 긴 메서드 코드 스멜은 향후 코드 수정 가능성에 상당히 큰 영향을 미치는 것으로 나타났다. 배포된 이클립스의 75% 이상의 경우에 코드 스멜이 있는 코드가 그렇지 않은 코드보다 수정될 가능성이 더 높았다.[4]

> **연습 9.1** 최근에 수정한 코드 중에 매우 이해하기 어려웠던 코드에 대해 생각해보라. 코드 스멜과 관련이 있는가? 어느 수준의 코드 스멜이 발생했는가?

9.1.2 코드 스멜이 인지 과정에 악영향을 미치는 방식

코드 스멜에 대해 자세히 살펴봤으니, 이제 코드 스멜과 관련된 더 깊은 인지적 문제를 살펴보자. 코드 작성 시 코드 스멜이 들어가지 않게 하려면 코드 스멜이 코드 이해에 미치는 악영향을 이해해야 한다. 따라서 코드 스멜과 뇌의 인지 과정, 특히 인지 부하와의 연관성을 탐구할 것이다.

파울러의 코드 스멜은 이전에 수행한 작업 및 코드 작성에 대한 개인적인 경험을 바탕으로 한다. 파울러가 연관 짓지는 않았지만, 많은 코드 스멜은 두뇌의 인지 기능과 관련이 있다. 작업 기억 공간과 LTM에 대해 우리가 알고 있는 것을 바탕으로 코드 스멜이 포함된 코드의 효과를 설명할 수 있다.

---

2   Wei Le et al., "An Empirical Study of the Bad Smells and Class Error Probability in the Post-Release Object-Oriented System Evolution," *Journal of Systems and Software* 80, no. 11 (2007): 1120–1128, https://doi.org/10.1016/j.jss.2006.10.018.

3   Aloisio S. Cairo et al., "The Impact of Code Smells on Software Bugs: A Systematic Literature Review" (2018), https://www.mdpi.com/2078-2489/9/11/273.

4   Foutse Khomh et al., "An Exploratory Study of the Impact of Antipatterns on Software Changeability" (2012), http://www.ptidej.net/publications/documents/Research+report+Antipatterns+Changeability+April09.doc.pdf.

이전 장들에서 우리는 여러 인지 과정과 관련해서 야기되는 여러 가지 형태의 혼란을 살펴봤다. 이와 유사하게, 여러 코드 스멜은 각자 다른 형태의 인지 과정에 기원을 두고 있다. 이에 대해 개략적으로 설명하겠다.

긴 매개변수 목록, 복잡한 스위치 문: 작업 기억 공간의 용량 초과

작업 기억 공간에 대해 우리가 살펴본 내용을 생각해보면, 긴 매개변수 목록과 복잡한 스위치 문이 왜 읽기 어려운지 이해할 수 있다. 두 가지 코드 스멜 모두 작업 기억 공간의 과부하와 관련이 있다. 책의 1부에서 작업 기억 공간의 용량이 6개 정도로 작기 때문에 6개를 넘는 매개변수 리스트는 사람들이 기억하기에 무리가 있다고 설명했다. 이런 경우 코드를 읽는 동안 모든 매개변수를 작업 기억 공간에 저장할 수 없다. 따라서 메서드에 매개변수가 많을수록 이해하기는 더 어려울 것이다.

물론 미묘한 차이가 있을 수 있다. 매개변수를 읽을 때 각각의 매개변수가 항상 개별 청크로 처리되는 것은 아니다. 예를 들어 다음과 같은 메서드를 생각해보자.

예제 9.1 **두 개의 x 좌표와 두 개의 y 좌표가 매개변수로 사용되는 자바 메서드**

```
public void line(int xOrigin, int yOrigin, int xDestination, int yDestination) {}
```

우리 두뇌는 이것을 4개의 청크가 아닌 2개의 청크로 취급할 것이다. 출발점의 (x, y) 좌표가 한 청크가 되고, 종착점의 (x, y) 좌표가 또 하나의 청크가 된다. 따라서 매개변수의 개수 제한은 상황에 따라 달라지며 코드의 요소에 대한 사전 지식에 따라 달라진다. 그러나 매개변수 목록이 길면 작업 기억 공간이 과부하를 가질 가능성이 높은 것은 사실이다. 복잡한 스위치 문도 마찬가지다.

신의 클래스, 긴 메서드: 효율적인 청킹이 불가능

코드로 작업할 때 우리는 끊임없이 추상화를 생성한다. 모든 기능을 하나의 main() 함수에 두기보다는, 의미 있는 이름을 갖는 별도의 작은 기능으로 나누는 것을 선호한다. 서로 관련된 속성과 함수들은 클래스 안에 모아놓는다. 개별 함수, 클래스, 메서드로 기능을 분할할 때의 이점은 이름이 문서 역할을 한다는 것이다.

프로그래머는 square(5)를 호출하면 어떤 값이 반환될지 즉시 파악할 수 있다. 그러나 함수 및 클래스 이름의 또 다른 이점은 코드를 청킹할 수 있도록 도와준다는 점이다. 예를 들어 multiples() 함수와 minimum() 함수가 포함된 코드 블록이라면 코드를 자세히 검사하지 않고도 최소공배수least common multiple를 계산하는 코드라고 결론 내릴 수 있다. 이것이 신의 클래스와 긴 메서드와 같이 큰 코드 블록과 관련된 코드 스멜이 좋지 못한 이유다. 코드를 빨리 이해하기 위한 결정적 특징이 많지 않고, 코드를 한 줄 한 줄 읽어야 하기 때문이다.

코드 클론: 청킹이 잘못됨

코드 클론 또는 중복 코드 스멜은 별 차이 없는 코드가 계속해서 코드베이스에 추가될 때 발생한다.

작업 기억 공간에 대해 우리가 알고 있는 것에 기초해 생각해보면 중복 코드가 왜 코드 스멜로 간주되는지 그 이유를 알 수 있다. 앞서 살펴본 두 개의 메서드가 그림 9.2에 다시 나와 있는데 이들을 살펴보자. goo()와 같이 foo()와 매우 유사한 함수 호출을 보게 되면 작업 기억 공간은 LTM에서 foo()에 대한 정보를 수집할 것이다. 작업 기억 공간은 마치 '이렇게 하면 편리할 것 같아'라고 생각할 것이다. 그다음 goo()를 구현한 코드 자체를 검사할 것이다. 그것을 대충 훑어보고, foo()에 대한 사전 지식이 애초의 생각을 강화하면 '아, 이거 foo() 맞네'라고 생각할 것이다.

```
int foo(int j) {
  if ( j < 0 )
    return j;
  else
    return ++j;
}
```
Product A

```
int goo(int j) {
  if ( j < 0 )
    return j;
  else
    return j+2;
}
```
Product B

그림 9.2 유사한 이름과 유사하지만 정확히 같지는 않은 기능을 가진 두 함수. 이름과 구현이 매우 유사하기 때문에 우리 두뇌는 두 가지 메서드를 혼동할 가능성이 높다.

따라서 체스 플레이어가 시실리언 오프닝으로부터 변형된 몇몇 다른 오프닝을 모두 시실리언으로 묶어서 생각하는 것처럼, foo()와 조금 다른 goo()도 foo()라는 하나의 범주로 묶을 것이다. 따라서 goo()가 다른 값을 반환하더라도 goo()는 foo()와 같다는 오개념이 생겨날 수 있다. 앞부분에서 그러한 오개념들이 오랫동안 마음속에 남아 있을 수 있다는 것을 살펴봤다. goo()가 foo()와 같지 않다는 사실을 여러 번 인식해야만 자신의 실수를 깨닫게 된다.

> **연습 9.2** 연습 9.1에서 검사한 코드 스멜이 있는 코드를 다시 고려해보자. 코드를 잘못 이해할 때는 어떤 인지 과정이 연관되는가?

9.2 나쁜 이름이 인지 부하에 미치는 영향

이 장에서는 이해하기 쉬운 코드를 작성하는 데 중점을 두고 있다. 지금까지 우리는 파울러의 코드 스멜 프레임워크, 예를 들어 긴 메서드, 중복 코드와 같은 코드 스멜과 이것이 인지 부하에 미치는 영향을 살펴보았다.

코드 스멜은 **구조적 안티패턴**structural antipattern 문제가 있는 코드다. 이것은 코드가 잘 작성되었으나 파악하기 어려운 구조로 만들어졌다는 것을 의미한다. 그러나 코드에는 '개념적' 안티패턴도 있을 수 있다. 코드가 짧은 메서드와 깔끔한 클래스로 올바르게 구성되어 있지만 혼동되는 이름을 갖는 경우다. 이러한 코드 문제는 두 번째 프레임워크인 **언어적 안티패턴**linguistic antipattern으로 설명할 수 있다. 두 프레임워크는 코드의 서로 다른 측면을 다루기 때문에 서로 잘 보완한다.

9.2.1 언어적 안티패턴

언어적 안티패턴은 워싱턴 주립 대학교 교수 베네러 아나우도바Venera Arnaoudova에 의해 정의되었다. 아나우도바는 언어적 안티패턴을 코드의 언어적 요소와 그 역할 사이의 불일치로 묘사한다. 코드의 언어적 요소란 메서드 입출력 정의, 설명 문서, 속성 이름, 데이터 타입, 주석문 등을 포함하는 코드의 자연어 부분으로 정의한다. 안티패턴은 언어적 요소가 수행하는 역할과 일치하지 않을 때 발생한다. 간단한 예로는 `initial_element`라는 변수가 배열이나 리스트의 원소가 아닌 그 원소의 인덱스를 갖는다든지, `isValid`같이 불리언 변수처럼 보이는 변수가 실제로는 정숫값을 갖는다든지 하는 경우다.

언어적 안티패턴은 일반적으로 메서드나 함수 이름에서도 발생하는데, 메서드나 함수가 하지 않는 일이 이름에 나타날 수 있다. 예를 들어 불리언 값을 반환하는 `getCustomers` 메서드가 있다고 하자. 이 메서드는 이름만 보면 컬렉션을 반환할 것 같지만 실제로는 하나의 불리언 값을 반환한다고 하자. 이 메서드의 목적이 고객이 있는지 확인하는 것이라면 어느 정도 일리는 있으나, 이 메서드 이름은 혼동을 불러온다.

아나우도바의 6가지 범주의 언어적 안티패턴을 표 9.2에 요약했다.

표 9.2 **아나우도바의 6가지 언어적 안티패턴**

이름이 나타내는 것보다 더 많은 일을 하는 메서드
이름이 나타내는 것보다 더 적은 일을 메서드
이름과 정반대의 일을 하는 메서드
개체에 포함된 것보다 더 많은 것을 가지고 있는 것처럼 보이는 식별자 이름
개체에 포함된 것을 누락하는 식별자 이름
개체에 포함된 것과 반대되는 식별자 이름

아나우도바는 언어적 안티패턴을 정의한 후 7개 오픈 소스 프로젝트에서 이러한 언어적 안티패턴이 존재하는지 조사했다. 그 결과 예를 들어 11%의 설정자setter 메서드가 필드 설정 외에도 값을 반환하는 등, 이러한 안티패턴이 비교적 흔하다는 것을 발견했다. 메서드의 2.5%에서는 메서드 이름과 주석이 메서드가 수행하는 작업과는 상반된 설명을 제공했고, `is`로 시작하는 식별자 중 무려 64%가 불리언 데이터 타입이 아닌 것으로 나타났다.

코드베이스에 언어적 안티패턴 문제가 있는지 궁금한가? 아나우도바는 자신의 연구를 바탕으로 자바 코드의 안티패턴을 검출할 수 있는 LAPD_{Linguistic Anti-Pattern Detector}를 개발했다. LAPD는 이클립스 체크스타일 플러그인으로 사용할 수 있다.[5]

언어적 안티패턴이 우리 두뇌에 혼란을 초래해 인지 부하를 높일 수 있다는 것을 직감적으로 추측할 수 있지만, 이 사실은 과학적 연구 결과를 통해서도 확인할 수 있다. 언어적 안티패턴이 인지 부하에 미치는 영향을 자세히 알아보기 전에 먼저 인지 부하가 어떻게 측정될 수 있는지 살펴보자.

9.2.2 인지 부하 측정

이전 장들에서 인지 부하, 즉 작업 기억 공간의 과부하에 대해 살펴봤었다. 또한 인지 부하가 높은 작업의 예를 몇 가지 살펴봤다. 관련 정보가 다른 메서드나 파일에 있을 때, 또는 생소한 키워드나 프로그래밍 개념이 많이 포함된 코드를 읽는 경우다. 하지만 인지 부하를 측정하는 방법에 대해서는 다루지 않았다.

인지 부하에 대한 파스 척도

과학자들은 인지 부하를 측정할 때 표 9.3에 나온 **파스 척도**_{Paas scale}를 자주 사용한다. 이는 네덜란드 에라스무스 대학교의 심리학자 프레드 파스_{Fred Paas}가 고안한 척도다.

파스 척도는 한 가지 질문으로 구성된 상대적으로 간단한 설문을 사용하기 때문에 지난 몇 년간 비판을 받아왔다. 또한 참가자들이 매우 높은 부하와 그보다 더 높은 부하를 신뢰성 있게 구별할 수 있는지도 불분명하다.

이런 단점이 있음에도, 파스 척도는 흔히 사용된다. 이전 장들에서 코드 읽기 전략을 다뤘고 연습해볼 만한 사항들도 제안했다. 생소한 코드를 파악하는 작업을 할 때 파스 척도를 사용하면 코드뿐만 아니라 코드를 읽는 사람과 코드 사이의 관계에 대해서도 돌아보는 데 도움이 된다.

---

5 https://www.veneraarnaoudova.ca/linguistic-anti-pattern-detector-lapd/

표 9.3 파스 척도에서 참가자들은 인지 부하에 대해 스스로 1점에서 9점 사이에서 점수를 매긴다.

인지적 노력이 거의 없음
아주 낮은 인지적 노력
낮은 인지적 노력
약간 낮은 인지적 노력
높지도 낮지도 않은 인지적 노력
약간 높은 인지적 노력
높은 인지적 노력
아주 높은 인지적 노력
최고로 높은 인지적 노력

연습 9.3 익숙하지 않은 코드를 선택하고 파스 척도를 사용하여 그 코드를 이해하기 위해 기울여야 했던 인지적 노력에 대해 점수를 매겨보라. 그런 다음, 그 코드가 왜 일정량의 인지 부하를 초래했는지 생각해보라. 이 연습은 자신이 어떤 유형의 코드를 읽기 어려워하는지 이해하는 데 도움이 될 수 있다.

	인지 부하의 수준	이유
인지적 노력이 거의 없음		
아주 낮은 인지적 노력		
낮은 인지적 노력		
약간 낮은 인지적 노력		
높지도 낮지도 않은 인지적 노력		
약간 높은 인지적 노력		
높은 인지적 노력		
아주 높은 인지적 노력		
최고로 높은 인지적 노력		

눈 기반 측정

참가자의 인식에 기초한 측정 지표 외에도, 최근의 연구에서는 생물학적 측정 지표의 사용이 늘어나고 있다. 특정 작업에 대한 신체의 반응을 측정함으로써 그 순간 그 사람이 무엇을 하고 있든 그 일에서 발생하는 인지 부하를 추정할 수 있다.

생체 측정의 예는 시선 추적이다. 시선 추적 장치를 이용하면 사람들이 얼마나 집중하고 있는지 알 수 있다. 예를 들면 눈을 얼마나 자주 깜박이는지 검사하는 깜박임 비율 측정이 있다. 여러 연구에 따르면 깜박임 동작은 안정적이지 않고 현재 수행하는 작업에 따라 다를 수 있다. 또한 인지 부하가 눈 깜박임에 영향을 미친다는 연구 결과도 있는데, 작업이 어려울수록 깜박임이 줄어드는 것으로 보고됐다. 인지 부하를 예측할 수 있는 두 번째 눈 관련 지표는 동공이다. 연구에 따르면, 작업이 더 어려울수록 동공 크기도 크게 측정되고 인지 부하도 더 커지는 것으로 나타났다.[6]

깜빡임이 인지 부하와 상관관계가 있는 이유에 대한 현재의 가설은 두뇌가 어려운 일을 최대한으로 파악하려고 하고, 이에 따라 가능한 한 많은 시각적 자극을 받기 위해 노력한다는 것이다. 이와 비슷한 이유로 복잡한 작업을 수행할 때 동공이 커지는데, 동공이 크면 눈이 더 많은 정보를 흡수할 수 있기 때문이다. 어려운 작업을 할 때 뇌는 더 많은 정보를 찾는다.

피부 기반 측정
눈으로 측정하는 것 외에도 피부로 사람의 인지 부하를 알 수 있다. 피부 온도와 땀 흘리는 정도 또한 인지 부하의 지표다.

인지 부하를 측정하기 위한 이러한 생체 측정 방법은 멋지게 들릴 수 있지만, 그것들이 파스 척도와 상관관계가 있다는 연구 결과가 많다. 따라서 코드의 가독성을 판별하기 위해 피트니스 트래커를 사용할 수도 있지만, 단순히 연습 9.3을 사용하는 것만으로도 충분할 것이다.

뇌 기반 측정
5장에서 뇌가 어떤 활동을 하는지 측정하기 위해 fMRI 스캐너를 사용하는 것에 대해 살펴봤다. fMRI 기계는 측정은 정확하지만 큰 제약이 있다. 참가자들은 가만히 누워 있어야 하기 때문에 기계에 있는 동안에는 코드를 작성할 수 없다. 파악해야 하는 코드도 작은 화면에서만 볼 수 있어 인위적이다. 기계에서 이동할 수 없다는 사실로 인해 코드와의 상호작용에 제약 사항이 많다. 코드를 스크롤하거나 코드에서 정의된 부분을 탐색하기 위해 식별자를 클릭할 수도 없고, Ctrl + F를 사용하여 키워드 또는 식별자를 검색할 수도 없다. 이러한 fMRI의 한계로 인해 다른 두뇌 측정 방법도 사용된다.

뇌전도
뇌 활동을 측정하는 다른 방법으로는 **뇌전도**electroencephalogram, EEG가 있다. EEG 장치는 뇌 활동이 일으키는 전압의 변화를 측정함으로써 발생하는 뉴런의 활동 변화를 측정한다. 또 다른 방법으로는 **기능적 근적외선 분광기**functional near-infrared spectroscopy, fNIRS를 사용하는 것이다. fNIRS는 머리띠로도 측정할 수 있어 fMRI보다 더 실제적인 실험이 가능하다.

---

6   Shamsi T. Iqbal et. al., "Task-Evolved Pupillary Response to Mental Workload in Human-Computer Interaction" (2004), https://dl.acm.org/doi/10.1145/985921.986094.

곧이어 논의하겠지만, fNIRS는 언어적 부하와 인지 부하의 관계를 더 깊이 이해하기 위해 사용되어왔다.

fNIRS 장치는 적외선 및 광 센서를 사용한다. 혈액 속의 헤모글로빈은 빛을 흡수하기 때문에 이 장치는 뇌의 산소 공급을 감지하는 데 사용될 수 있다. 적외선은 뇌 속을 통과하지만 일부는 머리띠의 광 감지기에 도달한다. 감지기에 의해 감지되는 빛의 양을 판별함으로써 해당 영역의 산소화 및 탈산소화된 헤모글로빈의 양을 계산할 수 있다. 혈액에 산소 공급이 많아지면 인지 부하가 증가한 것이다.

fNIRS 장치는 모션 장치와 빛에 매우 민감하므로 사용자는 녹화 중에 장치를 만지면 안 되고 비교적 가만히 있어야 한다. fMRI보다는 편하지만, EEG 머리띠를 착용하는 것보다는 불편하다.

기능적 fNIRS와 프로그래밍

2014년 일본 나라 선단과학기술대학원대학 연구원인 나카가와 다카오中川尊雄는 웨어러블 fNIRS 기기를 사용해 프로그램을 이해하는 동안의 뇌 활동을 측정했다.[7] 나카가와의 실험 참가자들은 C로 작성된 알고리즘의 두 가지 버전을 읽었다. 한 버전은 원래 작성된 일반적인 코드였고, 두 번째 버전은 의도적으로 복잡하게 만든 것이었다. 예를 들어 루프 카운터 및 기타 값이 변경되어 변수가 불규칙적으로 자주 수정된다. 하지만 프로그램의 기능은 동일했다.

참가자들에게 fNIRS 머리띠를 착용시키고 프로그램의 원본과 복잡한 버전을 각각 제시했다. 참가자들이 쉬운 버전에서 학습하여 더 복잡한 프로그램으로 학습 내용을 전이할 가능성을 배제하기 위해 순서는 임의로 했다. 즉 일부 참가자는 원본을 먼저 본 반면 다른 참가자는 수정된 프로그램을 먼저 봤다.

나카가와의 연구 결과는 참가자 10명 중 8명의 경우, 산소가 들어간 혈류량이 기존 프로그램을 읽을 때보다 복잡한 프로그램을 읽을 때 더 큰 것으로 나타났다. 이 결과는 fNIRS 기기를 사용해 뇌 혈류를 측정하면 프로그래밍 중 발생하는 인지 부하를 정량화할 수 있음을 시사한다.

9.2.3 언어적 안티패턴 및 인지 부하

연구자들은 fNIRS를 이용해 언어적 안티패턴이 인지 부하에 미치는 영향을 측정할 수 있었다. 아나우도바의 지도하에 있는 대학원생 세라 파쿠리Sarah Fakhoury는 2018년에 언어적 안티패턴과 인지

---

7   Takao Nakagawa et al., "Quantifying Programmers' Mental Workload during Program Comprehension Based on Cerebral Blood Flow Measurement: A Controlled Experiment" (2014), https://posl.ait.kyushu-u.ac.jp/~kamei/publications/Nakagawa_ICSENier2014.pdf.

부하의 관계를 연구했다.[8] 15명의 참가자가 오픈 소스 프로젝트에서 수집한 코드를 읽었다. 연구진은 의도적으로 코드에 버그를 추가하고 참가자들에게 버그를 찾을 것을 요청했다. 버그 감지 작업 자체는 그리 중요하지 않았다. 중요한 것은 버그를 찾는 것이 참가자들이 코드를 이해할 수 있게 한다는 것이었다.

연구진은 코드에 좀 더 많은 수정을 가해 코드를 다음 네 가지로 변형했다.

1. 언어적 안티패턴을 갖도록 변경한 코드
2. 구조적 불일치를 갖도록 변경한 코드
3. 두 가지 사항을 다 갖도록 변경한 코드
4. 원래의 코드

참가자들을 네 개의 그룹으로 나눈 뒤, 학습 효과를 배제하기 위해 각 그룹은 다른 순서로 코드를 파악했다.

연구진은 안구 추적 장치를 이용해 사람들이 판독하는 코드의 위치를 감지했고, 인지 부하를 감지하기 위해 fNIRS 기계도 착용시켰다. 먼저 안구 추적 장치 결과에서 나타난 결과로는 언어적 안티패턴이 발생한 코드를 가장 많이 검사한 것으로 나타났다.

다음으로 fNIRS 장치의 결과는 언어적 안티패턴이 있는 소스 코드를 읽을 때 평균 산소화 혈류량이 유의미하게 증가하는 것으로 나타났다(즉, 언어적 안티패턴이 초래하는 인지 부하가 더 높음).

이 연구에서 흥미로운 점은 연구자들이 코드에 추가한 구조적 안티패턴에 관한 것이다. 코드는 기존 자바 형식 지정 표준에 반하는 방식으로 형식화되었다. 예를 들어 여는 괄호와 닫는 괄호를 원래 있어야 할 라인에 두지 않고 들여쓰기도 올바르게 하지 않았다. 또한 루프를 추가하는 등 코드를 더 복잡하게 만들었다.

이를 통해 연구진은 잘못된 구조와 언어적 안티패턴의 효과를 비교할 수 있었다. 참가자들은 구조적으로 일관되지 않은 코드를 싫어했는데, 한 참가자는 "엉터리로 포맷된 코드는 코드를 읽는 사람에게 부담을 심각하게 증가시킨다"라고 평했다. 그러나 참가자들이 구조적으로 일관적이지 않은 코드를 읽을 때의 인지 부하가 원래의 코드를 읽을 때보다 평균적으로 더 증가한다는 통계적 근거는 발견하지 못했다.

---

8   Sarah Fakhoury et al., "The effect of poor source code lexicon and readability on developers' cognitive load" (2018), https://dl.acm.org/doi/10.1145/3196321.3196347.8

9.2.4 언어적 안티패턴이 혼란을 일으키는 이유

언어적 안티패턴을 많이 가지고 있는 코드는 인지 부하를 더 많이 유발한다. 이러한 연관성을 확인하기 위해서는 뇌 측정을 이용한 연구가 더 많이 필요하지만, 작업 기억과 LTM에 대한 지식을 바탕으로 언어적 안티패턴의 영향에 대해 추측해볼 수 있다.

언어적 안티패턴이 포함된 코드를 읽을 때는 두 가지 인지적 문제가 발생할 수 있다. 책의 1부에서 학습 과정에서 일어나는 전이에 대해 다뤘다. 자신이 작성하지 않은 코드같이 익숙하지 않은 내용을 읽을 때, LTM은 관련 사실과 경험을 검색한다. 이때 충돌하는 이름을 읽게 되면 잘못된 정보가 주어질 수 있다. 예를 들어 함수 이름 retrieveElements()를 보면 리스트를 반환하는 함수에 대한 관련 정보가 생각날 것이다. 반환된 리스트는 정렬, 필터링, 분할할 수 있다는 생각이 들 것이고, 이는 단일 원소에는 해당하지 않는 사항이다.

언어적 안티패턴이 혼란스러울 수 있는 두 번째 이유는 중복 코드처럼 '잘못된 청킹'이 발생할 수 있기 때문이다. isValid 같은 변수 이름을 보면 불리언 변수라고 단순하게 가정할 수 있다. 이것은 이 변수에 리스트가 반환되는지 확인하기 위해 코드를 더 들여다볼 필요가 없다는 것을 의미한다. 만일 isValid가 불리언 변수가 아니라면, 두뇌는 에너지를 절약하려고 노력하는 과정에서 잘못된 가정을 한 것이다. 앞서 살펴본 바와 같이, 그러한 가정은 오랫동안 지속될 수 있다.

요약

- 긴 메서드 등 코드 스멜은 코드의 구조적 문제를 의미한다. 코드 스멜이 인지 부하를 높이는 데에는 여러 인지적 이유가 있다. 예를 들어 중복 코드는 코드를 제대로 청킹하기 어렵게 만들고, 긴 매개변수 목록은 작업 기억 공간을 많이 차지한다.
- 생체 인식 센서 등 인지 부하 측정 방법에는 눈 깜박임 비율, 피부 온도 측정 등 다양한 방법이 있다. 자신의 인지 부하를 측정하려는 경우 일반적으로 파스 척도는 신뢰할 수 있는 도구다.
- 언어적 안티패턴이란 코드가 실제 수행하는 작업과 맞지 않는 이름을 의미하며, 높은 인지 부하를 초래한다. 이는 우리가 사고할 때 LTM이 돕는 과정에서 잘못된 사실을 발견하기 때문에 일어날 수 있다. 언어적 안티패턴은 실제로 구현되지 않은 코드의 의미를 가정하기 때문에 잘못된 청킹으로 이어질 수 있다.

복잡한 문제 해결을
더 잘하려면

이 장에서는 다음과 같은 내용을 다룬다.

■ 문제 해결 시 여러 가지 기억 체계가 수행하는 역할의 비교

■ 작은 기술을 자동화하는 것이 어떻게 크고 어려운 문제를 해결하는 데 도움이 되는지 분석

■ LTM을 강화함으로써 문제를 쉽게 해결하는 방법

이전 몇 장에서는 코딩할 때 해서는 안 되는 것과 그 이유를 주로 살펴봤다. 8장에서 잘못 작성된 이름이 미치는 영향을 살펴봤고, 9장에서 코드 스멜이 코드를 이해하는 데 미치는 영향에 대해 논의했다.

6장에서는 프로그래밍 문제를 해결할 때 작업 기억 공간을 지원하기 위한 다양한 전략에 대해 논의했다. 이 장에서는 문제 해결에 도움이 되는 기술에 대해 살펴볼 텐데, LTM을 강화하는 데 중점을 둔다.

먼저 문제를 해결한다는 것이 무엇을 의미하는지부터 살펴볼 것이다. 문제 해결을 깊이 있게 탐구한 후, 어떻게 하면 문제를 더 잘 풀 수 있는지 자세히 알아본다. 이 장을 마치게 되면 독자들은 프로그래밍과 문제 해결 능력을 향상하기 위한 두 가지 기술을 알게 될 것이다. 우리가 다룰 첫 번째 기술은 **자동화**automatization(사소한 작업을 특별히 생각하지 않고도 수행)다. 작은 것들을 알아내는 데 시간을 많이 쓰지 않을수록 어려운 문제들을 더 쉽게 풀 수 있기 때문에 이 기술은 유용하다. 그다음 우리는 문제 해결 능력을 향상하기 위한 수단으로 다른 사람이 작성한 코드를 활용해 문제를 해결하는 방법을 살펴볼 것이다.

10.1 문제 해결이란 무엇인가?

이 장의 목표는 문제를 해결하는 데 LTM이 수행하는 역할을 살펴보고 문제 해결 능력을 개선하는 데 도움이 될 만한 전략을 배우는 것이다. 문제 해결을 잘할 방법을 배우기 전에 먼저, 문제 해결을 한다는 것이 무엇인지 자세히 알아보자.

10.1.1 문제 해결 요소

문제 해결에는 세 가지 중요한 요소가 있다.

- 목표 상태, 즉 우리가 달성하고자 하는 것. 목표 상태에 도달하면 문제가 해결된 것으로 간주한다.
- 문제를 해결해야 하는 시작 상태
- 시작 상태에서 목표 상태에 도달하는 방법을 규정하는 규칙

예를 들어 틱택토tic-tac-toe 게임을 생각해보자. 이 경우 시작 상태는 비어 있는 판이고 원하는 상태는 세 칸을 연속으로 자신이 점유한 상태이며 규칙은 판의 빈 곳에 자신의 말(○ 혹은 ×)을 놓는 것이다. 또 다른 예로, 기존 웹 사이트에 검색 상자를 추가하는 문제라면 시작 상태는 기존 코드베이스이며 원하는 상태는 단위 테스트 통과 또는 사용자 만족일 것이다. 프로그래밍 문제의 규칙은 제약 사항의 형태로 표현될 때가 자주 있는데 예를 들면 자바스크립트로 기능을 구현한다든지 구현 후 기능 테스트에서 통과해야 한다든지 하는 것이다.

10.1.2 상태 공간

프로그램을 해결할 때 고려할 수 있는 모든 단계를 문제의 **상태 공간**state space이라고 한다. 틱택토 게임을 할 때 모든 가능한 칸의 경우가 상태 공간이다. 틱택토 같은 작은 문제의 경우 상태 공간 전체를 시각화할 수 있다. 그림 10.1은 틱택토 게임 상태 공간의 일부를 보여준다.

또 다른 예로, 웹 사이트에 버튼을 추가하는 문제의 상태 공간은 모든 자바스크립트 프로그램이다. 출발 목표에 도달하기 위해 올바른 위치에 자신의 말을 놓거나 코드 줄을 추가하는 것은 문제 해결자의 몫이다. 다시 말해,

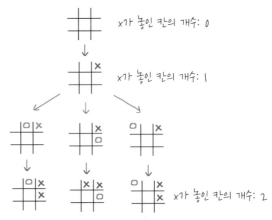

그림 10.1 틱택토 게임의 상태 공간의 일부. 회색 화살표는 ×의 움직임을 나타내고 다른 색 화살표는 ○의 움직임을 나타낸다. ×의 목표 상태는 연속된 3개의 칸에 ×를 두는 것이다.

문제 해결은 가능한 한 적은 단계로 목표 상태에 도달하기 위해 상태 공간을 최적의 방식으로 탐색해나가는 것을 의미한다.

> **연습 10.1** 지난 며칠 동안 코드 작업을 통해 만든 것을 검토해보라. 다음과 같은 측면에서 그 문제를 생각해보라.
>
> - 달성하고자 하는 목표 상태는 무엇이었는가?
> - 목표 상태를 어떻게 확인했는가? 직접 혹은 다른 사람이, 수동으로 혹은 단위 테스트나 합격 테스트를 통해 했는가?
> - 시작 상태는 무엇이었는가?
> - 어떤 규칙과 제약 조건이 적용되었는가?

10.2 프로그래밍 문제를 해결할 때 LTM의 역할은 무엇인가?

이제 문제를 해결하는 것이 무엇을 의미하는지 정의했으므로, 문제를 해결할 때 두뇌에서 어떤 일이 일어나는지 살펴볼 차례다. 6장에서는 프로그래밍 문제를 해결할 때 작업 기억 공간에서 어떤 일이 일어나는지 다뤘다. 인지 부하가 너무 많으면 두뇌가 제대로 처리하지 못하고 프로그래밍이 어려워진다. 그러나 이 장에서 살펴보겠지만 문제 해결 과정에서 LTM도 수행하는 역할이 있다.

10.2.1 문제 해결은 그 자체로 인지 과정인가?

어떤 사람들은 문제 해결이 일반적인 기술이며, 따라서 두뇌 속의 특정한 과정이라고 생각한다. 헝가리 수학자 포여 죄르지Pólya George는 문제 해결 분야에서 유명한 사상가이다. 1945년에 포여는 《How to Solve It(어떻게 해결할 것인가)》라는 짧지만 유명한 책을 썼다. 그의 책은 문제를 해결하기 위해 세 가지 단계를 수반하는 '사고 체계'를 제안한다.

1. 문제 이해
2. 계획 수립
3. 계획 실행

그러나 일반적 접근법의 인기에도 불구하고, 문제 해결은 일반적 기술도, 인지 과정도 아니라는 것이 지금까지의 연구 결과가 일관되게 보여주는 사실이다. 일반적인 문제 해결 방법이 효과적이지 않은 이유는 두 가지인데, 두 가지 모두 LTM의 역할과 관련이 있다.

문제 해결 시 LTM 사용

첫째, 우리는 어떤 문제를 풀 때 원하는 목표 상태와 적용해야 할 규칙에 대한 지식을 염두에 둔다. 우리가 설계할 수 있는 해결책은 문제 자체에 영향을 받는다. 사전 지식이 해결책에 미치는 영향을 프로그래밍 예제를 통해 살펴보자. 지정된 입력 문자열이 회문_{palindrome}인지 여부를 확인하는 코드를 구현한다고 가정하자. 이 문제에 대한 코드를 자바, APL, 베이직으로 작성할 때, 포여의 단계를 따라 프로그래밍하면 어떤 결과를 얻을 수 있는지 알아보겠다.

- **문제를 이해한다.**

  프로그래머로서 문제를 이해하는 것은 별 문제가 없으리라 생각한다. 코드를 확인하기 위해 몇 가지 확실한 테스트 케이스도 작성할 수 있다.

- **계획을 세운다(해석).**

  포여의 방법에서 두 번째 단계는 실행하기가 더 어렵다. 수립하려는 계획은 해결책을 구현할 프로그래밍 언어의 역량에 크게 좌우된다. 예를 들어 사용하는 프로그래밍 언어가 문자열의 순서를 뒤바꾸는 메서드나 함수를 가지고 있는가? 이 함수 이름이 reverse라면 문자열이 회문인지 여부는 문자열 s가 reverse(s)와 동일한지 확인하면 알 수 있다. 자바에서는 StringBuilder의 reverse() 메서드를 사용할 수 있지만, 베이직과 APL에도 이러한 메서드가 있을까? 이에 대한 정보와 해결책의 구성 요소를 알지 못하면 계획을 수립하기가 어렵다.

- **계획을 실행한다(해결).**

  포여의 방법에서 세 번째 단계 역시 사용하는 프로그래밍 언어의 이해도에 영향을 받는다. APL에는 reverse() 함수와 같은 기능이 있지만(베이직에는 없음) APL에 대해 조금만 아는 사람이라면 reverse()라는 함수가 존재하지는 않으리라는 것을 알 것이다. 모든 APL 키워드는 연산자이기 때문이다. 이런 자세한 사항에 대해 알고 있지 못하면 계획을 실행하는 것이 여전히 어려울 수 있다.

두뇌는 익숙한 문제를 해결하는 것이 더 쉽다

일반적인 문제 해결 방법이 효과적이지 않고 LTM의 작업과 관련이 있는 두 번째 이유가 있다. 3장에서 LTM에 있는 기억은 서로에 대한 네트워크로 저장된다는 것을 설명했다. 이 장의 앞부분에서 어떤 문제에 대해 생각하는 동안 뇌가 LTM으로부터 정보를 인출한다는 사실도 다뤘는데, 이것은 당면한 문제와 관련이 있을 수 있다.

포여의 '계획 수립'과 같은 일반적인 문제 해결 기술을 사용하면 인지 문제가 발생한다. LTM에는 유용한 전략이 많이 저장되어 있을 수 있으며, 두뇌가 문제를 해결할 때 이 전략을 인출하려고 한다.

그러나 일반적인 방법으로 문제를 해결하려고 하면, 관련 전략이 발견되지 않을 수 있다. 3장에서 설명한 것처럼 LTM은 올바른 기억을 인출하기 위한 단서가 필요하다. 단서가 구체적일수록, 올바른 기억을 찾을 가능성이 높다. 예를 들어 나눗셈을 구현하는 경우 계획을 생각해낸다고 해서 LTM이 저장된 방법을 찾을 만한 단서를 충분히 제공할 수는 없을 것이다. 나머지에 대한 나눗셈이나 제수의 배수로 뺄셈을 수행하는 것에 대해 생각하는 것이 올바른 계획이 될 가능성이 더 높다.

7장에서 다룬 것처럼, 한 영역에서 다른 영역으로, 예를 들어 체스에서 수학으로 지식이 전이되는 일은 가능성이 낮다. 마찬가지로, 매우 일반적인 문제 해결 영역의 지식이 다른 영역으로 전이될 가능성은 매우 낮다.

10.2.2 문제 해결을 위한 LTM 교육 방법

우리는 문제 해결이 인지 과정이 아니라는 것을 살펴봤다. 이 사실은 다음과 같은 질문으로 귀결된다. 문제 해결을 위해 어떻게 훈련해야 할까? 그것을 더 깊이 탐구하기 위해서 뇌가 어떻게 생각하는지 더 자세히 살펴볼 필요가 있다. 이 책 앞부분에서 생각은 작업 기억 공간에 형성된다고 설명했다. 작업 기억 공간이 생각을 형성하는 것뿐만 아니라 LTM 및 STM과 강력한 협업을 통해 동작한다는 것도 살펴봤다.

특정 문제에 대해 생각할 때, 예를 들어 웹 앱에 정렬 버튼을 구현하려고 하면, 작업 기억 공간이 무엇을 구현할지 결정한다. 그러나 작업 기억 공간이 결정을 내리기에 앞서 두 가지를 먼저 해야 한다. 첫 번째는 STM으로부터 문제의 상황에 대한 정보(예: 버튼에 대한 요구 사항 또는 방금 읽은 기존 코드)를 가져오는 것이다.

동시에 LTM은 관련 배경 지식을 검색한다. 코드베이스에 대한 정렬 또는 정보 구현 방법 등 LTM에 저장되어 있는 관련 기억이 작업 기억 공간으로 전송된다. 문제 해결을 더 잘 이해하기 위해서는 LTM을 검색하는 이 두 번째 처리 과정을 탐구해야 한다.

10.2.3 문제 해결에 역할을 하는 두 가지 유형의 기억

이 장의 뒷부분에서는 문제 해결 능력을 강화하기 위한 두 가지 기술을 살펴볼 것이다. 그 전에 사람들이 가지고 있는 여러 종류의 기억과 문제를 해결할 때 그 기억이 하는 역할을 살펴볼 필요가 있다. 서로 다른 형태의 기억을 이해하는 것은 중요한데 서로 다른 유형의 기억은 각자 다른 방식으로 만들어지기 때문이다.

그림 10.2에서 보이듯 LTM은 다양한 유형의 기억을 저장할 수 있다. 첫째, 운동 능력이나 의식하지 않고 발휘하는 기술에 대한 기억인 **절차적**procedural 기억(**암시적**implicit 기억이라고도 함)이 있다. 절차적 기억의 예로는 신발 끈을 묶거나 자전거를 타는 법 등이 있다.

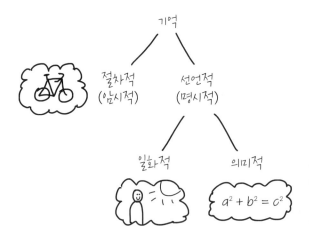

그림 10.2 **기억의 종류는 다양하다.** 절차적(암시적) 기억은 무언가를 하는 방법을 보여준다. 선언적(명시적) 기억은 우리가 명확하게 알고 있는 기억으로 구성된다. 선언적 기억은 두 가지 유형으로 나뉘는데 일화적 기억에 저장되는 '경험'과 의미적 기억에 저장되는 '사실'로 구분된다.

문제를 해결할 때 역할을 수행하는 두 번째 유형의 기억은 **선언적**declarative(**명시적**explicit) 기억이다. 기억할 수 있는 사실이 있고 그 사실을 자신이 알고 있다는 것을 안다. 예를 들어 버락 오바마가 미국의 44대 대통령이었다는 사실이나, 자바로 for 루프를 쓰는 방법은 for (i = 0; i < n; i++) 라는 것이다.

그림 10.2와 같이 선언적 기억은 다시 일화적 기억과 의미적 기억의 두 가지 범주로 나뉜다. **일화적**episodic 기억은 우리가 일상적으로 흔히 '기억memory'이라는 단어를 사용할 때 의미하는 그 기억이다. 열네 살 때 여름 캠프에 갔거나, 배우자를 처음 만났거나, 단위 테스트에서 오류가 났는데 버그를 찾느라 세 시간이나 걸렸다든가 하는 일상생활 가운데 경험한 것을 기억하는 것이다.

선언적 기억의 또 다른 하위 범주는 **의미적**semantic 기억이다. 의미적 기억은 의미, 개념, 또는 사실에 대한 기억이다. 예를 들면 프랑스어로 개구리가 grenouille라거나, 5 곱하기 7은 35, 자바 클래스는 데이터와 기능을 결합하기 위해 사용한다는 것과 같은 기억이다.

3장에서 플래시카드로 연습해서 기억한 것이 바로 의미적 기억이다. 일화적 기억은 추가적인 노력을 하지 않아도 생성되지만, 의미적 기억과 마찬가지로 기억을 많이 생각해야만 인출 강도가 높아진다.

문제를 해결할 때 어떤 유형의 기억이 역할을 수행하는가?

그림 10.2에서 설명한 것처럼 이러한 모든 형태의 기억은 프로그래밍할 때 수행하는 역할이 있다. 프로그래밍에 사용하는 기억에 관해 가장 먼저 떠오르는 것은 명시적 기억일 것이다. 프로그래밍을

하는 동안 프로그래머는 자바에서 루프를 구성하는 방법을 기억해야 한다. 그러나 그림 10.2에서 볼 수 있듯이 역할을 수행하는 다른 형태의 기억도 있다.

일화적 기억은 과거에 문제를 어떻게 해결했는지 기억할 때 사용된다. 예를 들어 계층구조와 관련된 문제를 해결해야 하는 경우 과거에 트리를 사용했다는 사실을 기억할 수 있다. 전문가들은 문제를 해결할 때 특히 순간적인 기억력에 크게 의존하는 것으로 조사됐다. 어떤 의미에서 전문가들은 익숙한 문제를 해결하기보다는 재현한다. 즉 새로운 해결책을 찾는 대신 이전에 유사한 문제에 효과가 있었던 해결책에 의존한다. 10장에서는 보다 효과적인 문제 해결을 위해 일화적 기억을 강화하는 방법에 대해 자세히 살펴볼 것이다.

두 가지 형태의 명시적 기억 외에도, 프로그래밍 활동은 그림 10.3과 같이 암시적 기억에도 의존한다. 예를 들어 많은 프로그래머가 절차적 기억인 데이터 타입을 기억해낼 수 있다. 키보드 입력 시 알파벳 외에도 실수하면 곧바로 Ctrl + Z를 누른다거나, 괄호를 열면 자동으로 닫는 괄호를 추가하는 등 명시적으로 주의하지 않고 사용하는 키 입력이 매우 많다. 문제 해결 활동에서 암시적 기억도 역할을 할 수 있다. 예를 들어 버그가 있을 것으로 의심되는 줄에 자동으로 중단점을 배치하는 경우다. 직

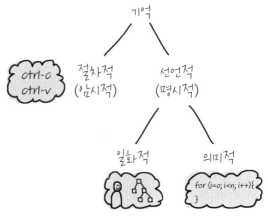

그림 10.3 다양한 유형의 기억과 그것이 프로그래밍에서 수행하는 역할

감이라는 것은, 사실 이전에 풀었던 것과 비슷한 문제를 풀 때 발휘된다. 어떻게 해야 하는지 아는 것이 아니라 무엇을 해야 하는지 알고 있을 뿐이다.

탈학습

암시적 기억 혹은 절차적 기억은 알려진 작업을 신속하게 실행하는 데 도움이 된다는 것을 확인했지만 이 유형의 기억을 갖는 것이 해로울 수도 있다. 7장에서 부정적인 전이의 개념에 대해 논의했다. 무언가를 아는 것이 다른 것을 배우는 데 도움이 되는 것이 아니라 오히려 방해가 되는 것이다. 암시적 기억이 많으면 유연성도 저해될 수 있다. 예를 들어 쿼티QWERTY[1] 키보드의 타자를 터치 타이핑[2]하는 법을 배우고 나서 드보락Dvorak[3] 키보드 사용법을 배우는 것과 쿼티 키보드를 배우지 않은

---

1   [옮긴이] 오늘날 우리가 흔히 사용하는 영문 키보드의 배열을 부르는 명칭으로, 왼쪽 상단 키 6개를 따서 쿼티(QWERTY)라고 부른다.

2   [옮긴이] 우리말로 촉건법이라고 하며, 키보드 자판을 눈으로 확인하지 않고 치는 방식을 말한다.

3   [옮긴이] 타자 능률이 우수하지만 사용자가 소수인 영문 자판 배열의 일종. https://ko.wikipedia.org/wiki/드보락_자판 참고.

상태에서 드보락 키보드를 배우는 것은 전자가 후자보다 더 어렵다. 이것은 부분적으로는 어떻게 해야 하는지에 대한 암시적 기억을 많이 가지고 있기 때문이다.

처음 한 프로그래밍 언어를 배우고 나서 두 번째 언어를 배울 때 문법이 처음 배웠던 언어의 문법과 차이가 많다면 처음 배운 언어에 대해 암시적으로 기억된 학습 내용을 취소하는 데 어려움을 겪었을 것이다. 예를 들어 C# 또는 자바를 배우고 나서 파이썬을 배운다면 어느 정도 기간 자신도 모르게 블록이나 함수 주위에 중괄호를 입력할 것이다. 필자의 경우 몇 년 전에 C#에서 파이썬으로 옮겼는데, 리스트에 대한 반복문을 작성할 때 여전히 for 대신 foreach를 입력하는 경우가 많다. 이는 C#를 프로그래밍할 때 구축한 암시적 기억 때문이며 아직까지 강하게 남아 있다.

> **연습 10.2** 다음번에 코드를 작성할 때 어떤 기억을 사용하는지 적극적으로 모니터링해보라.
>
> 다음 표를 사용하여 어떤 유형의 프로그램 또는 문제가 어떤 종류의 기억을 활성화하는지 생각해보라. 이 연습을 여러 개의 다른 프로그램에 대해 해보면 흥미로울 수 있다. 연습을 몇 번 하고 잠시 진행 상황을 따라가다 보면 좀 더 익숙하지 않은 프로그래밍 언어나 프로젝트에서는 의미적 기억에 의존하는 반면 익숙한 상황에서는 절차적 기억과 일화적 기억을 더 많이 사용한다는 것을 알 수 있을 것이다.

프로그램 혹은 문제	절차적 기억	일화적 기억	의미적 기억

10.3 자동화: 암시적 기억 생성

이제 문제 해결이 왜 어려운지, 문제를 풀 때 서로 다른 유형의 기억이 어떤 역할을 하는지 이해했으므로, 문제 해결 능력을 높이는 두 가지 방법에 대해 알아보겠다. 첫 번째 기술은 **자동화**automatization다. 걷기, 독서, 신발 끈 묶기와 같이 어떤 기술을 여러 번 연습한 후에 아무 생각 없이 할 수 있을 정도가 되면 이 기술을 자동화했다고 한다.

많은 사람이 운전이나 자전거와 같은 일상적인 기술뿐만 아니라 수학과 같은 영역별 기술도 자동화한다. 예를 들어 $x^2 + y^2 + 2xy$ 같은 방정식을 인수분해하는 방법을 배웠을 것이다. 분배법칙을 자동화한 사람이라면 이 공식을 $(x + y)^2$로 바로 변환하고, 더 이상 고민하지 않는다. 여기서 중요한 것은 힘들이지 않고 방정식을 인수분해할 수 있으면 더 복잡한 계산도 수행할 수 있다는 점이다.

필자는 종종 자동화를 게임에서 새로운 기술을 획득하는 과정으로 생각한다. 게임에서 더블 점프를 익히면 이전에는 도달하지 못했던 수준의 영역에 도달할 수 있다.

인수분해의 예를 다시 생각해보자. 방정식을 쉽게 인수분해할 수 있으면 다음 방정식을 보고 즉시 $(x + y)$라는 것을 알 수 있다. 인수분해를 자동화하지 않았다면 이 문제를 푸는 것이 훨씬 더 어려웠을 것이다.

$$\frac{x^2 + y^2 + 2xy}{(x + y)}$$

따라서 프로그래밍 기술의 자동화는 더 크고 복잡한 문제를 해결할 수 있는 열쇠다. 하지만 어떻게 해야 자동화된 기술을 가질 수 있을까?

기술을 자동화하는 방법을 알려면 먼저 암시적 프로그래밍 기억을 강화하는 방법을 살펴봐야 한다. 이 장의 앞부분에서 자바를 사용하다가 파이썬을 배워 코드를 작성할 때 처음에는 중괄호를 계속 삽입하는 등 암시적 기억이 새로운 언어의 사용에 방해가 될 수 있다는 사실에 대해 논의했다. 작은 실수라고 생각하겠지만, 인지 부하의 원인이 된다. 9장에서 다룬 바와 같이, 인지 부하는 두뇌가 얼마나 바쁘거나 가득 차 있는지를 보여준다. 인지 부하를 너무 많이 경험하게 되면, 생각하는 일이 매우 어려워질 수 있다. 암시적 기억의 흥미로운 점은 암시적 기억을 충분히 훈련하면, 그것을 사용하는 데 뇌가 거의 에너지를 소모하지 않는다는 것이다. 예를 들어 자전거를 타거나 터치 타이핑을 할 때, 두뇌는 아무 노력 없이 그 일을 할 수 있다. 이러한 작업은 인지 부하를 거의 유발하지 않기 때문에 자전거를 타면서 아이스크림을 먹거나 운전을 하면서 말을 할 수 있는 것이다.

10.3.1 시간 경과에 따른 암시적 기억

프로그래밍에 대한 암시적 기억이 많을수록 인지 부하를 더 많이 절약할 수 있기 때문에 더 큰 문제를 해결하기가 쉽다. 어떻게 하면 더 많은 암시적 기억을 만들 수 있을까? 그것을 이해하기 위해서는, 두뇌에서 그것들이 어떻게 만들어지는지 자세히 살펴봐야 한다.

4장에서는 기억하고 싶은 내용을 플래시카드에 적어놓고 반복해서 자주 그 내용을 외우려고 노력함으로써 기억을 생성하는 방법을 살펴봤다. 그러나 이러한 기법은 주로 선언적 지식에 유용하다. 어떤 사실을 명시적 기억으로 저장하려면 명시적 주의가 필요하다. 예를 들어 자바의 for 루프는 `for (i = 0; i < n; i++) {}`라는 것을 암기하는 데는 시간이 어느 정도 들뿐더러 이것을 정말로 배우고 싶어 한다는 사실을 자기 스스로 알고 있다. 명시적 기억이라는 이유는 바로 이 점 때문이다. 두뇌에 명시적 기억으로 저장되려면 명시적 주의가 필요하다.

반면 암시적 기억은 다른 방식, 즉 반복에 의해 생성된다. 어릴 때 밥이나 국물을 숟가락으로 떠 먹으려고 여러 번 시도하고, 시간이 지나면서 차츰 익히게 된다. 어떻게 해야 하는지에 대한 기억은 생각을 해서 얻어지는 것이 아니라 연습을 통해 만들어진다. 그래서 암시적 기억이라고 부르는 것이다. 암시적 기억은 그림 10.4와 같이 세 가지 단계로 형성된다.

인지 단계

첫 번째 단계인 인지cognitive 단계는 무언가 새로운 것을 배우는 때다. 이 단계에서는 새로운 정보를 더 작은 부분으로 나누고 당면한 작업에 대해 명시적으로 생각한다.

예를 들어 그림 10.4의 맨 왼쪽처럼, 0부터 인덱스가 시작하는 리스트를 다루는 방법을 배울 때 해당 인덱스를 추적하기 위해 에너지를 소비해야 할 수도 있다. 이 단계에서 스키마가 형성되거나 수정된다. 0부터 시작하는 리스트를 배울 때, 세는 것과 관련한 스키마가 프로그래밍과 상관없이 이미 저장되어 있기 때문이다. 이 스키마에 숫자를 셀 때는 1에서 시작된다고 저장되어 있는 내용이 0에서 시작할 수도 있다는 것으로 수정되어야 한다.

그림 10.4 **정보 저장의 세 단계:
인지 단계, 연상 단계, 자율 단계**

연상 단계

다음 단계는 연상associative 단계다. 이 단계에서는 응답 패턴이 나타날 때까지 새 정보를 적극적으로 반복해야 한다. 자바 같은 언어에서, 여는 중괄호가 있는데도 불구하고 닫는 중괄호가 없으면 신경이 쓰인다. 처음부터 아예 열고 닫는 중괄호를 모두 입력하는 것이 닫는 중괄호를 잊지 않는 좋은 방법이라는 것을 깨닫게 될 것이다. 즉 효과적인 조치는 기억되고 효과적이지 않은 조치는 폐기된다.

작업이 어려울수록 연관 단계를 완료하는 데 시간이 더 많이 소요된다. 더 쉬운 사실이나 일은 더 빨리 기억된다. 0부터 세는 예에서는, 검색하려는 원소의 번호(위치)에서 1을 빼면 올바른 인덱스를 얻게 된다는 것을 어느 정도 시간이 흐르고 나면 알게 된다.

자율 단계

마지막으로, 기술이 완벽한 자율autonomous 단계(절차procedural 단계라고도 함)에 도달한다. 예를 들어 리스트의 인덱스에 대한 내용이 자동 단계에 도달하면 작업 환경, 데이터 유형 또는 리스트에 대한 연산이 무엇이든 항상 올바르게 계산할 수 있게 된다. 리스트와 리스트 연산을 마주하면 숫자를 세거나 명시적으로 생각하지 않고도 인덱스를 즉시 알 수 있게 된다.

자율 단계에 도달하면 기술을 자동화했다고 볼 수 있다. 아무런 노력 없이 그 일을 수행할 수 있고, 그 기술을 쓴다고 해서 인지 부하가 증가하지도 않는다.

자동화의 효과를 경험하려면 연습 10.3을 살펴보라. 숙련된 자바 프로그래머라면 아마 코드의 빈칸을 특별한 생각 없이 채울 수 있을 것이다. for 루프 패턴은 매우 잘 알려져 있기 때문에 역 루프와 같이 드문 상황에서도 경곗값을 고민하지 않고 완료할 수 있다.

> **연습 10.3** __에 누락된 부분을 최대한 빨리 채워 넣어 자바 프로그램을 완성하라.

```java
for (int i = 1; __ <= 10; i = i + 1) {
    System.out.println(i);
}

public class FizzBuzz {
    public static void main(String[] args) {
        for (int number = 1; number <= 100; __++) {
            if (number % 15 == 0) {
                System.out.println("FizzBuzz");
            } else if (number % 3 == 0) {
                System.out.println("Fizz");
            } else if (number % 5 == 0) {
                System.out.println("Buzz");
            } else {
                System.out.println(number);
            }
        }
    }
}

public static void printReverseWords(String[] lines) {
    for (String line : lines) {
        String[] words = line.split("\\s");
        for (int i = words.length - 1; i >= 0; i__)
            System.out.printf("%s ", words[i]);
        System.out.println();
    }
}
```

10.3.2 자동화를 통해 보다 신속하게 프로그램을 실행할 수 있는 이유

(회의론자들은 변칙이라고 부를 수도 있겠지만) 기술에 관한 대규모 저장소를 만들면 새로운 기술을 계속 습득해나갈 수 있는 일종의 툴박스를 만들 수 있다. 미국의 심리학자 고든 로건Gordon Logan은 자동화는 LTM의 일화적 기억이 저장된 부분으로부터 기억을 인출함으로써 이루어진다고 주장한다. LTM은 일상생활의 규칙적인 기억도 저장한다. 방정식을 소인수분해하거나 문자를 읽는 것과 같은 작업을 수행하면 그런 구체적 작업에 해당하는 새로운 기억이 생성된다. 각각의 기억은 예를 들어 '인수분해에 대한 기억'이라는 클래스의 한 인스턴스instance로 간주되기 때문에, 이 이론을 **인스턴스 이론**instance theory이라고 부른다.

유사한 작업을 마주했을 때 인스턴스instance 기억이 부족하면 그 작업에 대해 추론해야 하지만 인스턴스 기억을 많이 가지고 있다면 이전에 수행했던 방법을 기억하고 동일한 방법을 적용할 수 있다. 로건에 따르면 추론을 전혀 사용하지 않고 순간적인 기억에 전적으로 의존할 때 자동화는 완전해진다. 자동화에 의해 작업 수행을 하게 되면, 당면한 과제에 대해 기억에서 인출하는 속도가 능동적으로 생각하는 것보다 빠르고 의식적으로 주의를 거의 기울이지 않고도 수행할 수 있기 때문에 과제 수행이 빠르고 쉽다. 과제를 완전히 자동화하면 추론으로 과제를 완성할 때 해야 하는 확인 절차도 필요 없다.

독자들 가운데는 프로그래밍과 문제 해결에 필요한 기술 중 많은 부분이 지금쯤 자율 단계에 도달했을 수도 있다. for 루프 작성, 리스트 인덱싱, 클래스 생성 등은 자동화되었을 가능성이 높은 기술이다. 따라서 이러한 작업은 프로그래밍하는 동안 인지 부하를 증가시키지 않는다.

그러나 경험과 실력에 따라 여전히 어려움을 겪고 있는 과제가 있을 수 있다. 앞서 언급했듯이, 필자의 경우 파이썬을 배우기 시작할 때 for 루프에 어려움을 겪었다. for 문법이 기억나지 않아서가 아니었다. 플래시카드를 사용하여 문법을 연습하기까지 했다. 하지만 타이핑하려고 할 때 종종 손가락에서 foreach가 자동으로 튀어나왔다.[4] 내 암시적 기억이 재구성되어야 했다. 기억을 재구성하기 위한 기술을 자세히 논의하기 전에 자신의 기술을 자가 진단해 어느 부분을 개선해야 할지 파악해보자.

> **연습 10.4** 프로그래밍 작업을 새로 하나 시작하고 프로그래밍 중 사용하는 작업이나 기술을 생각해보자. 각 기술에 대해 기술 또는 작업을 자동화한 수준을 검사하고 다음 표에 결과를 기록하라. 다음과 같은 질문을 통해 기술 수준을 판별할 수 있다.

---

4 [옮긴이] 이런 부분에서 저자의 경험과 비슷한 경험을 자주 하는데, 자바의 경우 문장 끝에 세미콜론(;)을 써야만 하는 반면 파이썬에서는 세미콜론이 있으면 안 된다. 이 사실을 알고 있음에도 다음 라인으로 넘어가는 순간에 거의 무의식 중에 손가락은 이미 세미콜론을 입력하곤 한다.

- 당면 과제에 대한 명확한 주의를 따로 기울여야 하는가? 그렇다면 그것은 인지 단계에 있다는 것을 의미한다.
- 작업은 할 수 있지만 요령에 의존하고 있는가? 그렇다면 연상 단계에 있을 가능성이 높다.
- 다른 문제도 생각하면서 쉽게 작업을 수행할 수 있는가? 자율 단계에 도달한 것이다.

과제나 기술	인지 단계	연상 단계	자율 단계

10.3.3 암시적 기억 개선

기술 숙달의 세 가지 단계 혹은 수준을 이해했으니, 아직 자율 단계에 도달하지 않은 기술을 의도적으로 연습해 개선할 방안에 대해 살펴보겠다. 2장에서 다뤘듯이, 의도적 연습이란 매우 단순하고 쉬운 작업을 완벽에 도달할 때까지 반복적으로 실행하는 것이다. 예를 들어 스포츠 인터벌 트레이닝에서는 속도를 높이기 위한 의도로 연습하는 달리기가 있고, 음악에서는 손가락 배치를 훈련하기 위한 의도로 음계를 연습한다.

프로그래밍에서는 일반적으로 의도적 연습을 하지 않는다. 오류 없는 루프를 작성하는 데 어려움을 겪고 있다고 해서, 의도적으로 for 루프를 100번 작성해보는 것 같은 일은 프로그래머나 개발자 세계에서 거의 일어나지 않는다. 그러나 이러한 작은 기술을 숙달하면 더 큰 문제에 대한 인지 부하가 해소되기 때문에 큰 문제를 보다 더 쉽게 해결할 수 있다.

의도적 연습은 다른 방법으로도 가능하다. 첫째, 연습하고자 하는 기술이 필요한, 유사하지만 다른 프로그램을 많이 작성해보는 것이다. 예를 들어 for 루프를 연습 중인 경우 정방향, 역방향, 단계가 다른 스테퍼 변수 사용 등 다양한 형식의 for 루프를 연습할 수 있다.

보다 복잡한 프로그래밍 개념을 이해하는 데 어려움을 겪고 있다면 프로그램을 처음부터 작성하는 것보다 이미 작성된 프로그램을 수정하는 것도 고려해보기 바란다. 프로그램을 수정해보면 새로운 개념들이 이미 알고 있는 개념들과 어떻게 다른지 그 차이점에 집중해서 살펴보는 데 도움이 된다. 예를 들어 리스트 컴프리헨션에 어려움을 겪고 있는 경우, 먼저 루프를 사용하는 다양한 프로그램을 작성해본다. 그다음 그 프로그램들을 리스트 컴프리헨션을 사용하도록 코드를 수정한다. 또 그다음에는 코드 변경 사항을 수동으로 되돌려서 또 다른 관점으로 차이점을 곰곰이 생각해보면 좋다. 3장에서 플래시카드의 사용에 대해 살펴본 바와 같이 다양한 형태의 코드를 적극적으로 비교하면, 동일한 프로그래밍 개념이 기억 속에 강화된다.

플래시카드와 마찬가지로, 간격을 둔 반복은 학습의 핵심이다. 아무 노력 없이도 작업을 일관되게 할 수 있을 때까지 매일 연습할 시간을 따로 떼어두고 이 연습을 계속해보라. 프로그래밍 영역에서 매우 드문 일이기에 이런 연습이 이상하게 생각될 수도 있겠지만 계속 시도해보기 바란다. 이 연습은 웨이트 트레이닝과 매우 비슷하다. 반복할 때마다 조금씩 더 강해진다.

10.4 코드와 해설에서 배우기

일반적인 문제 해결 기술 같은 것은 없으며 단순히 프로그래밍을 많이 한다고 해서 문제 해결을 더 잘하게 되는 것은 아니라는 것을 살펴봤다. 또한 간단한 프로그래밍 기술을 향상하기 위해 의도적 연습을 할 수 있다는 것도 살펴봤다. 작고 간단한 기술을 자율적인 수준까지 숙련해야 하지만, 더 복잡하고 규모가 큰 문제를 해결하기에는 이것만으로는 역부족이다.

문제 해결 능력을 향상하기 위해 사용할 수 있는 두 번째 방법은 다른 사람들이 문제를 어떻게 해결했는지 의도적으로 연구하는 것이다. 다른 사람들이 문제를 어떻게 해결했는지 연구함으로써 얻는 해결책을 종종 **풀이된 예제**worked example라고 부른다.

4장에서 다룬 인지 부하에 대한 아이디어를 소개한 존 스웰러 교수는 문제 해결 능력을 위한 도메인별 전략의 중요성을 광범위하게 연구했다.[5]

스웰러는 아이들에게 대수방정식 풀이를 통해 수학을 가르쳤지만, 전통적인 대수 문제만 풀면 배우는 것이 너무 적다는 것을 발견했다. 그 즈음에 스웰러는 문제 해결을 어떻게 가르칠지에 대한 실험에 관심을 갖게 되었다. 이 문제에 대한 통찰력을 더 얻기 위해 스웰러는 1980년대에 일련의 실험을 진행했다. 이 실험에서 스웰러는 오스트레일리아의 한 고등학교 9학년(나이로는 14~15세) 학생 20명을 연구했다. 그는 학생들을 두 그룹으로 나누었고, 두 그룹 모두에게 "$a = 7 - 4a$일 때 a는 얼마인가?"와 같은 일반적인 대수방정식을 풀게 했다.

그러나 그림 10.5와 같이 그룹 간에는 차이가 있었다. 두 그룹 모두 동일한 대수방정식을 풀었지만, 첫 번째 그룹은 대수방정식 문제와 함께 문제를 푸는 방법을 자세히 설명하는 방정식의 **풀이된 예제**

---

5   John Sweller et al., "The Use of Worked Examples as a Substitute for Problem Solving in Learning Algebra" (1985), https://doi.org/10.1207/s1532690xci0201_3.

도 제공받았다. 풀이된 예제는 방정식을 푸는 데 필요한 단계를 자세히 설명하는 레시피라고 생각할 수 있다. 그에 반해 두 번째 그룹은 고등학교에서 일반적으로 푸는 방법대로 추가적인 도움 없이 방정식을 풀어야 했다.

그림 10.5 **두 그룹의 아이들은 같은 대수 문제를 풀었지만, 왼쪽 그룹은 단계적으로 문제를 푸는 방법을 알려주는 풀이된 예제를 제공받았다.**

두 그룹의 학생들이 방정식 풀이를 마친 후, 연구진은 학생들의 성적을 비교했다. 첫 번째 그룹이 더 잘했는데 이 그룹의 학생들은 문제를 푸는 데 도움이 될 수 있는 레시피를 가지고 있었으므로 이것은 놀라운 결과가 아닐 수도 있다. 놀라운 것은 푸는 속도의 차이였는데, 첫 번째 그룹은 두 번째 그룹보다 방정식을 5배나 더 빨리 풀었다.

연구진은 또 다른 문제에 대해 두 그룹의 성과를 측정했다. 학생들이 레시피를 기계적으로 따라 해서 푼 것이지 실제로 배운 것은 없다고 생각해 레시피를 가르치기를 주저하는 사람들도 있을 수 있기 때문이었다. 놀랍게도 이 두 번째 실험에서 첫 번째 그룹 학생들은 레시피에 나와 있는 계산 규칙(방정식의 양변에서 같은 값을 빼거나 나누는 등)을 적용할 수 있는 다른 문제에서도 더 뛰어난 결과를 보였다.

풀이된 예제는 수학, 음악, 체스, 스포츠, 프로그래밍을 포함한 다양한 연령 그룹과 주제에 대한 연구 결과에서 그 효과가 입증되어왔다.

10.4.1 새로운 유형의 인지 부하: 본유적 부하

많은 전문 프로그래머에게 스웰러의 결과는 놀라운 것일지도 모르겠다. 우리는 종종 아이들이 문제 해결을 잘 할 수 있기를 바란다면 스스로 문제를 해결하도록 내버려두어야 한다고 생각한다. 마찬가지로 좋은 프로그래머가 되고 싶다면, 많은 프로그램을 작성해봐야 한다고 생각한다. 그러나 스웰러의 결과는 반드시 그렇지만은 않다는 것을 보여준다. 이제 그 이유를 자세히 살펴보겠다. 왜 레시피를 받은 그룹이 혼자서 문제를 해결해야 했던 그룹보다 더 잘했을까? 스웰러에 따르면 작업 기억 공간의 인지 부하와 관련이 있다.

앞에서 우리는 다음과 같은 내용을 배웠다. 작업 기억 공간은 주어진 문제에 적용되는 STM이라고 볼 수 있다. 2장에서 설명한 것처럼 STM에는 2~6개의 항목만 담을 수 있고, 작업 기억 공간도 정보를 저장하는 데 사용 가능한 2~6개의 항목만 처리할 수 있다.

작업 기억 공간이 가득 차면 제대로 생각할 수 없다는 사실도 살펴봤다. 작업 기억 공간이 꽉 차 있으면 두뇌가 할 수 없는 일이 한 가지 더 있다. 정보를 다시 LTM에 저장하는 일이다. 그림 10.6이 이를 보여준다.

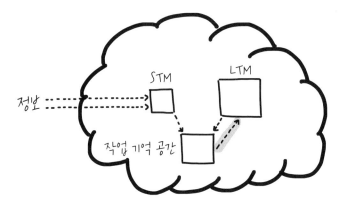

그림 10.6 강조 표시된 화살표 부분이 활성화되고 작업 기억 공간의 내용이 LTM에 저장되려면, 본유적 부하가 뒤따른다. 작업 기억 공간의 부하가 너무 크면 이것이 어려워진다.

우리는 두 가지 유형의 인지 부하, 즉 문제 자체에 있는 내재적 부하와 문제의 표현이 초래하는 외재적 부하를 다뤘다. 하지만 앞에서 살펴보지 못한 세 번째 유형의 인지 부하가 바로 본유적germane 인지 부하다.

본유적 부하는 두뇌가 정보를 LTM에 다시 저장하기 위해 수행하는 노력을 의미한다. 여러분이 가지고 있는 모든 인지 부하가 내재적 부하와 외재적 부하로 가득 차면, 본유적 부하를 위한 여지는 남아 있지 않게 된다. 즉 문제와 그 해결책을 기억할 수 없다.

힘든 코딩 작업을 마친 후 때때로 자신이 한 일을 기억하지 못하는 경우가 있을 것이다. 이것이 바로 이런 이유 때문이다. 두뇌가 해결책을 저장할 수 없을 정도로 몰입해 있었던 것이다.

본유적 부하를 포함한 3가지 인지 부하에 대해 잘 알게 되었으니, 오스트레일리아의 9학년 실험을 다시 한번 생각해보자. 이제 우리는 레시피를 사용한 그룹이 왜 새로운 방정식을 더 잘 풀었는지 이해할 수 있다. 인지 부하가 그렇게 높지 않았기 때문에, 그들은 이러한 레시피를 자세히 검토하고 이후에 기억할 수 있었다. 대수 문제를 풀 때 등식의 일부분을 등호의 반대 변으로 옮기고, 더하기를 빼기로 바꾸거나 같은 값으로 양쪽을 나눌 수 있다는 것을 배운 것이다.

학생들이 레시피에서 배운 기술 유형은 거의 모든 대수 문제에 유용한 접근법의 유형이며, 따라서 첫 번째 그룹은 새로운 방정식에도 그것들을 적용할 수 있었다. 두 번째 그룹은 깊은 사고를 하면서 일반적인 규칙보다는 당면한 문제에 더 집중했다.

레시피를 가르치는 것에 대해 걱정하는 사람들은 이것을 반대로 생각한다. 아이들이 문제 해결을 잘하기를 바란다면 문제를 많이 해결해야 한다는 생각은 합리적인 것처럼 보인다. 프로그래밍 커뮤니티에도 이와 같은 생각이 존재한다. 더 나은 프로그래머가 되고 싶다면, 프로그램을 많이 작성하라! 부수적인 프로젝트를 통해 여러 가지를 시도해보면 배우는 것이 있을 것이다 등등. 하지만 이것은 사실이 아닌 것으로 보인다.

스웰러의 실험은 수학 교육에 초점을 맞췄지만 프로그래밍에 대해서도 비슷한 연구가 이루어졌다. 그 연구들 역시 스웰러의 실험과 비슷한 결과를 보여주었다. 아이들은 프로그램을 읽고 이에 대한 설명을 통해 배우는 것이 프로그램을 작성하며 배울 때보다 배우는 것이 더 많다.[6] 네덜란드의 심리학자 파울 키르슈너Paul Kirschner가 말했듯이 '전문가들이 하는 일을 한다고 해서 여러분이 전문가가 되는 것은 아니다.'

10.4.2 개발 작업 시 풀이된 예제 활용하기

코드를 명시적으로 연구하고 코드를 작성한 과정을 연구하는 것이 프로그래밍 능력을 강화하는 데 도움이 될 수 있다는 것을 살펴봤다. 코드를 학습할 때 사용할 수 있는 소스는 여러 가지가 있다.

동료와의 협업

첫째, 코드를 혼자 공부할 필요는 없다. 누군가와 함께하는 것이 더 유용하다. 코드 분석에 관심이 있는 다른 동료들과 함께 직장에서 코드 읽기 동아리를 시작할 수 있다. 함께 하면 규칙적으로 코드를 읽는 습관을 유지하기가 쉬워진다(https://code-reading.org). 함께 모여 코드를 읽으면 코드와 설명을 나누고 서로 배울 수 있다.

---

6   Marcia C. Linn et al, "The case for case studies of programming problems," *Communications of the ACM* 35, no. 3 (1992), https://dl.acm.org/doi/10.1145/131295.131301.

5장에서는 코드 요약을 포함하여 코드를 이해하는 기술을 살펴봤다. 이러한 요약은 코드를 읽을 때 코드에 대한 설명으로 사용할 수 있다. 자신만의 코드와 요약을 혼자 공부할 수도 있지만, 자신이 작성한 코드에 대해 먼저 요약한 후 다른 동료와 공유하고, 동료의 코드로부터 배우는 2단계 프로세스를 사용하면 더욱 강력해진다.

깃허브 탐구

혼자서 코드를 읽는 방법을 찾고 있다면 다행히도 온라인에 소스 코드와 설명서가 많이 있다. 예를 들어 깃허브는 코드를 읽기 위한 훌륭한 사이트다. 어느 정도 알고 있는 저장소의 코드, 예를 들면 자신이 현재 사용하는 라이브러리의 코드를 읽으면 된다. 도메인이 조금이라도 익숙한 저장소를 선택하는 것이 가장 권장할 만한데, 낯선 단어와 개념으로 인한 외재적 부하 없이 프로그래밍 자체에 집중할 수 있기 때문이다.

소스 코드에 대한 책 또는 블로그 게시물 읽기

프로그래밍 문제를 해결한 방법에 대해 설명하는 블로그 게시물이 많이 있는데, 이것들 또한 소스 코드 분석의 도구로 사용할 수 있다. 그리고 많지는 않지만 코드를 설명하는 책도 몇 권 있다. 예를 들어 에이미 브라운과 그레그 윌슨의 《오픈 소스 소프트웨어 아키텍처》(인사이트, 2015)와 마이클 디베르나도Michael DiBernardo의 《500 Lines or Less(500라인 이하)》(lulu.com, 2016)가 있다.

요약

- 프로그래밍에 종사하는 많은 사람은 문제 해결이 일반적인 기술이라고 주장하지만, 그렇지 않다. 프로그래밍에 대한 사전 지식이 현재 해결 중인 문제와 결합해 프로그래밍 문제를 얼마나 빨리 해결할 수 있는지에 영향을 미친다.
- LTM은 다양한 유형의 기억을 저장하는데, 이들은 문제를 해결할 때 모두 각자 다른 역할을 한다. 기억의 가장 중요한 두 범주는 암시적 기억과 명시적 기억이다. 암시적 기억은 '근육 기억'으로, 터치 타이핑처럼 아무 생각 없이 실행할 수 있는 작업이다. 명시적 기억은 for 루프 문법과 같이 능동적으로 불러와야 하는 기억이다.
- 프로그래밍과 관련된 암시적 기억을 강화하려면 터치 타이핑, 관련 단축키 암기 같은 관련 기술을 자동화하는 것이 가장 효과적이다.
- 프로그래밍과 관련된 명시적 기억을 강화하려면 기존 코드, 가급적이면 코드 설계 방법에 대한 설명이 포함된 코드를 연구하라.

지금까지는 개인 개발자에게 초점을 맞췄다. 그러나 실제로 소프트웨어는 팀에 의해 개발된다. 이 책 마지막 파트에서는 동료의 방해 없이 몰입해서 코드를 작성하는 방법에 대해 설명한다. 또한 보다 큰 규모의 시스템에서 다른 팀원이 쉽게 작업을 시작할 수 있게 하는 방법, 그리고 새로운 팀원의 교육 과정에 대해서도 논의할 것이다.

PART IV

On collaborating on code

CHAPTER 11

코드를 작성하는 행위

이 장에서는 다음과 같은 내용을 다룬다.

- 코드와 상호작용할 때 수행하는 여러 가지 다른 활동의 비교
- 여러 가지 활동을 더 효과적으로 수행하도록 두뇌를 지원하는 방안
- 업무 중단이 개발자 업무에 미치는 영향
- 업무 중단 이후 효과적으로 업무를 다시 시작하기 위해 기억을 사용하는 방법

지금까지 이 책에서는 코드를 읽고 쓸 때 인지 과정이 어떤 역할을 하는지 살펴보았다. 또한 읽기 쉬운 코드를 작성하는 방법과 문제 해결 방법에 대해서도 살펴봤다.

이 장에서는 코드 자체에서 벗어나 프로그래밍을 실행할 때 인지 과정이 어떤 역할을 하는지 살펴볼 것이다. 먼저 프로그래밍을 한다고 할 때 이것이 무슨 의미인지 살펴볼 것이다. 프로그래밍을 구성하는 다양한 활동에 대해 알아보고 이러한 다양한 활동을 가장 잘 지원할 방법을 알아볼 것이다.

둘째, 프로그래머들의 업무에서 매우 염려스러운 일인 업무 중단interruption(방해)이 미치는 인지적 영향에 대해 살펴볼 것이다. 프로그래밍 작업 중에 일어나는 중단이 왜 그렇게 성가신 일인지 살펴보고 중단을 줄이기 위해 무엇을 할 수 있는지 알아볼 것이다. 이 장을 마치면 프로그래밍 활동을 더 잘 지원할 수 있게 되고 중단에 대처할 준비가 더 잘 돼 있을 것이다.

11.1 프로그래밍 중 이루어지는 다양한 활동

프로그램을 작성하다 보면 여러 가지 종류의 활동이 이루어진다. 이러한 여러 활동은 영국의 연구원인 토머스 그린Thomas Green 등에 의해 **인지적 차원 표기법**cognitive dimensions of notation, CDN이라는 프레임워크로 처음 고안되었다(이들의 연구는 12장에서 좀 더 자세히 다룰 것이다). CDN은 프로그래밍 언어 또는 코드베이스의 인지적 영향을 평가하고 검색, 이해, 전사, 증가, 탐구라는 다섯 가지 활동을 기술한다.

그림 11.1은 5가지 프로그래밍 활동 및 각 활동에서 수행하는 프로그래밍 작업, 그리고 활동을 어렵게 만드는 요인에 대한 개요를 제공한다.

활동	작업					부하를 가하는 기억 공간
	실행	코딩	테스트	읽기	리팩터링	
검색	✓			✓		STM
이해	✓		✓	✓	✓	작업 기억 공간
전사		✓				LTM
증가	✓	✓	✓	✓	✓	세 곳 모두
탐구	✓	✓	✓	✓	✓	세 곳 모두

그림 11.1 **프로그래밍 활동과 각 활동 시 가장 많이 사용하는 기억 체계**

11.1.1 검색

검색searching은 코드베이스를 살펴보고 특정 정보를 검색하는 작업이다. 해결해야 하는 버그의 정확한 위치나 특정 메서드의 모든 호출 혹은 변수가 초기화되는 위치일 수 있다.

검색하는 동안 코드를 읽고 실행하는 것이 주된 일이지만, 중단점과 디버거를 사용할 수도 있고, 코드를 실행해보며 출력문으로 확인하기도 한다. 검색은 STM에 무리를 가한다. 검색 대상, 이미 탐색한 코드의 경로 및 이유, 그리고 더 심층적으로 탐색해야 할 사항을 기억해야 한다. 따라서 이런 활동을 할 때 기억의 부하를 줄이기 위해 종이나 별도의 문서에 노트를 작성하면 도움이 된다.

앞에서 설명한 것처럼, 특정 작업을 쉽게 하기 위해 코드를 일시적으로 변경하는 것이 유익할 때가 있다. 코드 내에서 검색할 때 특정 코드를 살펴본 이유를 주석문으로 작성해놓으면 도움이 된다. 예를 들어 '페이지 클래스 초기화에 관련될 수 있다고 생각해 이 메서드를 확인함'과 같은 주석문은 나중에 동일한 코드를 검색하고 확인할 때 도움이 될 수 있다. 이는 특히 회의 또는 업무 종료가 가까워져서 검색 작업을 끝내지 못할 때 중요하다. 검색 단계를 적어두면 나중에 완료하는 데 도움이 된다.

11.1.2 이해

이해comprehension 활동을 수행할 때는 코드를 읽고 실행해봄으로써 그 기능을 이해하게 된다. 검색과 비슷하지만 코드가 작성된 지 오래되었거나 다른 사용자가 코드를 작성했기 때문에 코드의 세부 기능에 대한 이해가 부족할 수 있다.

5장에서 살펴본 바와 같이 개발자는 평균적으로 기존 소스 코드를 이해하는 데 최대 60%의 시간을 소비한다. 따라서 이러한 활동은 개발 작업에서 매우 흔한 일이다.

이해 활동에는 코드를 읽고 실행하는 것 외에도, 코드가 작동하는 방식을 더 잘 이해하기 위한 테스트 코드의 실행도 포함된다. 그리고 4장에서 다뤘듯 이 활동에는 코드를 더 쉽게 이해하기 위한 리팩터링 작업도 포함될 수 있다.

이해는 작업 기억 공간에 부담을 주는 활동이기 때문에 코드를 이해하기 쉽게 리팩터링하는 것이 도움이 된다. 아직 완전히 이해하지 못한 코드에 대해서는 추론을 해야 한다. 따라서 이해 활동을 위한 가장 좋은 전략은 작업 기억 공간을 지원하는 것이다. 코드에 대한 모델을 만들어보고 새로운 정보를 인출할 때마다 그 모델을 갱신해보라. 이렇게 하면 뇌에서 정보를 인출하는 대신 외부 소스에서 정보를 더 용이하게 검색할 수 있다. 모델이 있으면 코드에 대해 가지고 있을 수 있는 오개념을 발견하는 데에도 도움이 될 수 있다. 또한 이 활동을 잠시 중단하고 나중에 재개하려고 할 때 노트와 그림을 통해 보다 쉽게 작업에 복귀할 수 있다.

11.1.3 전사

전사transcription란 '단순히 코딩'하는 활동이다. 코드베이스에 추가 또는 변경할 내용에 대한 구체적인 계획이 있을 때, 단지 그 계획을 수행하는 것이다. 이 활동의 가장 단순한 형태는 내용을 단지 코드로 옮기는 것일 뿐 그 밖의 다른 일은 없다.

구현하려면 문법 구조를 떠올릴 수 있어야 하기 때문에 전사 작업은 LTM에 부하를 유발한다.

11.1.4 증가

증가incrementation는 검색, 이해, 전사가 합쳐진 활동이다. 새 기능을 추가하는 것은 코드가 늘어나는 것이다. 이 활동에는 코드를 추가할 위치를 검색하는 것, 어디에 코드를 추가할지 그리고 어떻게 할지 이해하기 위해 기존 코드를 파악하는 것, 그리고 아이디어를 문법으로 실제로 전사하는 활동이 모두 포함된다.

증가는 여러 활동을 동반하기 때문에 3가지 기억 체계에 모두 부하를 초래할 수 있다. 이와 같이 전문 프로그래머의 업무에서 가장 보편적인 증가 작업은 기억 체계를 돕기 위한 노트와 리팩터링 형태의 지원이 가장 필요한 작업이기도 하다.

어느 기억 공간이 가장 영향을 많이 받을지는 프로그래밍 언어 및 코드베이스에 대해 작업한 개인적 경험에 따라 달라진다. 프로그래밍 언어를 잘 알고 있다면 문법을 기억하기 위한 LTM의 노력이 많이 필요하지 않을 수 있다. 반면에 코드베이스를 잘 알고 있다면 코드를 검색하고 이해할 때 작업 기억 공간과 STM에 가하는 부하가 크지 않을 수 있다

그러나 코드베이스나 언어(또는 둘 다)가 생소한 경우라면 증가 작업이 어려울 수 있다. 가능하다면 증가 작업을 여러 개의 작은 작업으로 분할하면 좋다. 하위 작업을 신중하게 수행하면 기억 체계를 지원하는 데 도움이 될 수 있다. 먼저 관련 정보를 검색하는 것으로 시작하고, 다음으로 코드를 이해하고, 마지막으로 필요한 코드를 추가할 것이라고 스스로에게 말해보라.

11.1.5 탐구

그린 등의 프레임워크에서 마지막 활동은 코드를 탐구_exploration_하는 것이다. 탐구 활동의 본질은 코드를 사용하여 스케치하는 것과 같다. 무엇을 해야 할지 분명한 생각이 떠오르지 않을 때, 프로그래밍을 통해 문제의 도메인과 사용해야 하는 프로그래밍 구성 요소를 명확히 알 수 있다.

증가 활동과 마찬가지로, 탐구 활동 시에는 코드 작성, 코드 실행, 올바른 방향으로 가고 있는지 확인하기 위한 테스트 실행, 기존 코드 읽기, 새 계획에 맞게 코드를 리팩터링하기 등 여러 가지 프로그래밍 관련 작업을 연속적으로 수행하게 된다.

탐구 활동은 IDE의 도구에 크게 의존한다. 예를 들어 사소한 변경 사항이 테스트에 영향을 미쳤는지 확인하기 위해 테스트를 실행하거나, 자동 리팩터링 도구를 사용하거나, 코드를 빠르게 탐색하기 위해 '의존 항목 찾기'를 사용하는 경우가 있다.

탐구 활동 역시 다른 활동에 의존하기 때문에 3가지 기억 공간 모두 어려움을 겪는다. 프로그래밍을 하면서 계획과 디자인을 즉석에서 하기 때문에 특히 작업 기억 공간에 의존한다. 계획을 문서화하면 일하는 흐름이 흐트러지고 속도가 느려진다고 느낄 수 있지만, 설계의 방향이나 결정 사항을 대략 적어두면 아주 유용하고 문제를 더 깊이 생각할 수 있는 마음의 여유를 확보할 수 있다.

11.1.6 디버깅은 어떤가?

개발자들과 이 프레임워크에 대해 토론하다 보면, 디버깅 작업이 이 프레임워크에서 누락된 이유를 궁금해한다. 거기에 대한 답하자면, 디버깅할 때는 종종 이 5가지 활동을 모두 수행한다. 디버깅에는 버그를 수정하는 작업이 수반되지만, 버그를 수정하기 전에 버그의 위치를 찾는 작업도 포함된다.

따라서 디버깅은 탐구, 검색, 이해, 코드 작성의 순서이며, 다섯 가지 활동이 혼합된 것으로 묘사할 수 있다.

> **연습 11.1** 다음번 코딩 작업 시 CDN 프레임워크의 5가지 활동을 검토해보라. 어떤 활동을 주로 하는가? 검색, 이해, 기록, 증가, 탐구 중에 어떤 어려움을 겪었는가?

활동	작업	소요 시간

11.2 프로그래머의 업무 중단

요즘 많은 프로그래머는 주의를 집중하기 힘든 확 트인 사무실에서 일한다. 이러한 업무 환경이 초래하는 업무 중단은 우리 두뇌와 생산성에 어떤 결과를 가져올까? 현재 네덜란드 델프트 공과대학교 교수인 리니 판솔링언Rini van Solingen은 1990년대 중반부터 프로그래머의 업무 방해나 중단에 관해 연구했다.

판솔링언은 두 개의 다른 조직을 연구했고 두 조직 모두에서 놀라울 정도로 유사한 결과를 얻었다. 그가 발견한 바에 의하면 업무 중단이 두 조직 모두 흔히 일어났고 중단된 시간은 각각 15~20분이었다. 개발자의 업무 시간의 약 20%가 업무 중단에 쓰인다. 슬랙 등 메시징 앱의 사용이 증가하면서, 오늘날에는 업무 중단이 더 일반적인 현상이다.[1]

업무 중단에 대한 최근의 연구도 있다. 3장에서 언급했듯, 크리스 파닌은 86명의 프로그래머의 1만 회 프로그래밍 세션을 기록하면서 업무 중단에 대해 연구했다. 이 연구를 통해 파닌은 판솔링언의 결과를 확인했고, 중단이 흔하다는 것을 알게 되었다. 파닌의 연구에 따르면, 프로그래머는 2시간

---

1 Rini van Solingen et al., "Interrupts: Just a Minute Never Is," *IEEE Software* 15, no. 5 (1998), https://ieeexplore.ieee.org/document/714843.

동안 중단되지 않고 업무에 집중할 수 있는 시간이 하루에 평균 한 번 정도에 불과했다. 개발자들 또한 중단이 문제라는 것에 동의한다. 마이크로소프트의 연구에 따르면 업무가 중단됐다가 원래 하던 업무로 되돌아가는 것이 심각한 문제라고 생각하는 개발자가 62%나 되는 것으로 나타났다.[2]

11.2.1 프로그래밍 작업에는 워밍업이 필요하다

9장에서는 인지 부하를 측정하는 fNIRS 장치에 대해 논의했다. fNIRS의 도움으로, 우리는 어떤 종류의 코드가 인지 부하를 유발하는지에 대한 이해뿐만 아니라 업무에 따라 인지 부하가 어떻게 분배되는지도 이해할 수 있다.

9장에서 살펴본 대로, 2014년 일본 나라 선단과학기술대학원대학의 나카가와 다카오는 fNIRS 기기로 뇌 활동을 측정했다. 연구 참가자들은 C로 작성된 알고리즘의 두 가지 버전을 읽었다. 한 버전은 일반적인 구현이었고, 두 번째 버전은 연구자들이 의도적으로 복잡하게 만든 코드였다. 예를 들어 루프 카운터 및 다른 변수의 값을 자주 그리고 불규칙적으로 변경되게 만들었다. 하지만 프로그램의 기능을 변경하지는 않았다.

나카가와는 두 가지 흥미로운 결과를 얻었다. 첫째, 참가자 10명 중 9명은 과제 중 인지 부하의 변동이 컸다. 코드가 다 어려운 것은 아니었다. 어려운 부분도 있었지만, 다른 부분은 비교적 쉬웠다. 둘째, 연구진은 혈류량이 가장 많이 증가하여 인지 부하가 발생한 과제에서 소요된 시간을 살펴봤다. 그 결과 업무 중간의 인지 부하가 가장 높은 것으로 나타났다.

나카가와의 결과는 프로그램 이해 과제에서 일종의 워밍업 및 냉각 단계가 있으며 그 중간에 가장 힘든 작업이 수행된다는 것을 시사한다. 전문 프로그래머들은 코드의 정신 모델을 구축하고 전사 작업을 시작할 준비를 하는 이 워밍업 시간에 대해 익히 잘 알고 있을 것이다. 이 장의 앞부분에서 설명한 바와 같이, 이것은 더 큰 범위의 프로그래밍 작업에 속하는 하위 활동을 설명하는 데 도움이 된다.

11.2.2 중단 후에는 어떻게 되는가?

파닌은 또한 업무 중단 후 발생하는 상황을 살펴본 결과, 당연히 생산성에 상당한 지장을 초래한다고 판단했다. 업무가 중단된 후 코드 작성 작업을 다시 시작하는 데 약 25분이 소요됐다. 메서드를 작성하다가 중단되면, 프로그래머가 1분 이내에 작업을 재개할 수 있었던 경우는 10%에 불과했다.

---

2   Thomas D. LaToza et al., "Maintaining Mental Models: A Study of Developer Work Habits" (2006), https://dl.acm.org/doi/10.1145/1134285.1134355.

개발자들은 원래 하던 코딩 작업으로 돌아가기 위해 무엇을 할까? 작업 기억 공간이 원래 작업하던 코드에 대한 중요한 정보를 잃어버린다는 것을 파닌의 연구 결과로부터 알 수 있다. 그의 연구에 참여한 프로그래머들은 원래 작업하던 상황으로 돌아가기 위해 의도적으로 노력해야 했다. 이들은 프로그래밍 작업을 재개하기 전 코드의 여러 위치를 찾아다닌 경우가 많았다. 또한 참가자들은 업무를 중단해야 할 때 의미 없는 무작위 문자를 코드에 추가해 컴파일 오류를 일부러 유발했다. 파닌은 이를 **장애물 경고**roadblock reminder라고 불렀다. 코드를 미완성 상태로 끝내지 않고 나중에라도 꼭 마무리하기 위한 한 방법이었다. 일부 참여자들은 이전 상황으로 돌아가기 위한 최후의 방법으로 현재 버전과 마스터 브랜치의 차이점을 확인diff하기도 했지만 실제 차이를 발견하기는 번거로운 일이다.

11.2.3 중단에 잘 대비하는 방법

업무 중단이 흔하고 다시 돌아와 원래 하던 업무를 계속 하기가 어렵다는 것을 알았으니, 중단에 더 잘 대비할 수 있도록, 업무 중단 시 우리 두뇌에서 무슨 일이 일어나는지 더 자세히 살펴보자. 이 장에서는 중단에 대처하는 데 도움이 되는 세 가지 방법을 제시한다.

그림 11.2 중단 후 복구에 도움이 되는 세 가지

정신 모델 저장

이 책 앞부분에서 우리는 메모나, 모델에 대한 그림, 이해를 쉽게 하기 위한 코드 리팩터링 등 작업 기억 공간과 STM을 지원하기 위해 사용할 수 있는 다양한 기술에 대해 논의했다. 이러한 기술은 중단으로부터 복구하는 데도 유용할 수 있다. 나카가와의 연구 결과는 이해 활동에서 준비하는 시간이 있음을 보여주는데, 코드의 정신 모델을 구축하는 데 이해 활동에 가장 많은 시간을 사용할 가능성이 높다. 모델의 일부가 코드와 별도로 저장되어 있으면 정신 모델을 빠르게 되찾을 수 있다. 정신 모델에 대한 메모를 주석문으로 남기는 것도 도움이 된다.

일부 개발자들은 주석문을 광범위하게 사용하는 것을 바람직하지 않은 것으로 생각하는데, 그 이유는 코드가 '그 자체로 문서'이어야 하고, 따라서 주석문은 불필요하다는 것이다. 그러나 코드는 프로그래머의 사고 과정을 거의 설명하지 못하므로 대부분 작성자의 정신 모델을 적절하게 표현하지 못한다. 우리는 코드에 특정 접근 방식을 선택한 이유, 코드의 목표 또는 구현을 위해 고려한 다른 대안 같은 내용을 코드에 기록해놓는 것에 익숙하지 않다. 이런 종류의 내용이 어디에도 기록되지 않는다면, 기껏해야 암묵적으로 발견될 수밖에 없는데, 이것은 분명히 시간이 오래 걸리는 과정이다. 존 오스터하우트John Osterhout는 《A Philosophy of Software Design(소프트웨어 설계의 철학)》 (Yaknyam Press, 2018)에서 이것을 멋지게 묘사했다. "주석문의 배후에 놓인 전반적인 아이디어는, 설계자의 마음속에는 있었지만 코드로 표현할 수 없었던 정보를 포착하는 것이다."

어떤 결정을 내렸는지 문서화해놓으면 다른 사람이 코드를 읽을 때 매우 유용할 뿐만 아니라 자기 자신의 정신 모델을 일시적으로 저장하는 데도 도움이 되고 나중에 작업을 쉽게 재개할 수 있다. 프레더릭 브룩스Frederick Brooks는 《맨먼스 미신》(인사이트, 2015)에서, 주석문은 항상 존재하기 때문에 프로그램 이해 과정에서 가장 중요하다고 말한다. 종이나 문서에 노트를 적는 것은 유용하지만, 코딩 작업을 다시 시작할 때 관련 문서를 찾는 것 자체가 정신적 노트를 추가하는 일이 될 수도 있다.

업무가 중단될 상황에서 잠시 시간 여유가 있다면, 예를 들면 슬랙 메시지나 동료가 옆에서 잠시 기다려도 되는 상황이라면, 코드에 대한 최신 정신 모델을 주석문의 형태로 '브레인 덤프brain dump' 하는 것이 아주 유용할 수 있다. 항상은 아니더라도, 경우에 따라서는 도움이 될 수 있다.

미래 기억 향상

두 번째 기술을 이해하려면, 또 다른 종류의 기억을 살펴봐야 한다. 10장에서는 암시적(절차적), 명시적(선언적) 두 가지 유형의 기억을 살펴봤다.

추가로, 과거보다는 미래에 관련된 기억의 종류가 있다. **미래 기억**prospective memory은 미래에 무언가를 할 것에 대한 기억이다. 이러한 유형의 기억은 계획 및 문제 해결과 밀접한 관련이 있다. 집에 오는 길에 가게에 들러 우유를 사는 것을 기억해야 한다고 자신에게 말하는 것, 혹은 나중에 어떤 코드를 리팩터링할지를 자신에게 상기할 때, 우리는 미래 기억을 사용하는 것이다.

개발자들이 어떻게 자신의 미래 기억을 지원하는지에 대한 연구가 몇 가지 있다. 개발자들이 미래 기억을 잊어버리는 문제에 어떻게 대처해왔는지는 다양한 연구를 통해서 알 수 있다. 예를 들어 개발자들은 추후에 코드를 개선하거나 완성하는 것을 잊어버리지 않기 위해 작업 중인 코드에 '나중에 할 일to-do' 주석문을 달곤 한다.[3] 물론 대부분의 프로그래머가 경험하듯이, 이러한 to-do 주석문은 오랫동안 작업되지 않거나 해결되지 않은 채 남아 있을 수 있다. 그림 11.3은 깃허브에서 'to-do' 로 검색하자 1억 3700만 개 검색 결과가 나온 것을 보여준다.

---

3   Margaret Ann Storey et al., "TODO or to Bug: Exploring How Task Annotations Play a Role in the Work Practices of Software Developers" (2008), https://dx.doi.org/doi:10.1145/1368088.1368123.

프로그래머들은 할 일에 대한 주석문이나 의도적인 컴파일 오류를 사용하는 것 외에도 책상 위에 스티커 메모를 남겨두거나 자신에게 이메일을 보내는 등 다른 일반 직장인이 사용하는 기술도 사용한다. 물론 종이 메모와 이메일은 코드베이스와 단절되는 단점이 있지만 여전히 도움이 될 수 있다.

파닌 역시 프로그래밍을 중단해야 할 때 미래 기억을 지원할 수 있는 비주얼 스튜디오_{Visual Studio} 플러그인을 개발했다.[4] 이 플러그인을 사용하면 작업 관리 항목을 코드에 추가하고 만료 날짜를 지정해 해당 작업을 잊지 않도록 할 수 있다.

하위 목표 라벨 붙이기

중단으로부터 보호할 수 있는 세 번째 방법은 하위 목표_{subgoal} 라벨 붙이기라고 한다. 문제를 어떤 작은 단계로 나눌 수 있는지 명시적으로 기록한다. 예를 들어 텍스트에 대해 구문 분석_{parsing}하고 재구성하는 작업을 작은 단계로 나누면 다음과 같다.

---

4 https://marketplace.visualstudio.com/items?itemName=chrisparnin.attachables

1. 텍스트를 구문 분석하고 구문 분석 트리를 생성한다.

2. 구문 분석 트리를 필터링한다.

3. 트리를 선형구조로 변환해 텍스트를 만든다.

이 단계들 자체는 상상하거나 기억하기에 어렵지 않지만, 도중에 중단되고 나서 다시 코드로 돌아가서 무엇을 하려고 했는지 기억하는 것은 번거로울 수 있다. 필자가 만일 이 예제와 같은 작업을 프로그래밍한다면 다음과 같이 각 단계를 주석문으로 써놓고 시작할 것이다.

```
# 텍스트 구문 분석
# 구문 분석 트리 생성
# 구문 분석 트리 필터링
# 트리를 선형 구조로 변환해 텍스트 만들기
```

이렇게 하면 코드의 작은 부분을 채울 수 있고, 실패 시 대처할 계획을 항상 가질 수 있다. 조지아 주립 대학교 학습과학과의 로런 마굴리외Lauren Margulieux 교수가 프로그래머를 대상으로 수행한 한 연구에서, 하위 목표가 제공될 때 프로그래머들이 그것을 사용해서 머릿속에서 해결책을 조성한다는 것이 밝혀졌다.[5]

하위 목표는 업무가 중단된 후에 하던 업무를 계속할 때 자신의 생각을 정리하는 데 유용하지만, 다른 상황에서도 유용하다. 예를 들어 코드에 있던 하위 목표 중 일부는 주석으로 남아 나중에 설명서의 역할을 할 수 있다. 또한 수석 프로그래머가 하위 목표를 설계하고 다른 프로그래머가 더 큰 해결책의 일부를 구현하는 협업에도 사용할 수 있다.

11.2.4 프로그래머를 방해할 때

9장에서는 설문지와 뇌 기반 측정을 포함해서 사람들이 경험하는 인지 부하를 탐지하는 다양한 방법을 다뤘다. 하지만 작업이 유발하는 인지 부하에 다른 식으로 접근하는 방법들도 있다.

한 가지 예는 **이중 과제 척도**dual-task measure를 사용하는 것이다. 이중 과제는 실험 참가자가 원래 작업을 하는 동안 수행하는 두 번째 작업이다. 예를 들어 수학 방정식을 풀 때 임의의 시간에 화면에 문자 A가 나타난다. A가 나타날 때마다 참가자는 가능한 한 빨리 A를 클릭해야 한다. 참가자가 두 번째 과제를 얼마나 빠르고 정확하게 수행할 수 있는가는 얼마나 많은 인지 부하를 경험하고 있는지 측정하는 좋은 척도다. 연구자들은 이중 과제 측정이 인지 부하를 추정하기에 좋은 방법이라는

---

5   Lauren E. Margulieux et al., "Subgoal-Labeled Instructional Material Improves Performance and Transfer in Learning to Develop Mobile Applications" (2012), https://dl.acm.org/doi/10.1145/2361276.2361291.

것을 보여주었다. 여러분이 상상할 수 있듯이, 이중 과제를 사용하는 것에도 단점이 있다. 두 번째 작업 자체가 원래 작업을 방해하면서 인지적 부담을 가중시킬 수 있다.

이중 과제 측정을 사용하여, 인지 부하와 중단 사이의 연관성을 탐구한 연구도 있다. 일리노이 대학교 어배너-샘페인의 컴퓨터 공학 교수인 브라이언 베일리Brian P. Bailey는 경력의 많은 부분을 업무 중단의 원인과 결과를 이해하는 데 전념했다.

2001년의 한 연구에서 50명의 참가자는 방해를 받으면서 주요 과제를 수행했다.[6] 실험은 격자 안에 있는 단어 개수를 세는 것부터 텍스트를 읽고 텍스트에 관한 질문에 대답하는 것까지 다양한 유형의 과제를 사용했다. 이러한 주요 과제를 수행하는 동안 속보 헤드라인과 주식시장 업데이트 같은 관련 없는 정보를 보여줌으로써 참가자들의 작업을 중단했다. 이 연구는 두 그룹에 대해 통제된 실험을 수행했다. 한 그룹은 기본 작업 중에 방해 내용을 본 반면 다른 그룹은 작업을 완료한 후 방해 내용을 봤다.

베일리의 연구 결과는 놀랍지는 않지만, 방해에 대한 깊은 통찰력을 제공한다. 베일리의 실험 결과에 의하면 작업 중에 중단된 그룹이 그렇지 않은 그룹보다 작업을 끝마칠 때까지 (중단된 시간을 계산하지 않고) 시간이 더 오래 걸렸고, 중단이 있던 작업이 그렇지 않은 작업보다 마치기가 더 어렵다고 인식했다.

베일리는 과제의 시간과 어려움을 측정했을 뿐만 아니라 참가자들의 감정 상태도 조사했다. 참가자들은 중단 내용이 나타날 때마다 짜증과 불안의 수위가 얼마나 되는지 답했다. 경험하는 짜증의 수준이 중단 내용이 표시될 때 영향을 받는다는 결과가 나왔다. 주요 과제 중에 방해를 받은 그룹의 참가자들은 과제 후에 방해를 받은 그룹보다 짜증과 불안이 더 많이 나타났다. 주요 과제가 중단된 참가자들은 더 많은 불안감을 경험했다. 2006년에 수행한 후속 연구에서는 이 연구와 매우 유사한 설정을 사용했는데, 중단된 사람들이 두 배나 더 많은 실수를 한다는 것을 밝혀냈다.[7]

이러한 결과를 바탕으로, 업무 중단이 일어나는 것을 피할 수는 없더라도 프로그래머가 보다 편리한 시간(예: 작업 완료 후)에 중단되는 것이 도움이 될 수 있다는 결론을 내릴 수 있다. 이 아이디어에 기초해서, 취리히 대학교의 박사과정 학생이었던 마누엘라 취거Manuela Züger는 플로라이트FlowLight라고 불리는 대화형 조명을 개발했다.

---

6   Brian P. Bailey et al., "The Effects of Interruptions on Task Performance, Annoyance, and Anxiety in the User Interface" (2004), https://www.researchgate.net/publication/250518041.

7   Brian P. Bailey, "On the Need for Attention-Aware Systems: Measuring Effects of Interruptions on Task Performance, Error Rate, and Affective State," *Computers in Human Behavior* 22, no. 4 (2006): 685–708, https://www.researchgate.net/publication/222649582.

플로라이트(https://emea.embrava.com/pages/flow)는 개발자가 책상이나 화면 위에 설치할 수 있는 물리적 조명이다. 입력 속도나 마우스 클릭 같은 컴퓨터 상호작용을 기반으로, 플로라이트는 프로그래머가 작업에 깊이 관여하고 높은 인지 부하를 경험하는지 여부를 감지한다. 흔히 '몰입 중' 또는 '존zone에 들어갔다'고 하는 그 상태 말이다. 프로그래머가 존에 매우 깊숙이 들어와 있고 중단되지 않아야 할 경우 플로라이트는 빨간색 점멸등으로 바뀐다. 활동이 약간 줄어들면 플로라이트는 빨간색으로 깜박이지 않고 계속 켜져 있다. 개발자가 여유 있는 상태가 되면 표시등이 녹색으로 바뀐다.

취거는 12개국에서 400명 이상의 참가자를 대상으로 실시한 대규모 현장 연구에서 플로라이트를 사용한 결과 중단을 46%까지 줄일 수 있다는 것을 발견했다. 연구의 많은 참가자는 실험이 끝난 후에도 플로라이트를 계속 사용했으며 플로라이트는 현재 상용 제품으로 나와있다.[8]

11.2.5 멀티태스킹에 대한 고찰

중단에 대한 내용을 읽는 동안, 여러분은 멀티태스킹의 개념을 곰곰이 생각해봤을지도 모르겠다. 방해가 정말 그렇게 심각한가? 우리 두뇌는 멀티코어 프로세서처럼 동시에 여러 가지 일을 할 수 없는가?

멀티태스킹 및 자동화

안타깝게도, 사람들이 깊은 인지 작업을 하는 동안 여러 가지 일을 할 수 없다는 증거가 압도적으로 많다. 음악을 들으면서 이 책을 읽거나, 뛰거나 뜨개질을 하면서 이 책을 듣고 있는 사람도 있을 수 있기에 이 말이 설득력이 없을 수 있는데, 사람이 두 가지 일을 동시에 할 수 없다고 필자는 어떻게 단언할 수 있을까?

정보를 저장하는 세 단계, 즉 인지, 연상, 자율을 기억해보라. 다른 말로 표현해보자. 자율 단계에 도달하지 않은 경우 두 개 이상의 작업을 동시에 수행할 수 없다. 한국어로 쓰인 책을 읽기 위해 무언가 더 배울 필요는 없기 때문에, 뜨개질과 같은 자동화된 다른 일을 하는 동시에 이 책을 읽을 수는 있다. 하지만 어려운 내용의 책을 읽을 때는 어떤 경우 더 집중할 수 있도록 음악을 줄일 필요성을 느낄 것이다. 이것은 우리 두뇌가 멀티태스킹을 할 수 없다고 스스로 말하는 것이고, 이것이 사람들이 차를 주차할 때 라디오를 꺼야겠다고 느끼는 이유이기도 하다.

혹시 여전히 두뇌가 멀티태스킹이 가능하다고 생각하는 사람이 있을지도 모르겠다. 멀티태스킹이 우리가 생각하는 것만큼 잘 작동하지 않는다는 것을 보여주는 과학적 근거를 몇 가지 살펴보겠다.

8　Manuela Züger, "Reducing Interruptions at Work: A Large-Scale Field Study of FlowLight" (2017), https://www.zora.uzh.ch/id/eprint/136997/1/FlowLight.pdf.

멀티태스킹에 관한 연구

매사추세츠 종합병원 보건직업연구소의 교수인 애니 베스 폭스_{Annie Beth Fox}는 2009년에 수행한 실험에서, 책을 읽으면서 인스턴트 메신저를 사용하는 학생들과 텍스트에 완전히 집중하는 학생들을 비교했다.[9] 두 그룹 모두 텍스트를 똑같이 잘 이해했지만 메시지로 인해 중단된 그룹은 텍스트를 읽고 질문에 답하는 데 약 50%의 시간을 더 사용했다.

네덜란드의 심리학자 파울 키르슈너는 2010년에 수행한 연구에서 약 200명의 학생들에게 페이스북 사용 습관에 대해 물어봤다.[10] 페이스북을 많이 사용하는 사람은 비사용자들만큼 오래 공부했지만, 학점은 훨씬 낮았다. 이것은 특히 메시지를 받는 즉시 답장한다고 응답한 학생들에게서 뚜렷이 나타났다. 흥미로운 점은, 멀티태스킹을 하는 사람들은 종종 자신이 매우 생산적이라고 느낀다는 것이다.

학생들이 온라인 메시지를 사용하여 파트너와 의사소통하면서 과제를 수행하는 통제된 실험에서 학생들 본인은 자신의 수행 능력이 만족스럽다고 느꼈지만, 그들의 파트너는 그들에게 훨씬 더 낮은 점수를 주었다.[11] 이것은 슬랙에서 채팅을 하면서 프로그래밍하는 것이 일을 끝내기 위한 좋은 방법이 아닐 수도 있다는 것을 의미한다.

요약

- 프로그래밍을 할 때 검색, 이해, 전사, 증가, 탐구 등 다양한 프로그래밍 활동을 함께 수행한다. 각각의 활동은 서로 다른 기억 체계에 부담을 준다. 따라서 여러 다른 기법을 사용해 이 활동들을 지원해야 한다.
- 프로그래밍 중 중단은 성가실 뿐만 아니라 코드에 대한 정신 모델을 재구성하는 데 시간이 걸리기 때문에 생산성에 나쁜 영향을 미친다.
- 중단에 잘 대처하려면 정신 모델을 노트, 문서 또는 주석문으로 작성해놓는다.
- 작업을 완료할 수 없다면 계획을 문서화해서 미래 기억을 의도적으로 도와주어야 한다.
- 방해를 받더라도 가급적이면 인지 부하가 낮을 때 중단이 일어나도록 해야 한다. 예를 들어 플로라이트를 사용한 자동화 또는 슬랙에서 상태를 설정할 수 있다.

---

9 Annie Beth Fox et al., "Distractions, Distractions: Does Instant Messaging Affect College Students' Performance on a Concurrent Reading Comprehension Task?," *Cyberpsychology and Behavior* 12, (2009): 51–53, https://www.liebertpub.com/doi/10.1089/cpb.2008.0107.

10 Paul A. Kirschner et al., "Facebook® and Academic Performance," *Computers in Human Behavior* 26, no. 6 (2010): 1237–1245, https://www.sciencedirect.com/science/article/abs/pii/S0747563210000646.

11 LingBei Xu, "Impact of Simultaneous Collaborative Multitasking on Communication Performance and Experience" (2008), https://api.semanticscholar.org/CorpusID:63186545.

12
CHAPTER

대규모 시스템의
설계와 개선

- -

이 장에서는 다음과 같은 내용을 다룬다.

- 설계에 대한 여러 가지 결정이 코드베이스의 이해도에 미치는 영향
- 설계에 대한 여러 가지 결정 사이의 트레이드오프
- 더 나은 인지 처리를 위한 기존 코드베이스 설계의 개선

- -

지금까지 코드를 잘 이해하고 작성하는 방법에 대해 논의해왔다. 이를 위해 코드를 읽고 쓸 때 인지 과정이 어떤 역할을 수행하는지 조사했다. 그러나 큰 규모의 코드베이스에서 이해에 영향을 미치는 것은 코드의 작은 부분들만이 아니다. 코드의 구조 역시 다른 사람이 코드와 얼마나 쉽게 상호작용할 수 있는지에 큰 영향을 미친다. 이것은 특히 다른 프로그래머들이 사용하는 라이브러리, 프레임워크, 모듈에 해당되는 사실이다.

라이브러리, 프레임워크, 모듈에 대해 이야기할 때, 우리는 그것들이 작성된 프로그래밍 언어와 같은 기술적인 측면에 대해 이야기한다. 그러나 코드베이스를 인지적 관점을 통해서도 볼 수 있다. 이 장에서는 인지적 관점에서 코드베이스를 조사하는 기술인 CDN에 대해 논할 것이다. CDN은 기존의 대규모 코드베이스에 대해 "이 코드를 사람들이 쉽게 변경할 수 있는가?" 혹은 "이 코드베이스에서 정보를 쉽게 찾을 수 있는가?"와 같은 질문에 답을 찾는 데 도움이 된다. 기술적 관점보다는 인지적 관점에서 코드베이스를 검사하면 사람들이 코드와 어떻게 상호작용하는지 더 잘 알 수 있다.

일단 CDN에 대해 논의하고 그것이 코드베이스에 대한 우리의 이해에 어떻게 도움이 될지 연구하고 나면, **코드베이스의 인지 차원**cognitive dimensions of codebase, CDCB이라는 수정된 프레임워크를 사용하여 기존 코드베이스의 설계를 개선하는 방법에 대해 자세히 다룰 것이다.

이전 장에서 5가지 프로그래밍 활동에 대해 설명했는데, 이번 장에서는 코드베이스의 속성이 어떻게 다양한 방식으로 그 5가지 프로그래밍 활동에 영향을 미치는지 살펴볼 것이다.

12.1 코드베이스의 특성 조사

우리는 라이브러리, 프레임워크, 모듈에 대해 이야기할 때 종종 기술적 측면을 언급한다. "이 라이브러리는 파이썬으로 작성되었다", "이 프레임워크는 Node.js를 사용한다", "이 모듈은 사전 컴파일 precompile되었다" 등으로 말이다.

프로그래밍 언어를 논할 때, 우리는 종종 기술적 영역, 예를 들어 패러다임(객체 지향, 함수형, 또는 그 두 가지의 혼합), 타입 시스템 여부, 언어가 바이트코드로 컴파일되는지 또는 다른 언어로 된 프로그램에 의해 인터프리트되는지 살펴본다. 언어, 프레임워크, 라이브러리를 실행하는 환경도 확인하곤 한다. 브라우저 또는 가상 머신에서 실행되는가? 이러한 모든 측면은 기술적 영역, 즉 프로그래밍 언어가 할 수 있는 것에 관한 사항이다.

하지만 여러 가지의 라이브러리, 프레임워크, 모듈, 프로그래밍 언어에 대해 논의할 때, 그것들이 컴퓨터가 아닌 두뇌와 관련해서 무엇을 하는지 또한 논의할 수 있다.

> **연습 12.1** 최근에 사용한 코드베이스 중 직접 작성하지 않은 코드를 생각해보라. 함수를 호출하는 방법을 이해하기 위해 읽어야 하는 어떤 라이브러리일 수도 있고 버그를 수정한 프레임워크일 수도 있다. 다음과 같은 질문을 생각해보자.
>
> - 일을 더 쉽게 할 수 있게 해준 것은 무엇인가? (예: 설명서의 존재, 좋은 변수 이름, 주석문)
> - 일을 더 어렵게 만든 것은 무엇인가? (예: 복잡한 코드 또는 문서의 부족)

12.1.1 인지적 차원

11장에서 살펴본 CDN은 기존 대형 코드베이스의 사용성을 평가하는 데도 사용할 수 있다. CDN은 토머스 그린 등에 의해 만들어졌고, 많은 다른 차원으로 구성되어 있으며, 각 차원은 코드베이스를 조사하기 위한 서로 다른 방법을 나타낸다. 차원은 원래 플로차트와 같은 시각화된 내용을 검토하기 위해 만들어졌으나, 나중에는 프로그래밍 언어에도 적용되었고, 따라서 차원이라는 이름이 붙여졌다. 플로차트와 같이 프로그래밍 언어도 생각과 아이디어를 표현하는 일종의 표기법으로 볼 수 있다.

그린 등의 차원은 표기에만 적용되지만, 이 책에서는 좀 더 일반화해서 프로그래밍 언어가 아닌 코드베이스에 대해서도 CDN을 사용하려고 한다. 이 일반화된 버전을 코드베이스의 인지 차원cognitive dimensions of code bases, CDCB이라고 부르고, 이것을 통해 코드베이스를 검토하고, 코드베이스를 어떻게 이해하고 개선할 수 있을지 살펴볼 것이다. CDCB는 다른 프로그래머들이 수정하지는 않고 사용만 하는 라이브러리와 프레임워크의 코드에 특히 유용하다.

먼저 각 차원에 대해 개별적으로 논의한 후 서로 다른 차원이 상호작용하는 방식과 이를 사용하여 기존 코드베이스를 개선하는 방법에 대해 자세히 살펴보겠다.

오류 경향성

논의할 첫 번째 차원은 오류 경향성error proneness이라고 불린다. 일부 프로그래밍 언어에서는 다른 언어보다 실수를 저지르기 쉽다. 자바스크립트는 현재 가장 인기 있는 언어 중 하나이지만, 몇몇 특이한 예외 사례가 있는 것으로 유명하다.

자바스크립트 및 기타 동적 유형 언어에서는 변수가 생성될 때 데이터 타입이 정해지지 않는다. 런타임에 객체의 타입이 명확하지 않기 때문에, 프로그래머는 변수의 타입에 대해 혼동할 수 있고 이로 인해 오류가 발생할 수 있다. 또한 한 유형의 변수를 다른 유형으로 강제 변환 시에도 오류가 발생할 수 있다. 하스켈 같은 강한 타입strong typing 언어는 타입 시스템이 코딩 시 지침을 제공하기 때문에 이런 유형의 오류 발생이 적다.

프로그래밍 언어가 아닌 코드베이스 역시 오류 경향성이 있는데, 예를 들어 일관성 없는 규칙, 문서 부족, 모호한 이름 때문이다.

코드베이스는 프로그래밍 언어로부터 차원을 상속하는 경우도 있다. 예를 들어 파이썬으로 작성된 모듈은 C로 작성된 유사한 라이브러리보다 오류가 발생하기 쉬운데, 파이썬은 C처럼 오류를 잡을 수 있는 강한 타입 시스템이 없기 때문이다.

일관성

사람들이 프로그래밍 언어나 코드베이스와 어떻게 상호작용하는지 조사하는 또 다른 방법은 **일관성**consistency이다. 비슷한 것들은 서로 얼마나 유사한가? 이름은 항상 동일한 방식으로 만들어지는가? 예를 들어 8장에서 논의한 것과 동일한 이름 틀을 사용하여 만들어지는가? 코드 파일의 레이아웃이 다른 클래스와 유사한가?

많은 프로그래밍 언어에서 일관성이 있는지 알 수 있는 한 가지 예로 함수 정의가 있다. 이런 생각을 해본 적이 없겠지만 내장 함수는 일반적으로 사용자 정의 함수와 동일한 사용자 인터페이스를 가지고 있다. print() 또는 print_customer() 같은 함수를 호출하는 라인만 봐서는 함수를 작성한 사람이 프로그래밍 언어의 창시자인지 아니면 코드 작성자인지 알 수 없다.

이름과 규약을 일관성 없이 사용하는 프레임워크나 언어는 인지 부하를 더 많이 가져올 수 있다. 두 뇌가 그것이 무엇에 대한 것인지 이해하는 데 더 많은 에너지를 소모하고, 관련 정보를 찾는 데 더 많은 시간을 쓰기 때문이다.

일관성은 9장에서 보았던 것처럼 오류 경향성과 관련이 있다. 언어적 안티패턴을 갖는 코드(예: 코드 구현과 이름이 일치하지 않음)는 오류가 발생하기 쉽고 인지 부하가 커진다.

분산성

앞 장에서는 코드를 읽기 어렵게 만드는 코드 스멜에 대해 다뤘다. 너무 많은 라인으로 작성돼 있어 이해하기 어려운 긴 메서드는 잘 알려진 코드 스멜 중 하나다.

메서드를 불필요하게 복잡하게 만들거나 한 메서드에 너무 많은 기능을 쑤셔넣는다면 이는 프로그래머의 잘못일 수 있다. 그러나 일부 프로그래밍 언어는 동일한 기능에 대해 다른 프로그래밍 언어보다 더 많은 공간(단어 혹은 라인)을 차지한다. **분산성**diffuseness 차원은 이에 대한 것이다. 즉 분산성은 프로그래밍 구성 요소가 얼마나 많은 공간을 차지하는지 나타낸다.

예를 들어 파이썬의 for 루프는 다음과 같다.

```
for i in range(10):
    print(i)
```

이와 동일한 C++ 코드는 다음과 같다.

```
for (i=0; i<10; i++) {
    cout << i;
}
```

간단하게 코드 줄만 세도, C++는 세 줄인 반면, 파이썬은 두 줄이다. 그러나 분산성은 코드의 줄 수뿐만 아니라 코드가 얼마나 많은 청크로 구성되어 있는지도 고려할 수 있다. 그림 12.1과 같이, 초보자인 경우 청킹할 수 있는 개별 요소를 세면 파이썬 코드는 7개의 요소인 반면, C++ 코드는 9개의 요소를 갖는다.

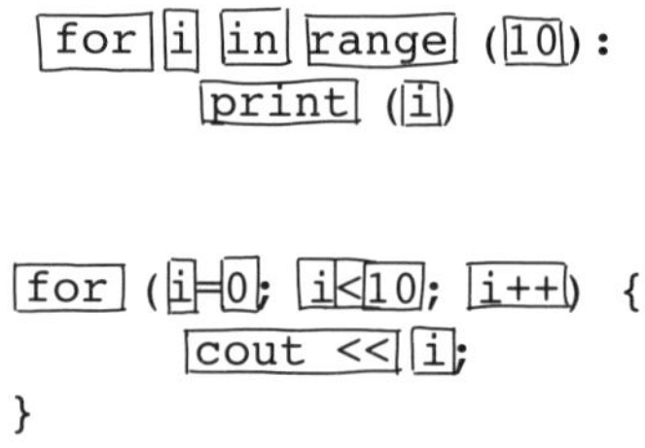

청크 수의 차이는 C++ 코드에는 파이썬 버전에 없는 요소(예를 들면 i++)가 있기 때문에 발생한다.

그림 12.1 단순한 루프에 대한 파이썬 (위)과 C++(아래)의 청크

같은 프로그래밍 언어를 사용해서 동일한 일을 하지만 분산성이 다른 코드를 작성할 수도 있다. 파이썬의 리스트 컴프리헨션 예제를 앞 장에서 다룬 바 있다. 다음과 같이 같은 기능을 하는 두 개의 파이썬 코드가 있다.

```
california_branches = []
for branch in branches:
   if branch.zipcode[0] == '9'
     california_branches.append(branch)

california_branches = [b for b in branches if b.zipcode[0] == '9']
```

두 번째 코드가 분산의 정도가 낮아 가독성과 이해에 영향을 미칠 수 있다.

숨겨진 의존성

숨겨진 의존성hidden dependency 차원은 의존 항목dependency이 사용자에게 어느 정도로 가시적으로 나타나는지를 보여준다. 숨겨진 의존성이 높은 시스템의 예를 들자면 HTML 페이지에 자바스크립트로 제어되는 버튼이 있고 자바스크립트는 다른 파일에 저장되어 있는 경우다. 이러한 상황에서는 자바스크립트 파일만 봐서는 그 함수가 어느 HTML 페이지로부터 호출되는지 알기 어렵다. 어떤 파일은 코드 파일과 분리해야 한다는 요구 사항이 있다면 이것 역시 숨겨진 의존성의 또 다른 예다. 코드를 제대로 실행하기 위해 어떤 라이브러리와 프레임워크를 설치해야 하는지 코드베이스에서 알기 어려울 수 있다.

일반적으로, 다른 함수나 클래스 안에서 어떤 함수가 호출되는지 아는 것과 그 반대의 경우, 즉 주어진 함수를 어떤 클래스나 함수가 호출하는지 아는 것 중에서 전자가 후자보다 더 쉽다. 첫 번째 경우, 우리는 항상 함수 텍스트를 읽고 본문에서 어떤 함수들이 호출되는지 볼 수 있다.

그림 12.2와 같이 최근의 IDE는 숨겨진 의존성을 보여주는 기능을 가지고 있지만, 의존 항목을 찾기 위해서는 여전히 마우스 클릭이나 단축키를 사용하는 추가적인 동작이 필요하다.

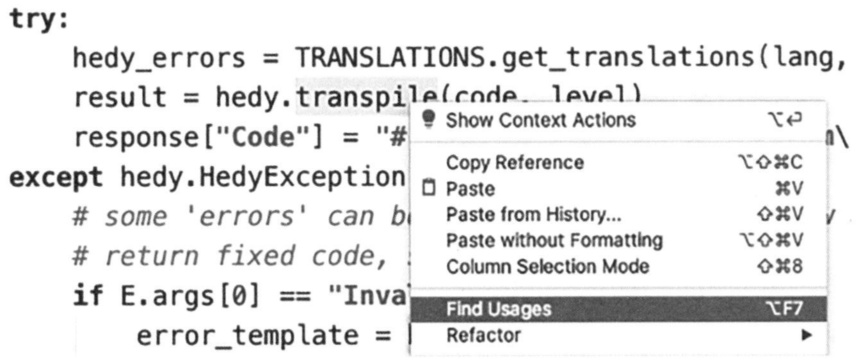

그림 12.2 주어진 함수의 모든 호출 위치를 찾는 파이참PyCharm의 옵션 메뉴

코드 작성자는 보다 광범위한 문서로 숨겨진 의존성을 보완할 수 있다. 각 팀은 새로운 의존 항목을 논의하고 채택하는 데 대한 정책을 수립한 후 채택이 되면 이를 문서화하는 방안을 고려할 수 있다.

잠정성

잠정성provisionality 차원은 도구를 사용하는 동안 생각하는 것이 얼마나 쉬운지에 대한 것이다. 11장에서 다뤘듯이, 자신이 무엇을 만들고 있는지 확신하지 못하면 탐구적인 방식으로 프로그래밍을 하게 된다. 탐구할 때는 펜과 종이 또는 화이트보드를 사용할 수 있다. 이러한 도구는 자유롭게 스케치하고, 모든 종류의 주석을 기록하고, 불완전하거나 잘못된 코드를 문제없이 작성할 수 있기 때문에 궁극적인 잠정성을 제공한다.

그러나 코드베이스에서 코드를 작성하기 시작하면 어느 정도 자유롭지 못하게 된다. 문법 오류가 있는 코드를 작성하면 타입 확인을 할 수 없으며, 타입 확인을 하지 않으면 코드를 실행할 수 없다. 이러한 유형의 검사가 유용하긴 하지만, 코드를 실행 모델이 아닌 사고의 수단으로 사용하는 데는 방해가 될 수 있다.

코드베이스나 프로그래밍 언어가 매우 엄격하다면(예를 들어 타입, 단언assertion, 사후 조건 사용) 코드를 사용해 생각을 표현하는 것은 어려울 수 있다. 이런 경우는 잠정성이 낮다고 말한다.

어떤 시스템의 초보자라면 애매한 아이디어와 불완전한 코드를 표현하는 것이 필요할 수 있기 때문에 잠정성은 학습 능력의 필수적인 요소다. 코드에 대한 계획을 생각하는 동시에 타입과 문법에 대해서도 생각하는 것은 초보자에게 너무 많은 인지 부담을 줄 수 있다.

점도

점도viscosity는 특정 시스템을 변경하는 것이 얼마나 어려운가에 대한 차원으로, 잠정성과 관련이 있다. 일반적으로 동적 타입 언어로 작성된 코드를 변경하는 것이 조금 더 쉽다. 코드만 변경하면 되고 모든 해당 타입 정의를 변경할 필요가 없다. 모듈로 이루어지지 않은 코드나 큰 블록으로 된 코드는 직접 변경할 수 있고 여러 함수나 클래스에서 변경할 필요가 없기 때문에 변경이 더 용이하다.

시스템이 변경하기 쉬운지는 프로그래밍 언어와 코드베이스 자체에 달려 있을 뿐만 아니라 코드베이스를 둘러싼 요인도 영향을 미친다. 예를 들어 코드를 변경하고 나서 컴파일하거나 테스트 실행에 시간이 오래 걸린다면, 그 변경에 대한 점도는 증가한다.

점진적 평가

점진적 평가progressive evaluation 역시 잠정성과 관련이 있다. 이 차원은 주어진 시스템에서 부분적인 작업을 확인하거나 실행하는 것이 얼마나 쉬운지에 대한 것이다. 우리가 살펴본 바와 같이, 잠정성이 높은 시스템은 사용자가 불완전한 아이디어를 스케치할 수 있는 것이 가능하다. 점진적 평가를 통해 사용자는 완성되지 않은 코드나 불완전한 코드를 실행할 수 있다.

일부 프로그래밍 시스템은 프로그래머들이 실시간 프로그래밍을 할 수 있다. 프로그래머는 코드의 실행 도중 코드를 변경한 후 실행을 중지하지 않고 계속 코딩할 수 있다. 그러한 프로그래밍 시스템의 예로는 스몰토크Smalltalk가 있다.

스몰토크는 실시간 프로그래밍을 지원하는 최초의 언어였으며 코드 실행 중에 즉각적인 검사와 코드 변경을 허용했다. 스몰토크에서 크게 영감을 받은 스크래치는 어린이들을 위한 프로그래밍 언어로, 아이들이 다시 컴파일하지 않고도 코드를 변경할 수 있게 해준다.

코드베이스 또는 라이브러리를 설계할 때 사용자가 코드의 일부분만 실행하고 이에 대한 통찰력을 얻을 수 있도록 할 수도 있다. 점진적 평가를 허용하는 설계의 예로는 선택적 매개변수를 사용하는 것이다. 함수에 선택적 매개변수가 있는 경우, 라이브러리 사용자는 먼저 기본값으로 코드를 컴파일하고 실행하여 시스템이 모든 단계에서 작동하는 것을 확인한 다음, 매개변수를 하나씩 단계적으로 갱신할 수 있다. 또 다른 예는 이드리스Idris의 홀hole(구멍) 시스템이다. 부분 코드를 실행하면 컴파일러가 홀, 즉 아직 구현이 안 된 부분에 대해 유효한 해결책을 제안한다. 그런 다음 반복하면서 타입을 정교하게 만들면서 홀은 점점 작아진다. 여기서 컴파일러는 탐구를 차단하는 제약이 아니라 해결책을 탐구하는 도구가 된다.

점진적 평가 차원이 낮은 시스템에서는 완료되거나 완벽하지 않은 코드를 실행할 수 없으므로 잠정성을 억제한다.

역할 표현력

역할 표현력role expressiveness의 차원은 프로그램에서 여러 가지 다른 부분의 역할을 얼마나 쉽게 알 수 있는지를 나타낸다. 역할 표현력의 간단한 예는 `file.open()`처럼 거의 모든 프로그래밍 언어에서 매개변수가 없는 함수를 호출할 때 여전히 끝에 두 개의 괄호를 가지고 있다는 점이다. 언어 설계자가 매개변수가 없는 함수의 경우 괄호를 생략해도 되게끔 만들 수도 있지만, 괄호가 있음으로 해서 `open()`이 함수임을 알 수 있다. 함수의 끝에 있는 괄호는 역할 표현력의 일례다.

역할 표현력의 또 다른 유명한 예는 구문 강조syntax highlighting다. 대부분의 IDE는 변수를 키워드와 다른 색으로 보여주기 때문에 프로그램에서 서로 다른 요소가 수행하는 역할을 확인하는 데 도움이 된다.

문법을 통해서도 역할 표현력이 나타날 수 있다. 예를 들어 불리언 값을 반환하는 함수로 `set`이 아니라 `is_set`을 호출하면 이 코드를 읽을 때 변수의 역할을 이해하는 데 도움이 된다.

우리는 9장에서 이와 비슷한 개념을 언어적 안티패턴에서 살펴봤다. 코드베이스가 언어적 안티패턴 문제를 가지고 있으면, 함수나 메서드의 역할에 대해 오해할 수 있다. 이 경우는 코드베이스가 역할 표현력이 낮고 이해하기 어렵다는 것을 의미한다.

매핑 근접성

매핑 근접성closeness of mapping 차원은 프로그래밍 언어 또는 코드가 문제의 해결 영역에 얼마나 가까운지를 의미한다. 어떤 프로그래밍 언어들은 매핑 근접성이 높다. 1장에서 살펴본 APL로 된 다음 예제 프로그램을 생각해보자. APL이 매우 이해하기 어려운 언어라고 생각하겠지만, 사실, 이것은 벡터 미적분과 매우 밀접한 관계를 가지고 있다.

예제 12.1 APL에서 이진 표현

$$2\ 2\ 2\ 2\ 2\ \top\ n \longleftarrow$$ APL로 숫자 n을 이진 표현으로 변환하는 프로그램이다. 이 프로그램을 이해하기 어려운 이유는 $\top$가 무슨 뜻인지 모르기 때문이다.

예를 들어 $\top$가 2를 원소로 갖는 리스트에 대해 작동한다는 사실로부터 알 수 있듯이 예제 12.1에서 모든 변수는 기본적으로 벡터다. 이렇게 설계된 언어는 벡터로 생각하는 것에 익숙하고 해결하려는 문제가 벡터 미적분을 사용해서 풀리는 경우에 사용하면 좋다. 코볼은 종종 비즈니스 및 금융과 밀접한 관계를 가진 언어로 알려져 있다. 훌륭한 매핑 근접성을 갖는 프로그래밍 언어의 또 다른 예로는 엑셀이 있다. 행과 열의 레이아웃은 컴퓨터를 사용하기 전부터 재무 계산이 어떻게 수행되었는지를 정확히 보여준다.

자바, 파이썬, 자바스크립트를 포함한 대부분의 현대 프로그래밍 언어는 어느 문제나 해결할 수 있는 범용적 언어이기 때문에 매핑 근접성이 좋지 않다. 물론 이것이 항상 나쁜 것은 아니다. 파이썬이나 자바를 사용해서도 주어진 문제를 해결할 수 있고, 프로젝트나 고객이 바뀔 때마다 새로운 프로그래밍 언어를 배울 필요가 없다는 것은 매우 유용할 수 있다.

코드베이스 역시 비즈니스 영역과의 매핑 근접성이 좋을 수 있다. 대상 도메인의 개념과 단어를 사용하는 코드베이스는 일반적인 용어를 사용하는 코드베이스보다 대체로 이해하기 쉽다. 예를 들어 `executeQuery()`라는 메서드는 `findCustomers()` 함수보다 매핑 근접성이 낮다.

지난 몇 년 동안 개발 분야에서는 도메인을 코드에 더 잘 통합하는 것에 대한 관심이 증가하고 있다. 예를 들어 도메인 주도 설계domain-driven design 철학은 코드의 구조와 식별자가 비즈니스 도메인과 일치해야 한다고 규정한다. 이것은 코드베이스에서 매핑 근접성을 높이는 방향으로의 움직임이다.

> **연습 12.2** 코드베이스에 있는 모든 변수, 함수, 클래스 이름의 목록을 작성하라. 각 이름에 대해 매핑 근접성을 조사해보라. 각 식별자 이름에 대해 다음과 같은 질문을 해보라.
>
> - 변수명은 도메인 언어로 표기되어 있는가?
> - 이름이 코드 밖의 어떤 프로세스를 지칭하는지 명확히 알 수 있는가?
> - 이름이 코드 밖의 어떤 객체를 가리키는지 명확히 알 수 있는가?

힘든 정신 활동

어떤 시스템에서는 사용자가 시스템의 외부에서 **힘든 정신 활동**hard mental operation을 수행할 때 생각하는 것이 매우 어려울 수 있다. 예를 들어 하스켈과 같은 언어는 사용자가 모든 함수와 매개변수의 타입을 고려해야 한다. 하스켈에서는 함수의 형식을 무시할 수 없는데 만일 무시하게 되면 실행되는 코드를 작성하는 것은 거의 불가능하다. 마찬가지로 C++는 사용자가 여러 상황에서 포인터를 사용해야 하고 객체보다는 포인터로 추론할 것을 요구한다.

물론 힘든 정신 활동이 모두 나쁜 것만은 아니다. 생각하게 하는 것이 성과를 거둘 수도 있다. 예를 들면, 엄격한 타입 시스템에서는 오류 수가 적다든지 포인터를 사용하면 성능이 더 우수하거나 메모리 사용이 더 효율적이다.

그러나 자신이 설계한 시스템에서 사용자가 이러한 힘든 정신 활동을 수행하는 것이 필요하다면 이 사실을 인지하고 그 작업을 매우 신중하게 고려해야 한다.

코드베이스 내에서 사람들이 수행할 수 있는 힘든 정신 활동의 예로는 종종 사용자가 기억해야 할 것이 많은 상황이다. 예를 들어 많은 매개변수를 올바른 순서로 호출해야 한다면 STM에 많은 요구를 하는 것이기 때문에 힘든 정신 활동이다.

우리는 모호한 함수 이름이 매핑 근접성을 낮추는 것을 살펴봤다. 이런 이름들 또한 힘든 정신 활동을 초래한다. execute() 또는 control()과 같이 비정보적인 이름을 기억해야 하는 경우, 이러한 함수는 사용자의 LTM에 저장되어야 하므로 힘든 정신 활동이 될 수 있다.

마지막으로, 어떤 연산들은 작업 기억 공간에 부담을 주기 때문에 힘든 일이 될 수도 있다. 예를 들어 데이터가 두 가지 다른 형식으로 두 개의 다른 소스에서 다운로드되어 세 번째 형식으로 변환되어야 하는 경우다. 사용자는 다양한 스트림과 해당 타입을 추적해야 한다.

보조 표기법

보조 표기법secondary notation 차원은 프로그래머가 공식 규격에는 없는 의미를 코드에 추가할 가능성을 나타낸다. 보조 표기법의 가장 일반적인 예는 소스 코드에 주석문을 추가할 가능성이다. 주석문은 적어도 프로그램의 동작을 변경하는 측면으로 보자면 공식적으로는 프로그래밍 언어의 일부가 아니다. 그러나 주석문은 코드의 이해를 도울 수 있다. 보조 표기법의 또 다른 예는 파이썬의 명명된named 매개변수다. 다음 예제와 같이, 인수들은 이름과 함께 전달될 수 있으며, 이 경우 호출 시 매개변수의 순서는 함수 정의와 달라도 된다.

```
def move_arm(angle, power):
    robotapi.move(angle,power)

# move_arm를 호출하는 세 가지 방법
move_arm(90, 100)
move_arm(angle = 90, power = 100)
move_arm(power = 100, angle = 90)
```

인수 순서대로, 이름 순서대로, 또는 임의의 순서로
이름을 사용하여 세 가지 다른 방법으로 함수를
호출하는 파이썬 프로그램

파이썬의 함수 호출에 명명된 매개변수를 추가해도 코드 실행 방법은 변경되지 않지만, 함수를 호출할 때 IDE가 각 매개변수의 역할을 표현할 수 있게 해준다.

추상화

추상화abstraction 차원은 시스템의 사용자가 기본적으로 제공되는 추상화만큼 강력한 추상화를 만들 수 있는지 여부다. 대부분의 프로그래밍 언어가 허용하는 추상화의 예로는 함수, 객체, 클래스를 만드는 것이다. 프로그래머는 내장 함수와 유사한 여러 가지 함수를 만들 수 있다. 사용자 정의 함수는 입력 및 출력 매개변수를 가질 수 있으며 일반 함수와 동일한 방식으로 작동한다. 사용자가 함수를 만들 수 있다는 사실은 사용자가 자신만의 구성 요소로 언어를 형성하고 자신만의 추상화를 추가할 수 있다는 것을 의미한다. 자신만의 추상화를 만드는 기능이 이제는 거의 모든 언어에서 지원된다. 오늘날의 많은 프로그래머는 어셈블리어assembly language처럼 사전 구조화된prestructured 프로그래밍 시스템 또는 추상화 메커니즘이 없었던 몇몇 베이직 계열의 언어를 사용해서 일해본 적이 없을 것이다.

또한 라이브러리와 프레임워크는 사용자에게 자신만의 추상화를 만들 수 있는 옵션을 제공할 수 있다. 예를 들어 라이브러리 사용자가 추가 기능을 위해 하위 클래스를 만들 수 있도록 허용하는 것은 API 호출만 허용하는 라이브러리보다 추상화가 더 강력하다.

가시성

가시성visibility은 시스템의 다른 부분을 얼마나 쉽게 볼 수 있는지를 나타낸다. 코드베이스가 어떤 클래스로 구성되어 있는지 확인하기 어려울 수 있는데, 특히 코드가 여러 파일로 나뉘어 있는 경우에는 더욱 그렇다.

라이브러리 또는 프레임워크는 사용자에게 다양한 수준의 가시성을 제공할 수도 있다. 예를 들어 데이터를 가져오는 API가 문자열, JSON, 객체를 반환하는 경우 이들은 각각 다른 가시성을 갖는다. 문자열이 반환되면 데이터 형식을 파악하기가 어렵고 따라서 사용자에게 낮은 가시성을 제공한다.

12.1.2 코드베이스 개선을 위해 CDCB 사용

지금까지 프로그램이 가질 수 있는 다양한 차원에 대해 살펴보았다. 이러한 차원의 차이는 사람들이 코드베이스와 상호작용하는 방식에 큰 영향을 미칠 수 있다. 예를 들어 코드베이스의 점도가 높은 경우 코드베이스에서 작업하는 미래의 개발자는 변경을 꺼릴 수 있다. 이로 인해 코드베이스 구조가 크게 변경되기보다는 패치가 더해져서 코드가 점점 복잡해진다. 만약 오픈 소스 코드베이스가 힘든 정신 활동을 필요로 한다면, 코드가 유지 보수될 가능성은 더 낮다. 따라서 코드베이스가 여러 다양한 차원에서 어떻게 작동하는지 파악하는 것이 중요하다.

인지적 차원 목록은 코드베이스를 위한 일종의 체크리스트로 사용될 수 있다. 어느 코드베이스에서나 이 인지적 차원들이 모두 다 중요한 것은 아니지만, 각 코드베이스를 정기적으로 조사하고 코드베이스의 작동 방식을 파악하면 코드의 사용성을 유지하는 데 도움이 될 것이다. 코드베이스의 인지적 차원을 정기적으로 분석하는 것이 이상적이다(예: 1년에 한 번).

연습 12.3 자신이 작업하고 있는 코드베이스에 대한 인지적 차원을 이해하기 위해 다음 표를 작성해보라. 독자의 코드베이스에서는 어떤 차원이 중요한가? 이 중 어떤 것이 개선될 수 있는가?

차원	관련이 있는가?	개선할 수 있는가?
오류 경향성		
일관성		
분산성		
숨겨진 의존성		
잠정성		
점도		
점진적 평가		
역할 표현력		
매핑 근접성		
힘든 정신 활동		
보조 표기법		
추상화		
가시성		

12.1.3 설계 기동 및 트레이드오프

코드베이스에서 특정 차원을 개선하기 위해 코드베이스를 변경하는 것을 **설계 기동**design maneuver이라고 한다. 예를 들어 코드베이스에 타입을 추가하는 것은 오류 경향성을 개선하기 위한 설계 기동이며, 함수 이름을 코드의 영역에 더 부합하도록 변경하는 것은 매핑 근접성을 개선하는 설계 기동이다.

> **연습 12.4** 연습 12.3에서 작성한 목록을 검토하여 개선할 수 있는 차원이 있는지 조사해 보라. 적용할 수 있는 설계 기동이 있는가? 이러한 개선이 다른 차원에 미치는 영향은 무엇인가?
>
> | 차원 | 설계 기동 | 긍정적 영향을 미치는 다른 차원 | 부정적 영향을 미치는 다른 차원 |
> |---|---|---|---|
> | | | | |

설계 기동(즉, 한 차원의 개선)으로 인해 다른 차원이 변경되는 경우가 많다. 차원이 어떤 방식으로 정확하게 상호작용하는지는 코드베이스에 따라 크게 달라질 수 있지만, 다음과 같이 차원이 서로 충돌할 때가 있다.

오류 경향성 vs. 점도

라이브러리나 프레임워크의 사용자가 실수하지 않도록 하기 위해 사용자가 추가 정보를 입력하도록 하는 경우가 많다. 이와 같이 오류 경향성을 감소하기 위한 방법 중 가장 잘 알려진 예는 타입을 추가하는 것이다. 컴파일러가 어떤 개체의 타입을 알고 있다면 이 정보를 이용해서 문자열에 리스트를 추가하는 것과 같은 실수를 방지할 수 있다.

그러나 시스템의 모든 항목에 대해 타입을 추가하는 것은 사용자에게 추가 작업의 부담을 준다. 예를 들어 변수를 원하는 방식으로 사용하기 위해서는 다른 타입으로 캐스팅해야 한다. 장점에도 불구하고 타입 시스템을 선호하지 않는 사람들은, 타입 시스템으로 인해 점도가 늘어나기 때문에 선호하지 않는 것이다.

잠정성 및 점진적 평가 vs. 오류 경향성

잠정성과 점진적 평가가 높은 시스템에서는 미완성되거나 불완전한 코드라도 스케치하고 실행할 수 있다. 이러한 차원은 당면한 문제에 대해 생각하는 데 도움이 될 수 있지만, 프로그램이 완성되지 않은 채 그대로 남아 있거나, 불완전한 프로그램이 개선되지 않은 채 남아 있어 이해하기 어렵고 이는 디버깅하기 어려운 코드로 이어져 오류 경향성에 영향을 미칠 수 있다.

역할 표현력 vs. 분산성

명명된 매개변수 같은 문법 요소를 추가하면 역할 표현력이 개선될 수 있다는 것을 살펴봤다. 그러나 추가적인 레이블로 인해 코드가 길어진다. 변수 역할을 나타내기도 하지만 코드베이스의 크기를 늘리는 타입 애너테이션도 마찬가지다.

12.2 차원 및 활동

이전 장에서 다섯 가지 프로그래밍 활동, 즉 검색, 이해, 전사, 증가, 탐구에 대해 논의했다. 각 활동은 코드베이스가 최적화해야 하는 인지 차원에 서로 다른 제약을 가한다. 인지적 차원과 프로그래밍 활동 사이의 관계는 뒤에 나올 표 12.1에 정리했다.

12.2.1 차원이 활동에 미치는 영향

11장에서 프로그램을 작성할 때 일어나는 다섯 가지 다른 활동에 대해 설명했다. 사실 이들 활동은 CDN 프레임워크의 원래 버전으로부터 기원한다. 그린 등이 이러한 활동을 설명한 것은 이 활동들이 차원과 상호작용하기 때문이다. 표 12.1에도 나타냈지만, 어떤 활동은 특정 차원이 높아야 하는 반면, 어떤 활동은 특정 차원이 낮을 때 가장 잘 작동한다.

검색

검색할 때 일부 차원은 중요한 역할을 한다. 예를 들어 숨겨진 종속성은 검색 활동에 악영향을 미칠 수 있다. 어떤 코드가 어디에서 호출되는지 모를 경우 그다음에 코드의 어느 부분을 읽어야 할지 알기 어려워 검색 속도가 느려질 수 있기 때문이다. 분산성은 코드를 더 길게 만들고, 검색할 코드가 더 많기 때문에 검색에 부정적인 영향을 준다.

반면에 보조 표기법은 검색에 도움이 되는데 주석문 및 변수 이름은 정보를 찾을 수 있는 위치를 나타낼 수 있기 때문이다.

이해

어떤 차원은 코드를 이해할 때 특히 중요하다. 예를 들어 코드베이스의 가시성이 낮으면 클래스와 기능이 서로 어떻게 관련되는지 파악하기 어렵기 때문에 이해에 부정적인 영향을 준다.

반면에 역할 표현력은 이해에 도움이 된다. 변수 및 기타 개체의 유형과 역할이 명확하면 이해하기가 더 쉬워질 수 있다.

전사

전사할 때(즉, 미리 정의된 계획을 기반으로 기능을 구현할 때) 일관성 같은 일부 차원이 나빠질 수 있다. 일관된 코드베이스는 이해하기 쉽지만, 새로운 기능을 구현할 때는 코드베이스에 맞춰야 하므로 정신적 노력이 추가로 필요할 수 있다. 물론, 그 노력은 장기적으로 그럴 만한 가치가 있겠지만, 어쨌건 추가로 기울여야 할 노력인 것은 사실이다.

증가

코드베이스에 새 기능을 추가할 때 가장 도움이 되는 것은 도메인에 대한 매핑 근접성이다. 코드베이스에서 프로그래밍 개념보다는 코드의 목표를 뚜렷이 알 수 있다면, 새로운 코드를 추가하는 것이 더 쉬울 것이다. 반면에 점도가 높은 코드베이스에는 코드를 추가하기가 어렵다.

탐구

새로운 설계 아이디어를 탐구할 때 가장 도움이 되는 차원은 잠정성과 점진적 평가다.

힘든 정신 활동과 추상화는 프로그래머에게 높은 인지 부하를 유발하고 문제와 해결 공간을 탐구하는 데 사용되어야 할 부하를 제한하기 때문에 탐구에 악영향을 끼칠 수 있다.

표 12.1 차원을 돕거나 악영향을 미치는 활동에 대한 개요

차원	돕는 활동	악영향을 미치는 활동
오류 경향성		증가
일관성	검색, 이해	전사
분산성	검색	
숨겨진 의존성		검색
잠정성	탐구	
점도		전사, 증가
점진적 평가	탐구	
역할 표현력	이해	
매핑 근접성	증가	
힘든 정신 활동		전사, 증가, 탐구
보조 표기법	검색	
추상화	이해	탐구
가시성		이해

12.2.2 예상 활동에 대한 코드베이스 최적화

여러 다른 활동이 시스템에 서로 다른 제약을 가하는 것을 살펴봤다. 따라서 코드베이스에 대해 다른 사람이 어떤 작업을 수행할지 이해하고 있어야 한다. 상대적으로 오래되고 안정적인 라이브러리는 증가 활동보다는 검색 활동이 더 많이 일어날 가능성이 높은 반면, 새로운 앱은 증가 및 전사활동이 일어날 가능성이 더 높다. 즉 코드베이스가 유지되는 동안에는 코드베이스에 대해 일어날 가능성이 가장 높은 활동에 맞는 설계 기동이 필요할 수도 있다.

> **연습 12.5** 자신이 작업하고 있는 코드베이스를 생각해보라. 어떤 활동이 가장 많이 일어나는가? 지난 몇 달 동안 그 활동은 꾸준히 일어났는가? 이러한 활동에는 어떤 차원이 작용하며 이들 차원과 관련해 코드베이스는 어떻게 수행하고 있는가?

요약

- CDN은 프로그래밍 언어의 사용자들에게 미칠 인지적 영향을 예측하는 데 도움이 되는 프레임워크이다.
- CDCB는 코드베이스, 라이브러리, 프레임워크가 사용자에게 미치는 영향을 이해하는 데 도움이 되는 CDN의 확장판이다.
- 대부분의 경우 서로 다른 차원 간의 트레이드오프가 이루어져야 한다. 한 차원을 개선하면 다른 차원이 감소할 수 있다.
- 설계 기동을 통해 프레임워크의 인지 차원에 따라 기존 코드베이스의 설계를 개선하는 것이 이뤄질 수 있다
- 코드베이스가 최적화할 대상인 차원에 대한 요구 사항은 수행하려는 활동에 따라 다르다.

13 CHAPTER

새로운 개발자 팀원의
적응 지원

. . . .

이 장에서는 다음과 같은 내용을 다룬다.

- 전문가와 초보자가 생각하는 방식의 비교
- 새 팀원에 대한 코드베이스 적응 지원의 개선
- 새 팀원의 프로그래밍 언어나 프레임워크 학습 시 지원 방안

. . . .

지금까지 코드를 읽고 구성하는 방법을 살펴봤다. 하지만 상급 개발자로서 여러분 스스로 코드 파악에 어려움을 겪고 있거나 함께 일하는 다른 후배 개발자들도 어려움이 있을 수 있다. 많은 경우, 후배들이 더 효과적으로 학습할 수 있기 위해서는 그들이 경험하는 인지 부하를 관리해야 한다.

이 장에서는 경험 많은 개발자나 초보 개발자가 새로운 팀원으로 들어왔을 때 그들에게 제공하는 적응 지원onboarding[1]을 개선하는 방법에 대해 알아보겠다.

이를 위해 먼저 전문가와 초보자가 어떻게 다르게 생각하고 행동하는지 살펴본다. 그다음 한 팀이 새로운 팀원을 대상으로 수행할 수 있는 다양한 활동에 대해 살펴볼 것이다. 이 장을 마치고 나면 새로운 팀원을 보다 효과적으로 지원하기 위한 세 가지 기술과 활동에 익숙해질 것이다.

---

1   [옮긴이] 이 책에서는 국립국어원 권고에 따라 onboarding은 적응 지원으로 번역한다. 또한 onboardee는 새 팀원으로, 적응 지원 과정을 진행하는 기존 팀원은 교육자로 번역했다.

13.1 적응 지원의 문제

선임 개발자라면 새로 온 팀원의 적응 지원을 도울 때 여러 가지 상황을 경험했을 것이다. 새로 들어온 팀원은 기존 개발 팀 혹은 오픈 소스 프로젝트의 새 팀원일 수 있다. 많은 프로그래머가 교수법이나 멘토링에 대한 교육을 받은 것은 아니기 때문에, 적응 지원 과정이 양쪽 모두에게 좌절감을 준다. 이번 장에서는 적응 지원 과정에서 새 팀원의 두뇌에서 어떤 일이 일어나는지, 그리고 이러한 과정을 어떻게 더 잘 관리할 수 있는지에 대해 자세히 살펴보겠다.

필자가 목격한 적응 지원은 대체로 다음과 같은 과정으로 진행되었다.

- 선임 개발자가 새 팀원에게 많은 정보를 준다. 정보의 양이 너무 많아서 높은 인지 부하를 유발한다. 예를 들어 팀원들, 코드베이스의 도메인, 워크플로, 코드베이스를 한꺼번에 소개한다.
- 소개가 끝난 후 선임 개발자는 새 팀원에게 질문을 하거나 과제를 준다. 많은 경우에, 선임 개발자는 이것을 아주 간단한 일로 여긴다. 예를 들어 작은 버그를 고치거나 작은 기능을 추가하는 것이다.
- 도메인이나 프로그래밍 언어 혹은 두 가지 모두 관련 청크의 부족과 관련 자동화 기술 부족으로 인해 인지 부하가 높아지고 새 팀원은 적응에 어려움을 겪는다.

선임 개발자와 신입 개발자의 이러한 상호작용에는 어떤 문제가 있을까? 이 시나리오에서 가장 심각한 문제는 새 팀원에게 동시에 너무 많은 것을 교육함으로써 작업 기억 공간의 용량을 과도하게 늘린다는 점이다. 앞 장들에서 다룬 몇 가지 주요 개념에 대한 기억을 되살려보자. 4장에서 살펴본 것처럼 인지 부하는 주어진 문제에 대해 두뇌가 기울이는 노력으로, 두뇌가 너무 많은 인지 부하를 경험할 때는 효과적으로 사고하는 것이 억제된다는 것을 살펴봤다. 10장에서는 너무 많은 내재적, 외재적 인지 부하를 경험할 때, 본유적 부하에 대한 여유 공간, 즉 새로운 정보를 **기억할** 공간이 없다는 점도 살펴봤다.

새 팀원은 작업 기억 공간에 과부하가 걸리기 때문에 새로운 코드베이스에서 효과적으로 프로그래밍할 수 없고, 새로운 정보를 제대로 유지할 수도 없다. 필자는 이런 상황을 여러 번 목격했는데, 이것은 양쪽 모두에게 좌절감을 안겨주고 서로에 대한 잘못된 가정으로 이어진다. 팀장은 새 팀원이 그다지 똑똑하지 않다고 생각할 수 있고, 새 팀원은 프로젝트가 매우 어려울 것이라고 추측할 수 있다. 이런 상태로 시작하면 팀워크가 앞으로 잘 이루어질 것이라고 기대하기 어렵다.

팀의 선임자들이 효과적으로 가르치고 설명하는 데 어려움을 겪는 이유 중 하나는 많은 경우 '전문가의 저주' 때문이다. 어떤 기술을 충분히 익히고 나면, 그 기술이나 지식을 배우는 것이 얼마나 어려웠는지 잊어버린다. 따라서 새 팀원이 동시에 처리할 수 있는 새로운 작업의 수를 과대평가하게 된다.

필자는 지난 몇 달 사이에 독자들이 무언가가 "그렇게 어렵지 않다", "사실 꽤 쉽다", "사소한 것이다"라고 말한 적이 있다고 확신한다. 그것들 중 많은 경우 자신도 습득하는 데 꽤 많은 시간이 걸린 지식이나 기술일지도 모른다. "와, 쉽네!"라고 말하는 순간 전문가의 저주에 빠질 수 있다. 적응 지원 과정을 더 쉽게 만들기 위한 첫 번째 일은 배우는 사람에게는 그 과정이 그렇게 쉽지만은 않을 수도 있다는 것을 깨닫는 것이다.

13.2 전문가와 초보자의 차이

종종 전문가들은 초보자들도 자신들과 같은 방식으로 추론할 수 있을 것이라고 생각하지만, 초보자는 전문가보다 추론하는 것이 느리거나 코드베이스 전체에 대한 이해가 불완전할 수 있다. 이 장의 가장 중요한 학습 내용은 전문가와 초보자가 매우 다른 방식으로 생각하고 행동한다는 것을 이해하는 것이다.

책의 앞부분에서, 전문가들이 다르게 생각할 수 있는 이유에 대해 다뤘다. 첫째, 전문가의 뇌는 LTM에 관련 기억을 많이 저장하는데 이 저장된 기억을 작업 기억 공간이 필요로 할 때마다 가져온다. 이러한 기억에는 자신들이 의도적으로 배운 전략과 과거에 시도했던 것에 대한 일화적 기억이 포함된다. 문제에 대해 테스트 코드를 먼저 작성하는 것은 전자의 예고 서버 재부팅은 후자의 예다. 전문가라고 해서 반드시 모든 해답을 가지고 있는 것은 아니다. 그들도 역시 여러 다른 선택 사항들을 따져볼 필요가 있지만, 일반적으로 문제에 대해 이미 알고 있고 그것에 접근하는 방법에 대해서도 어느 정도 알고 있다.

둘째, 전문가는 코드 및 코드와 관련 있는 모든 사항, 즉 오류 메시지, 테스트, 문제, 해결책 등을 매우 효과적으로 청킹할 수 있다. 전문가는 코드의 일부를 훑어보고도 무엇에 대한 것인지 파악할 수 있다. 예를 들면 코드를 보고 전문가는 "아, 이건 큐를 비우는 거네"라고 할 수 있다. 반면에 초보자는 코드를 한 줄 한 줄 읽어야 할 수도 있다. '인덱스가 배열의 범위를 벗어났습니다' 같은 간단한 오류 메시지를 보면 전문가는 단 하나의 개념을 생각하지만 초보 프로그래머는 여러 가지의 분리된 요소를 생각하며 따라서 더 많은 인지 부하를 가질 수 있다. 새 팀원이 '그렇게 실력 있는 프로그래머는 아니군'이라고 생각하는 많은 상황은 사실 전문가의 저주이고 초보자에게 과부하가 걸린 상황이다.

13.2.1 초보자의 행동에 대한 심층적 이해

초보 프로그래머들의 행동을 더 잘 이해하기 위해서, 새로운 정보에 직면했을 때 사람들이 어떻게 행동하는지 설명하는 신피아제주의neo-Piagetism라는 유용한 심리학 프레임워크를 고려해보자. 신피아제주의는 장 피아제Jean Piaget의 연구에 기반을 둔다. 피아제는 후세에 큰 영향을 끼친 발달심리학자로 어린아이의 발달development 4단계에 관심을 두었다. 어린아이가 아닌 초보 개발자를 이해하기 위한 관점에서, 프로그래머들이 프로그래밍 언어, 코드베이스, 패러다임을 알게 될 때 어떻게 행동하는지 신피아제주의를 통해 설명할 수 있다.

피아제의 원래 모델

프로그래머들이 불편한 학습 상황에서 어떻게 행동하는지 살펴보기 전에, 어린 시절의 행동 단계를 살펴보자. 먼저 표 13.1에 나와 있는 어린아이들을 위한 피아제의 원래 모델을 설명하겠다. 0세에서 2세 사이의 아이들의 행동을 설명하는 첫 번째 단계에서, 아이들은 계획을 세우거나 상황을 감독할 수 없다. 아이들은 많은 전략 없이 단순히 사물을 경험하고 행동한다. 두 번째 단계인 2세에서 7세 사이에서, 아이들은 가설을 형성하기 시작하지만, 그렇게 강력하지는 않다. 예를 들어 4세 아이는 구름이 슬프기 때문에 비가 온다고 가정할 수도 있다. 이런 가정이 정확한 것은 아니지만, 아이들도 자신이 관찰한 것을 설명하고자 애쓴다는 것을 알 수 있다.

7세에서 11세 사이의 세 번째 단계에서 아이들은 추론할 수 있는 가설을 세우기 시작하지만, 구체적인 상황에서만 그렇게 한다. 예를 들어 한 보드게임에서 좋은 수를 판별할 수 있지만, 그 수가 다른 보드에 대해서도 일반화해서 적용하기는 어렵다는 것을 알게 된다. 그러한 유형의 형식적 추론은 최종 단계, 즉 11세 이상일 때의 형식적 조작기에서 일어난다.

표 13.1 **피아제의 인지 발달 단계 개요**

단계	특징	연령
감각운동기	아이들은 계획이나 전략이 부족하다. 단순히 물건을 더듬어 잡는다.	0~2세
전조작기	아이들은 가설과 계획을 형성하기 시작하지만 이것들을 사고할 때 안정적으로 사용하지 못한다.	2~7세
구체적 조작기	아이들은 자신들이 보는 구체적인 것에 대해 추론할 수 있으나 일반적인 결론을 끌어내기는 어렵다.	7~11세
형식적 조작기	형식적 추론이 가능하다.	11세 이상

프로그래밍에 적용한 신피아제주의 모델

피아제의 모델은 일부 비판을 받았는데, 주로 그가 모델을 만들기 위해 자신의 자녀들을 이용했기 때문이다. 그러나 그의 연구는 신피아제주의의 토대를 마련했고, 신피아제주의는 초기 프로그래머들의 생각을 이해하는 데 큰 가치를 갖는다. 신피아제주의의 핵심은 피아제의 수준이 일반적이 아니라 특정 영역에 해당된다는 것이다. 사람들은 자바 프로그래밍과 같은 특정 도메인에서 형식적 조작기에 있으면서 동시에 파이썬 프로그래밍에서는 감각운동기 수준에 있을 수 있다. 심지어는 특정 코드베이스에 대해서는 형식적 조작기 단계에 있다가 새로운 코드베이스에서는 하위 단계로 떨어질 수도 있다. 표 13.2는 신피아제주의의 각 단계를 프로그래밍에 적용한 것으로, 오스트레일리아의 레이먼드 리스터Raymond Lister 교수가 설명한 내용이다.[2]

표 13.2 신피아제주의 개발 단계와 그에 상응하는 프로그래밍 동작 개요

단계	특징	프로그래밍 행위
감각운동기	아이들은 계획이나 전략이 부족하다. 단순히 물건을 더듬어 잡는다.	프로그래머는 프로그램 실행에 대해 일관되지 못하게 이해한다. 프로그램을 정확하게 추적할 수 없다.
전조작기	아이들은 가설과 계획을 형성하기 시작하지만 이것들을 사고할 때 안정적으로 사용하지 못한다.	프로그래머는 상태표 등을 만들어 여러 줄의 코드 결과를 수동으로 예측할 수 있다. 이 단계의 프로그래머는 종종 코드의 일부가 무엇을 하는지 추측한다.
구체적 조작기	아이들은 자신들이 보는 구체적인 것에 대해 추론할 수 있으나 일반적인 결론을 끌어내기는 어렵다.	프로그래머는 전조작기처럼 귀납적 접근법을 사용하기보다 코드 자체를 읽음으로써 코드에 대해 연역적으로 추론한다.
형식적 조작기	형식적 추론이 가능하다.	프로그래머는 논리적이고 일관적이며 체계적으로 추론할 수 있다. 여기서의 추론은 자신의 행위를 뒤돌아보는 것을 포함하며, 이것은 디버깅에 필수적이다.

그림 13.1의 가장 왼쪽 첫 번째 단계에서 프로그래머는 프로그램을 정확하게 추적할 수 없다(즉 그들은 4장에서 설명한 상태표를 만들 수 없다). 이 단계는 프로그래밍 경험이 없거나 적은 사람들에게 흔하지만 프로그래머가 매우 다른 언어로(예: 자바스크립트에서 하스켈로) 전환할 때도 일어날 수 있다. 이 두 언어에서 프로그램 실행이 매우 다르기 때문에 숙련된 자바스크립트 프로그래머라 해도 하스켈 프로그램을 추적하는 데 어려움을 겪을 수 있다. 이해하기 쉽지 않은 코드에 너무 집중해 있을 때는 코드와 분리해서 일반적인 원리를 설명하는 것이 유용하지 않다. 예를 들어 데이터베이스 코드를 한 단계씩 진행하고 있는 감각운동기 프로그래머에게 데이터베이스가 코드에서 어떻게 설정되는지 설명하는 것은 아무런 도움이 되지 않는다. 그들은 실행 모델에 대한 이해가 우선 필요하다.

두 번째 단계는 프로그래머가 코드의 작은 부분을 추적(이것이 그들에겐 코드에 대해 추론할 수 있는 유일한 방법이다)할 수 있는 전조작기 단계이다. 전조작기 단계의 프로그래머들은 코드에 대해 추론하지만 그 코드의 의미를 설명하기는 어렵다. 이 단계의 프로그래머는 코드 자체에 매우 집중하며 코드 이외의 다른 결과물들(특히 도표)을 보는 것을 어려워한다. 따라서 이들에게 도표를 제공하여 코드를 읽거나 쓸 수 있도록 지원하는 것은 도움이 되지 않는다. 이들은 코드에 대해 귀납적으로 추론하기 때문에 종종 몇 가지 추적 결과에 기초해 코드의 동작을 추측한다.

---

2   Raymond Lister, "Toward a Developmental Epistemology of Computer Programming" (2016), https://dl.acm.org/doi/10.1145/2978249.2978251.

그림 13.1 프로그래밍을 위한 신피아제주의에서의 네 가지 수준

필자의 생각에 두 번째 단계는 프로그래머뿐만 아니라, 프로그래머를 가르치거나 새 팀원을 교육하는 사람에게도 가장 좌절감을 많이 주는 단계이다. 이 단계에서는 코드의 깊은 의미를 이해하는 것이 어렵기 때문에, 종종 코드에 대한 추측이 이뤄지고 이로 인해 이 수준의 프로그래머들은 일관적이지 않아 보일 수 있다. 그들이 추측하는 것이 어떤 때는 전이된 사전 지식 덕분에 (혹은 운이 좋아) 정확하지만, 5분 후에는 완전히 불합리한 생각을 말할 수도 있다. 이로 인해 새 팀원 교육자는 당황하고, 새로 들어온 팀원이 똑똑하지 못하거나 최선을 다하지 않는다고 생각하는 상황이 될 수 있다. 그러나 이 단계는 다음 단계로 나아가기 위해 필요한 단계다. 플래시카드로 코드 어휘를 확장하여 새 팀원을 훈련시키면 그들이 다음 단계로 나아가도록 도울 수 있다.

세 번째 단계, 즉 구체적 조작기의 프로그래머들은 코드를 꼼꼼히 추적하지 않고도 코드에 대해 추론할 수 있다. 그들은 사전 지식을 사용해 이 일을 수행하는데, 코드에서 익숙한 청크를 인식하고, 주석문과 이름을 파악하고, 필요할 때만(예를 들면 디버깅 시) 코드를 추적한다. 리스터는 자신의 연구에서, 생각을 뒷받침하기 위해 도표를 사용하는 것은 이 단계에서만 유용하다고 지적한다. 이 단계의 프로그래머들은 제대로 된 프로그래머처럼 행동하기 시작한다. 그들은 코드에 대해 추론할 수 있고, 코드를 작성할 때 계획을 세우고 실행할 수 있다. 하지만 때때로 여전히 코드베이스에 대한 전체적인 이해가 부족할 수 있고, 어떤 전략에 대해서는 따르는 것을 고민할 수도 있다. 이는 처음 수립한 전략에 대해 과도하게 몰입하는 것으로 나타날 수 있다(예를 들어 특정 버그를 수정하려고 종일 시도했지만 계속 실패한 주니어 프로그래머는 한 발짝 뒤로 물러서서 처음 선택한 전략이 옳은지 되짚어보기보다는, 원래 방식을 계속 시도하곤 한다).

마지막 단계는 형식적 조작기 단계다. 이 단계의 프로그래머는 코드와 자신의 행동에 대해 어려움 없이 추론할 수 있고, 따라서 적응 지원 과정에서는 그리 흥미롭지 않은 숙련된 프로그래머다. 이러한 프로그래머들은 코드베이스의 세부 사항을 스스로 배우는 데 어려움이 없고 필요하면 도움을 요청할 것이다.

새로운 정보를 학습하면 일시적으로 다른 것들을 잊어버릴 수 있다

이 4단계는 불연속적인 단계로 제시되지만 실제로는 그렇지 않다. 새로운 프로그래밍 개념이나 코드베이스의 새로운 측면을 학습할 때 학습자는 일시적으로 하위 단계로 다시 떨어질 수 있다. 코드 추적 없이 파이썬 함수를 안정적으로 읽던 개발자가 *args를 사용하는 가변 매개변수 함수를 처음 접하게 되면 이런 함수를 어려움 없이 읽게 되기까지는 함수를 추적해야 할 수도 있다.

> **연습 13.1** 네 가지 다른 행동이 회사 내의 학습 과정에서 일반적으로 발생한다. 실제로 목격한 사례를 생각해보고 신피아제주의 단계에 대해 고찰한 다음 다음 표를 작성해보라.

단계	프로그래밍 행위	사례
감각운동기	프로그래머는 프로그램 실행에 대해 일관되지 못하게 이해한다. 프로그램을 정확하게 추적할 수 없다.	
전조작기	프로그래머는 예를 들어 상태표를 만들어 여러 줄의 코드 결과를 수동으로 예측할 수 있다. 이 단계의 프로그래머는 종종 코드의 일부가 무엇을 하는지 추측한다.	
구체적 조작기	프로그래머는 전조작기처럼 귀납적 접근법을 사용하기보다 코드 자체를 읽음으로써 코드에 대해 연역적으로 추론한다.	
형식적 조작기	프로그래머는 논리적이고 일관적이며 체계적으로 추론할 수 있다. 여기서의 추론은 자신의 행위를 뒤돌아보는 것을 포함하며, 이것은 디버깅에 필수적이다.	

13.2.2 개념을 구체적으로 보는 것과 추상적으로 보는 것의 차이

초보 프로그래머와 전문 프로그래머가 다르게 행동하고 생각하는 것에 관해 살펴봤다. 또한 연구에 따르면 전문가들은 종종 개념에 대해 매우 포괄적이고 추상적인 방법으로 이야기한다. 예를 들어 파이썬의 가변 인수 함수에 관해 이 개념을 처음 접하는 누군가에게 설명할 때, 전문가들은 다양한 수의 인수를 받아들일 수 있는 함수라고 말할 수 있다. 그러나 가능한 질문에 대한 답을 미리 알려주지는 않곤 한다. 예를 들어 어떻게 다른 모든 매개변수에 접근하고, 각 매개변수에 이름은 어떻게 붙이는지, 인수의 수에 제한은 있는지 등을 말이다.

그러나 언어 또는 코드베이스의 초보자에게는 두 가지 형태의 설명이 효과적이다. 이상적으로는 초보자가 무언가 이해하려 할 때, 그림 13.2에서 보듯이 오스트레일리아의 과학자 칼 메이튼Karl Maton에 의해 정의된 **의미적 파동**semantic wave을 따른다.[3]

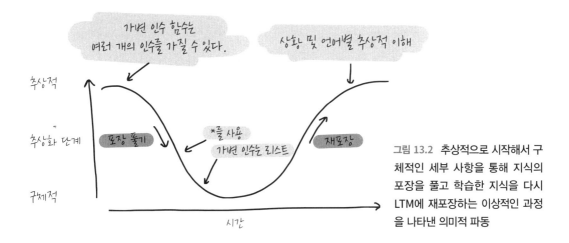

그림 13.2 추상적으로 시작해서 구체적인 세부 사항을 통해 지식의 포장을 풀고 학습한 지식을 다시 LTM에 재포장하는 이상적인 과정을 나타낸 의미적 파동

의미적 파동이 진행됨에 따라, 초보자들은 사용하는 목적이나 이유와 같은 일반적인 개념을 이해할 필요가 있다. 예를 들어 가변 인수 함수는 함수에서 필요한 만큼의 매개변수를 사용할 수 있기 때문에 유용하다.

어떤 개념이 일반적으로 무엇에 대한 것인지 파악한 후에, 초보자들은 **포장 풀기**unpacking라고 알려진 과정을 따라 곡선을 내려간다. 이제 특정 개념에 대한 세부 사항을 배울 준비가 된 상태다. 예를 들어 그들은 *가 파이썬에서 가변 인수 함수를 나타내기 위해 사용되며, 파이썬이 매개변수의 목록을 리스트로 구현한다는 것을 배울 수 있다. 따라서 실제로는 여러 개의 매개변수가 있는 것이 아니고 함수의 모든 인수를 포함할 수 있는 하나의 매개변수가 있을 뿐이다.

마지막으로 초보자는 세부 사항에서 벗어나 추상적인 수준으로 되돌아와 개념이 일반적으로 어떻게 작동하는지 이해하는 데 아무런 어려움이 없게 된다. 이 단계를 **재포장**repacking이라고 한다. 개념이 적절하게 재포장되면, 학습자는 구체적인 세부 사항에 집중하지 않고도 그것에 대해 생각할 수 있다. 재포장에는 사전 지식과 관련하여 지식을 LTM에 통합하는 작업도 포함된다. 예를 들어 'C++는 가변 함수를 지원하지만 얼랭Erlang은 지원하지 않는다' 같은 지식 말이다.

---

3   Karl Maton, "Making Semantic Waves: A Key to Cumulative Knowledge-Building," *Linguistics and Education* 26, no. 1 (2013): 8–22, https://www.sciencedirect.com/science/article/pii/S0898589812000678.

초보자와 관련해서 아주 많이 나타나는 세 가지 뚜렷한 안티패턴이 있다. 그림 13.3이 이를 보여준다. 첫 번째 안티패턴은 고 평면선high flatline이라고 하며 추상적인 용어만 사용하는 것을 말한다. 파이썬을 처음 배울 때, 파이썬에 가변 인수 함수가 있다는 것과 이것이 왜 유용한지를 알지만 구체적인 문법을 본 적이 없다면, 나중에 배워야 할 것이 많을 것이다.

두 번째 안티패턴은 그 반대인 저 평면선low flatline이다. 일부 전문가는 어떤 개념에 대해 설명할 때 그 개념이 왜 적절하고 유용한지 설명하는 대신 초보자들에게 세부 사항을 지나치게 많이 설명한다. 초보자가 가변 인수 함수를 언제 사용해야 하는지 모르는데도 "파이썬에서는 *를 사용하여 가변 인수 함수를 만들고, 여기서 모든 인수는 하나의 리스트로 볼 수 있습니다"로 설명을 시작하는 것은 큰 의미가 없다.

마지막 안티패턴은 추상적인 것에서 시작해서 의미적 파동을 따라 구체적인 것으로 내려가지만 구체적인 세부 사항 이해한 후에 의미를 재포장할 여지를 남기지 않는 경우다. 즉 전문가는 초보자에게 개념의 이유를 설명하고 나서 구체적인 방법을 보여주지만 이 새로운 지식을 LTM에 통합할 시간을 주지 않는 경우다. 새로운 개념과 예비 정보 사이에서 발견되는 공통점에 대해 초보자에게 명시적으로 물어보는 것이 재포장에 도움이 된다.

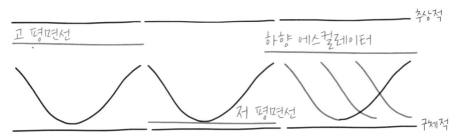

그림 13.3 세 가지 안티패턴. 고 평면선에서는 추상적인 설명만 있고, 저 평면선에서는 구체적인 설명만 있다. 하향 에스컬레이터에서는 고 평면선에서 시작해서 저 평면선으로 내려가지만 재포장을 위한 여지를 남기지 않는다.

연습 13.2 잘 알고 있는 개념을 선택하고, 그림 13.1에 나타난 바와 같이 의미적 파동상의 세 위치에 대해 설명해보라.

13.3 적응 지원 개선

이 장의 나머지 부분에서는 적응 지원onboarding 프로세스를 개선하는 방법에 대해 자세히 설명한다. 여러분이 할 수 있는 첫 번째이자 가장 중요한 것은 교육을 받는 사람들의 인지 부담을 의도적으로 관리하는 것이다. 당연한 말이지만, 새 팀원이 스스로 인지 부하를 관리할 수 있다면 매우 유용하다. 기억 유형(예: 장기, 단기, 작업 기억), 인지 부하 및 청크와 같은 개념을 사용하면 팀 내 의사소통을 쉽게 할 수 있다. 새 팀원이 "이 코드는 이해가 안 되는데요"라고 말하는 대신 "이 코드를 읽다 보니 부하가 너무 많이 걸립니다" 또는 "파이썬에서는 청킹이 안 되는 것 같아요"라고 말한다면 의사소통이 훨씬 더 쉬울 것이다. 이제 적응 지원을 위한 세 가지 활동에 대해 자세히 살펴보자.

13.3.1 작업은 하나의 프로그래밍 활동으로만 제한

11장에서는 사람들이 코드베이스에서 수행할 수 있는 5가지 활동, 즉 전사, 탐구, 이해, 검색, 증가에 대해 설명했다. 적응 지원 과정의 문제 중 하나는 새 팀원에게 최소 네 가지 서로 다른 활동, 즉 기능을 구현할 수 있는 적절한 장소 또는 관련 정보 검색, 새로운 소스 코드 이해, 코드베이스 탐구, 새로운 기능으로 코드베이스 수정을 수행하도록 요구한다는 점이다.

11장에서 살펴봤듯이, 이 활동들은 프로그래머와 시스템 모두에게 서로 다른 인지적 요구 사항을 부과한다. 서로 다른 활동을 번갈아 가면서 하는 것은 새 팀원에게 힘든 일이다. 비록 그들이 프로그래밍 언어와 심지어 도메인을 알고 있을지라도, 서로 다른 종류의 작업을 수행하게 하는 것은 그들을 필요 이상으로 힘들게 하는 일이다.

적응 지원 기간에는, 구체적으로 다섯 가지 범주 각각에 해당하는 활동을 선택하고 새 팀원에게 하나씩 시키는 것이 가장 좋다. 다섯 가지 활동을 자세히 살펴보고 각 활동이 어떻게 새 팀원을 도울 수 있을지 예제를 통해 연구해보자.

표 13.3 **프로그래밍 활동의 개요 및 프로젝트에서 새 팀원을 지원하는 데 사용할 수 있는 방법**

활동	적응 지원 교육 대상자를 지원하기 위한 예시
탐구	코드베이스의 전체적인 이해를 위한 코드 훑어보기
검색	특정 인터페이스를 구현한 클래스 찾기
전사	구현할 메서드에 대한 명확한 계획을 알려주기
이해	코드의 여러 측면에 대해 이해하기, 예를 들면 특정 메서드를 요약하기
증가	향후 계획을 포함해서 기존 클래스에 한 가지 기능을 추가하기

각 활동은 다른 활동을 기반으로 이루어질 수 있고 관련 코드에 대해서도 이루어질 수 있다. 예를 들어 첫 번째 작업으로 클래스를 검색하고 나면, 해당 클래스 내의 메서드를 코드로 전사한 다음 클래스를 좀 더 복잡한 방식으로 변경하는 것이다. 또한 교육 대상자가 가지고 있는 사전 지식에 맞춰 새로운 프로그래밍 개념을 학습하는 데 중점을 둔 작업과 도메인에 대해 배우는 데 중점을 둔 작업을 번갈아 가면서 수행할 수 있다.

새 팀원이 코드베이스를 처음 접할 때 다섯 가지 범주에서 할 수 있는 구체적인 활동을 생각해보라.

새 팀원을 추가로 돕기 위해 팀 단위에서 문서를 생성하고 관리하는 것에 대해서도 생각해볼 수 있다(예: 시스템에 사용되는 모듈, 하위 시스템, 자료구조, 알고리즘을 잘 설명해주는 주석문과 설계 문서를 제공함으로써 탐구 활동을 도울 수 있다).

13.3.2 새 팀원의 기억 지원

이미 설명했듯이, 새 팀원의 적응 지원 교육에서 가장 중요한 것은 상황이 쉽지 않다는 것을 이해해야 한다는 것이다. 2장에서 다뤘듯이, 초보자는 보고 기억하는 것이 전문가와는 다르다. 말할 필요도 없이, 공감과 인내는 중요하다!

인지과학에서 사용하는 개념과 어휘를 공유하는 것 외에도, 적응 지원 과정을 개선할 수 있는 세 가지 단계가 있는데 1장에서 살펴봤던 혼란의 세 가지 형태와 관련 있다.

LTM 지원: 관련 정보 설명

첫째, 코드베이스 작업 시 중요한 역할을 하는 관련 정보를 숙지해둠으로써 새로운 사용자를 위한 적응 지원 과정을 준비할 수 있다. 이 작업은 새 팀원이 도착하기 전에 프로젝트를 종료한 팀에서 할 수 있다.

예를 들어 코드에서 발생할 수 있는 모든 중요한 도메인 개념을 문서화할 수 있다. 관련 정보의 또 다른 부분은 코드에 사용되는 모든 라이브러리, 프레임워크, 데이터베이스, 기타 외부 도구다. '우리는 이 웹 애플리케이션에 라라벨Laravel을 사용하고 젠킨스Jenkins로 빌드해 히로쿠Heroku에 배포한다' 같은 문장을 이해하는 데 기존 개발자는 노력이 전혀 필요 없지만, 이 중 하나라도 알지 못한다면 문장을 이해하기 어렵다. 물론 새 팀원은 웹 프레임워크나 자동화 서버에 대해 추상적으로는 알 수 있지만, 구체적인 이름을 모르면 의미를 파악하거나 기억하기 어렵다.

> **코드 탐구를 통한 별도 도메인 학습**
>
> 코드와는 별도로 모든 관련 개념을 검토하면 코드에 대해 배우는 것이 더 쉬워진다. 이것은 작은 것처럼 보이지만 큰 차이를 만들 수 있다. 새 팀원이 연습할 수 있도록 관련 도메인 및 프로그래밍 개념이 포함된 플래시카드를 만들어줄 수도 있다.

참고로 적응 지원 과정과는 별개로, 프로젝트와 관련된 모든 도메인 및 프로그래밍 개념의 최신 목록을 문서화해서 가지고 있으면 기존 개발자들에게도 도움이 될 것이다.

> **연습 13.4** 자주 작업하는 프로젝트를 선택하라. 새로 시작하는 사람에게 도움이 될 수 있는 두 가지 목록을 만들어보라. 하나는 중요한 도메인 개념과 그에 대한 설명이고, 다른 하나는 코드베이스에서 사용하는 모든 중요한 라이브러리, 프레임워크, 프로그래밍 개념이다. 다음 표를 작성하라.

도메인 개념	프로그래밍 개념/라이브러리

STM 지원: 규모가 작고 집중할 수 있는 작업의 준비

적응 지원 과정에서 발생하는 또 다른 문제는 새 팀원이 코드를 설명하는 것인데 이것이 그리 잘 이루어지지 않는다. 예를 들어 팀 리더가 코드를 보여주면서 코드의 관련 부분을 설명하고, 설명이 끝난 후 새 팀원에게 코드베이스를 '알아가기' 위해 비교적 간단한 기능부터 작업을 시작해보라고 요청한다. 또 다른 예로, 오픈 소스 프로젝트에서 단순 기능 추가 요청에 초보자 친화적beginner-friendly이라고 표시되어 있을 때도 같은 문제가 발생할 수 있다. 매우 환영할 만한 것처럼 들리지만, 인지적 문제를 일으킬 수 있다.

새 팀원은 여러 가지 프로그래밍 활동을 하도록 요청받게 될 것이고, 두뇌는 코드를 알아가는 것, 검색하기, 기능을 구현하는 것 같은 몇 가지 일을 수행 중일 것이다. 코드베이스를 쉽게 탐색할 수 없기 때문에 STM에 과부하를 유발할 가능성이 높다. 그들은 코드를 찾는 데 많은 시간을 사용하고 코드를 읽는 것은 당면한 과제에 집중하는 것을 방해한다. 따라서 적응 지원 과정을 여러 단계로 나누는 것이 좋다.

만드는 것보다 이해를 하는 것이 더 환영할 만한 작업

새 팀원이 코드의 특정 부분을 이해하길 원하면 구현 작업 대신, 해당 코드를 이해하도록 요청해야 한다. 예를 들어 기존 클래스의 요약을 작성하거나 특정 기능의 실행에 참여하는 모든 클래스를 기록하도록 요청한다.

새 팀원에게 좀 더 집중할 수 있는 작업을 제공하면 STM에 가해지는 부담이 적고 따라서 코드의 중요한 사항을 기억하기 위한 본유적 부하에 대한 공간을 더 많이 갖게 된다. 코드를 요약하는 것은 초보자에게 더 쉽고 효과적인 작업일 뿐만 아니라 다른 신규 팀원에게도 도움이 될 것이다.

새 팀원이 간단한 기능을 구현하는 것은 물론 가능하다. 그러나 이때는 코드 검색과 같이 인지 부하를 유발하는 작업은 하지 않아도 되게끔 준비해주는 것이 가장 좋은데, 관련 코드를 미리 준비해놓을 수 있을 것이다. 이를 위해 4장에서 설명한 기술을 사용할 수 있다. 검색을 하지 않고도 관련 코드를 파악할 수 있기 위해 클래스 안으로 리팩터링하는 것과 같은 방법이다.

작업 기억 공간 지원: 도표 그리기

4장에서 도표 사용을 포함하여 작업 기억 공간을 지원할 수 있는 많은 방법을 제안했다. 코드베이스를 처음 사용하는 사람이 이러한 결과물을 만드는 것은 어려울 수 있다. 적응 지원 과정에서 교육자는 작업 기억 공간에 도움이 될 만한 테이블을 만드는 것을 고려해볼 수 있다.

그러나 앞서 설명한 바와 같이, 코드를 벗어나 더 큰 그림을 보는 것을 주저할 수도 있는 완전 초보자들에게 도표가 항상 유용한 것은 아니다. 도표의 유용성을 자주 모니터링하여 도움이 되지 않는 도표는 사용하지 않는 것이 좋다.

13.3.3 코드 함께 읽기

적응 지원 과정에서 사용할 수 있는 또 다른 방법은 팀이 다 같이 코드를 협업해서 읽는 것이다. 5장에서는 코드 파악에 적용할 만한 자연어 텍스트 이해의 7가지 기법을 제안했다.

- **활성화** — 관련된 것들을 적극적으로 생각해서 이미 가지고 있는 지식을 활성화하는 것
- **모니터링** — 텍스트를 읽으면서 자신이 이해한 것(그리고 이해하지 못하는 것까지)을 관찰하고 기록하는 것
- **중요도 결정** — 텍스트에서 어느 부분이 중요한지 결정하는 것
- **추론** — 텍스트에서 명시적으로 주어지지 않은 사실을 유추하는 것
- **시각화** — 깊이 있는 이해를 위해 텍스트에 대한 도표를 만드는 것
- **질문** — 텍스트에 대해 질문하는 것
- **요약** — 텍스트를 짧게 요약하는 것

5장에서는 이러한 활동을 개별 개발자로서 코드를 혼자 읽을 때 할 수 있는 사항으로 제안했다. 그러나 새 팀원에게 코드베이스를 교육할 때도 이러한 작업을 할 수 있다. 팀이 이러한 활동을 수행

하면 새 팀원의 인지 부하를 낮추고, 그들이 더 많은 작업 기억 공간을 갖고 코드에 집중할 수 있게 해준다.

함께 코드를 읽는 것과 관련해 이 7가지 활동을 어떻게 할 수 있을지 자세히 살펴보겠다.

활성화

읽기 세션이 시작되기 전에 코드의 관련 개념을 살펴본다. 이전에 연습 13.4을 했다면, 이 연습에서 작성한 목록을 미리 준비하면 된다. 새 팀원에게 관련 개념을 미리 상기해주고 개념에 대한 혼란을 줄여준다. 자세한 내용을 논의하는 것은 새 팀원이 코드를 이해하려 할 때보다 이때 미리 하는 것이 더 낫다. 예를 들어 모델-뷰-컨트롤러 모델을 사용한다면 이 단계에서 미리 설명해야지 새 팀원이 다른 코드 파일을 검색하는 동안 해당 내용을 발견하는 것은 바람직하지 않다.

활성화 단계가 끝나면 협업 읽기 코드 세션을 시작할 수 있다. 이때 수행하는 활동은 이해 활동이고 따라서 다른 네 가지 활동은 제한해야 한다는 것을 의미한다.

모니터링

앞서 설명한 바와 같이 새 팀원이 현재 어느 정도 이해하고 있는지 추적하는 일은 적응 지원 과정에서 가장 중요한 일이다. 예를 들면 새 팀원에게 정기적으로 읽은 내용을 간단하게 요약해보라든지, 필수 도메인 개념을 정의해보라든지, 혹은 코드에 사용된 프로그래밍 개념은 무엇인지 물어봐야 한다.

중요도 결정

어떤 것에 대한 지식이 부족하다면, 핵심 지식과 덜 중요한 지식을 구별하는 것은 매우 어려울 수 있다. 코드에서 관련성이 가장 높은 부분을 알려주면 새 팀원에게 도움이 된다. 팀이 공동으로 코드를 읽을 때 모든 팀 구성원이 각자 자신이 생각하기에 가장 관련이 많거나 중요한 코드를 공유할 수 있다. 이전의 코드 공동 읽기 세션으로부터 공유된 중요한 강조 사항에 대한 문서가 있다면, 새 팀원은 그 문서를 읽을 수도 있다. 중요도 결정을 위한 읽기 세션에서 발견된 내용을 명백하게 언급하거나, 새 팀원과 공유하는 것도 좋다.

추론

마찬가지로, 명시적으로 언급되지 않은 세부 사항을 파악하기가 어려울 수 있다. 예를 들어 배송은 항상 하나 이상의 주문을 포함해야 한다는 것 같은 도메인 개념을 팀원들은 명확하게 이해하고 있지만, 그러한 내용이 코드에 명시적으로 문서화되어 있지 않을 수도 있다.

시각화

책의 앞부분에서 설명한 바와 같이, 도표는 두 가지 목적을 제공한다. 첫째, 작업 기억 공간을 지원할 수 있으며(4장), 둘째, 도표나 그림을 만드는 것 자체가 이해를 촉진할 수 있다(5장). 새 팀원의 수준에 따라, 교육자는 도표를 작성해 새 팀원이 코드를 읽는 데 도움을 주거나 또는 새 팀원이 코드를 더 깊이 이해할 수 있도록 도표를 그려보라고 요청할 수도 있다.

질문

코드를 공동으로 읽으면서 정기적으로 질의 응답 시간을 가져야 한다. 새 팀원의 수준에 따라, 다른 팀원들의 질문에 새 팀원이 대답을 하거나, 새 팀원이 질문하고 다른 사람들이 답을 할 수도 있다. 새 팀원이 비교적 경험이 많다면 질문을 하고 다른 팀원들의 도움으로 답을 찾겠지만, 항상 그들의 인지 부하를 확인해야 한다. 새 팀원이 앞뒤가 맞지 않는 것을 추측하거나 결론 내리기 시작하면, 그들의 인지 부하가 초과된 것일 수 있다.

요약

적응 지원 과정을 위한 코드 읽기의 마지막 단계로 함께 읽은 코드의 요약을 작성할 수 있다. 그림 13.4는 요약의 예를 보여준다. 코드베이스의 문서화 상황에 따라 이 요약을 코드베이스의 문서로 커밋할 수도 있는데 이 요약은 읽기 세션 후에 새 팀원이 하면 매우 유용한 작업이다. 이 과정에서, 그들은 코드베이스에 대한 작업 사이클도 익숙해질 수 있는데, 예를 들어 작업 기억 공간에 너무 많은 부담을 주지 않는 범위 내에서 병합 요청을 생성하거나 검토함으로써 이 과정이 자연스럽게 이루어진다.

> 헤디 코드를 트랜스파일하는 것은 단계적 과정이다. 먼저 코드는 라크Lark를 사용하여 구문 분석되고 이 결과로 AST가 만들어진다. 그런 다음 AST를 스캔해서 잘못된 규칙이 있는지 확인한다. 트리에 이러한 항목이 나타나면 헤디 프로그램은 유효하지 않은 것이고 오류 메시지가 생성된다. 다음으로, 프로그램 내 모든 변수 이름이 담긴 룩업 테이블을 AST에서 추출한다. 마지막으로 괄호와 같은 필요한 문법을 추가해 AST를 파이썬으로 변환한다.

그림 13.4 **코드 요약의 예**

요약

- 전문가들은 초보자들과 다르게 생각하고 행동한다. 전문가는 코드에 대해 추상적으로 추론할 수 있고 코드 자체를 언급하지 않고도 코드에 대해 생각할 능력을 가지고 있다. 초보자는 코드의 세부 사항에 집중하는 경향이 있고 세부 사항에서 벗어나는 데 어려움을 겪는다.

- 중급 프로그래머들도 새로운 정보를 배우다 보면 초급 수준의 사고방식으로 떨어질 때도 있다.

- 새로운 개념을 배우는 사람들은 추상적인 용어와 구체적인 예를 모두 배울 필요가 있다.

- 새로운 개념을 배우는 사람들은 또한 새로 배운 개념을 기존 지식과 연결할 시간이 필요하다.

- 적응 지원 과정에서 새 팀원이 수행할 프로그래밍 활동은 한 번에 한 개로 제한해야 한다.

- 적응 지원 과정에서 새 팀원의 장기, 단기, 작업 기억 공간을 지원하기 위해 관련 정보를 준비해야 한다.

마치며 _____

이 책을 끝까지 읽어줘서 고맙다. 이 책 전체를 다 읽었든 아니면 몇 부분만 읽었든, 여기까지 왔다니 기쁘다. 이 책을 쓰는 것은 매우 보람 있는 경험이었다. 필자는 인지과학과 프로그래밍에 대해 많은 것을 배웠다. 그 문제에 대해 그 어느 때보다 깊이 파고든 덕분이다. 하지만 필자 자신에 대해서도 많이 배웠다. 배운 것 중 하나는 혼란과 인지적으로 압도당하는 느낌은 괜찮은 것이고, 우리 일상과 학습의 일부라는 것이다. 인지 과정에 대해 지금 필자가 알고 있는 것을 알기 전에는, 복잡한 논문을 읽거나 낯선 코드를 탐구할 만큼 똑똑하지 못한 것에 대해 자신에게 화가 나곤 했다. 이제 필자는 자신에게 더 관대하게 "음, 어쩌면 뇌가 너무 큰 인지 부하를 겪고 있나 봐"라고 말할 수 있다.

필자는 또한 나중에 헤디 프로그래밍 언어로 발전한 프로그래밍 언어에 대해서도 연구하기 시작했다. 프로그래밍 언어를 만들면서 동시에 책을 쓰라고 권하고 싶지는 않지만, 필자 마음속에서 이 두 과정은 매우 연결되어 있었고 서로 잘 어울리는 주제였다. 인지 부하를 낮추는 방법, 오개념, 의미적 파동, 간격을 두고 반복하기 같은 많은 것이 이 책에 쓰였고 헤디에도 구현되었다. 아이들에게 프로그램을 가르치고 있다면, 헤디(https://www.hedycode.com)를 한번 시도해보면 영광이겠다. 무료이고 오픈 소스다!

이 책을 끝내면서 강조하고 싶은 점이 한 가지 있다. 필자는 프로그래밍과 인지 분야에서 위대한 과학자들의 연구를 탐구하고 요약하고 다루는 것을 매우 즐겼다. 필자만의 연구를 하는 것도 멋진 일이지만, 개발자들이 기존 연구를 이해할 수 있도록 돕는 일은 큰 보상이 따르는 일이었고, 필자만의 프로젝트보다 프로그래밍 세계에 더 큰 영향을 미칠 수도 있다. 관련해서 더 많은 내용에 관심 있는 독자를 위해 책을 추천하고, 관심을 가지고 지켜볼 만한 과학자들을 소개하고 싶다.

두뇌에 관해 더 잘 알고 싶다면, 대니엘 카너먼Daniel Kahneman이 쓴 《생각에 관한 생각》(김영사, 2018)을 추천한다. 이 책보다 더 폭넓게 두뇌를 이해하는 데 도움이 된다. 마찬가지로 베네딕트 캐리

Benedict Carey의 책 《공부의 비밀》(문학동네, 2016)도 간격을 두고 수행하는 반복 학습과 기억에 대해 자세히 다룬다. 수학 학습에 특히 관심이 있는 독자들에게는 데이비드 수자David Sousa의 《뇌는 수학을 어떻게 배우는가》(신한출판미디어, 2018)에 수학 학습과 추상화에 관한 연구가 풍부하므로 추천한다. 프로그래밍 영역에서는 11장에서 언급한 존 오스터하우트의 《A Philosophy of Software Design》을 다시 추천한다. 쉽게 읽을 수 있는 것은 아니지만 소프트웨어를 어떻게 설계하는지에 대한 깊은 통찰로 가득 차 있다. 필자는 또한 메리앤 페트레Marian Petre와 안드레 판데르훅André van der Hoek의 짧은 책 《Software Design Decoded(소프트웨어 디자인 디코디드)》(MIT Press, 2016)를 매우 좋아한다. 프로그래밍 전문가들이 생각하는 66가지 방법을 요약한 책으로, 다양한 상황에서 적용할 수 있는 플래시카드로 볼 수 있다. 필자는 이 책을 팟캐스트에서 다루기도 했다.

이 책과 관련된 주제에 관한 과학 논문을 읽고 싶다면, 키르슈너 등의 〈왜 수업 중 최소 지침이 효과가 없는가〉[1]와 레이먼드 리스터의 〈컴퓨터 프로그래밍의 발생학적 인식론을 향해〉[2] 두 논문을 추천한다. 첫 번째 논문을 통해 교수법에 대해 필자가 알고 있는 모든 것에 도전을 받았고, 두 번째 논문은 필자가 가르치는 방법을 개선하는 데 큰 도움이 됐다.

이 책은 다양한 놀라운 과학자들의 연구를 다루지만, 몇백 쪽으로는 그들의 모든 위대한 작품을 다루기에 충분하지 않았다. 프로그램 이해 연구에 더 깊이 빠져들고 싶다면 다음의 위대한 분들을 팔로우하기 바란다. @fakhourysm, @aserebrenik, @chrisparnin, @janetsiegmund, @DrBrittJay, @barik, @davidcshepherd, @amyjko.

---

1   Paul A. Kirschner et al., "Why Minimal Guidance During Instruction Does Not Work: An Analysis of the Failure of Constructivist, Discovery, Problem-Based, Experiential, and Inquiry-Based Teaching," *Educational Psychologist* 41, no. 2 (2010): 75-86, https://www.tandfonline.com/doi/abs/10.1207/s15326985ep4102_1.

2   Raymond Lister, "Toward a Developmental Epistemology of Computer Programming" (2016), https://dl.acm.org/doi/10.1145/2978249.2978251.